RE+ 随文扫码 视听学习 入眼·入脑·入手 易教·乐学

特殊教育专业应用型系列教材

特殊需要儿童行为干预技术

丛书主编：邓　猛
主　　编：马仁海
副 主 编：吕洪玲　罗一鸣
参　　编（排名不分先后）：
常　卓　崔芳芳　靳敬坤　刘　迪　刘　芳
刘慧丽　刘宇晟　栾海燕　翟海珍　毛小波
谭雨诗　高永超　樊天润　秦铭欢

Teshu Xuyao Ertong Xingwei Ganyu Jishu

北京师范大学出版集团
BEIJING NORMAL UNIVERSITY PUBLISHING GROUP
北京师范大学出版社

图书在版编目(CIP)数据

特殊需要儿童行为干预技术/马仁海主编 .—北京：北京师范大学出版社，2022.5(2025.7 重印)

ISBN 978-7-303-27670-7

Ⅰ. ①特… Ⅱ. ①马… Ⅲ. ①儿童教育－特殊教育－高等职业教育－教材 Ⅳ. ①G76

中国版本图书馆 CIP 数据核字(2021)第 269086 号

出版发行：北京师范大学出版社 https://www.bnupg.com
　　　　　北京市西城区新街口外大街 12-3 号
　　　　　邮政编码：100088
印　　刷：北京溢漾印刷有限公司
经　　销：全国新华书店
开　　本：787 mm×1092 mm　1/16
印　　张：19
字　　数：332 千字
版　　次：2022 年 5 月第 1 版
印　　次：2025 年 7 月第 3 次印刷
定　　价：52.80 元

策划编辑：姚贵平　余娟平　　　　责任编辑：余娟平
美术编辑：焦　丽　　　　　　　　装帧设计：焦　丽
责任校对：陈　荟　　　　　　　　责任印制：马　洁

读者服务电话：010-58806806

如发现印装质量问题，影响阅读，请联系印制管理部：010-58806364

▸总　序

改革开放以来，党和政府十分关心和支持特殊教育的发展，特殊教育迎来了加速发展的春天。尤其是新时代以来，一系列重要的特殊教育政策纷纷出台，明确了特殊教育发展的战略目标和任务。党的十八大报告明确提出要支持特殊教育；党的十九大报告提出要办好特殊教育，“努力让每个孩子都能享有公平而有质量的教育”；党的二十大报告进一步提出了强化特殊教育普惠发展的目标，阐明了特殊教育的基本公共服务性质，强调特殊教育是教育现代化的重要内容。从“支持”“办好”到“强化”，体现了党和政府保障特殊儿童平等受教育权利的重大措施，强化对特殊教育的支持，努力使特殊教育发展惠及每一个特殊儿童，促进他们健康成长。

特殊教育要发展，师资须先行。新中国成立 70 多年以来，我国特殊教育师资培养经历了从无到有、从幼稚到成熟的漫长发展历程。特殊教育师资培养逐步从解放初期的“师傅带徒弟”和“短期培训班”的形式，发展到完整的职前职后相互衔接、互为补充的特殊教育教师培养体系。到目前为止，全国已经有多所高等院校分别开办了专科层次、本科层次、研究生层次的特殊教育专业。我国已经初步构建起了从专科到研究生层次的完整的特殊教育人才培养体系，基本形成了以本科层次为主，以专科层次为补充，研究生层次逐步扩大的人才培养格局。

专业人才的培养是个复杂的、系统的工程，教材的建设是其中关键的一环。从整体发展的角度看，特殊教育教材建设基础薄弱，发展较慢。改革开放以后主要以不同版本的特殊教育概论或者导论性质的单本教材出版，后来逐渐有特殊教育相关的系列教材出版。例如，北京大学出版社、北京师范大学出版社、南京师范大学出版社分别出版了针对特殊教育本科生培养的系列教材。这些教材多以理论知识为主、实践技术为辅，比较适合本科生毕业后的继续深造以及就业后的可持续性专业发展，对于特殊教育第一线急需的应用型人才的培养则稍有不足。

在我国教育领域，本专科层次的高等职业院校扮演着重要的角色，它们为国家基础教育培养应用型人才。高等职业教育以适应社会需要为目标，以培养技术应用能力为主线来设计学生的知识、能力、素质结构和培养方案；强调理论教学和实践训练并重，培养学生直接上岗工作的能力。特殊教育的人才培养由 20 世纪 90 年代的中等师范教育发展而来，教师教育特色鲜明。中等师范教育的全科培养、特长培育的教学观、

贯穿全程的实践观等传统一脉相承，为我国的教育发展做出了重要贡献。在特殊教育尚处在初步发展，规模还不够大、质量还不够高的现在，高等职业院校的特殊教育专业建设尤为重要。特殊教育的人才培养以职业岗位需要为依据，着眼于第一线的特殊教育需求，着重培养高素质技术技能人才，为我国不断加速发展的特殊教育学校贡献新生力量。

目前，国内针对本专科层次的高等职业院校特殊教育专业师范生的教材体系建设相对滞后，还没有一套完整的适合高等职业院校特殊教育专业师范生培养的教材；而针对师范大学特殊教育专业本科生的教材体系无法满足其专注实践、面向应用的价值趋向。2020 年以来，在襄阳职业技术学院的具体协助下，应北京师范大学出版社的邀请，我们成立了高等职业院校特殊教育专业师范生教材丛书编写委员会。该委员会汇集了全国特殊教育学术界及部分基层的代表 50 余人，共编写出版 40 多本教材，为高等职业院校特殊教育专业及相关专业的本专科生提供一套理论与实操相结合的教学用书。本套丛书的整体设计特点有如下几个方面。

第一，面向日益增加的残障类型对特殊教育范围进行扩展。例如，随着一系列与现代文明相关的残疾与适应性障碍不断增加，以精神残疾、孤独症、注意力缺陷及多动症、学习障碍、情绪与行为困扰等为特征的残障类型不断出现，特殊教育范围不断扩展，从关注感官障碍，到关注各种发展性障碍，进而扩展到关注更为广泛的特殊教育需要的范畴。

第二，着眼于国际融合教育发展的趋势及国内随班就读的实际，以“拿来主义”的方式审视国外特殊教育的各种理论与操作技术，深耕国内特殊教育研究与实践，构建从特殊教育到融合教育演进的专业知识体系。本套丛书涵盖当代特殊教育的基本理念与知识体系，又对融合教育理论与实践进行全面的介绍与探讨；旨在为培养特殊教育专业化程度较高的实践性创新人才服务，使他们毕业后能够在特殊教育学校(机构)从事特殊教育专业实践，并能够在普通教育环境中实施融合教育教学。

第三，从多学科交叉融合的角度出发，培养特殊教育综合型人才。本套丛书综合运用教育学、心理学、医学、康复学、社会学、管理学等多个学科的知识，融会贯通为教育和康复两个领域。从教育的角度出发，包括特殊教育基本原理、融合教育理论与实践、残障儿童心理及行为特点、特殊教育课程及教学实践等内容。从康复训练的角度出发，包括针对各类儿童的康复知识和技能、训练干预技术、支持辅助策略等内容。

第四，基于项目式学习的思路，着重专业应用与实践技术的培养。本套丛书立足

建构主义教学观，从实际问题或者案例出发，彰显以学生为中心的设计理念；以活动为基础促进学生主动参与，以情景设计促进师生平等互动；在设计上体现融合教育倡导的通用学习设计理念，以数字技术为基础，通过线上线下混合的方式开展教学活动设计，通过资源优化与扩展带动学生自我学习与成长。

概而言之，本套丛书试图跳出特殊教育学科的理论话语体系，从实践者的视角来构建特殊教育知识与技能，为高等职业院校本专科师范生提供一套操作性强、覆盖面广的基础教材。鉴于该项任务并无前人经验可借鉴，又因为编者水平有限，不足之处难以避免，敬请各位同行批评指正。

2022 年 12 月 12 日于华东师范大学田家炳大楼 711 室

▶编者前言

党的二十大报告强调“强化学前教育、特殊教育普惠发展”，在习近平新时代中国特色社会主义思想的引领下，我国特殊教育正朝着更加注重个性化、全面化以及终身化的方向蓬勃发展。这要求我们在培养专业人才时，不仅要关注技术技能的传授，更要重视师德修养和社会责任感的培育。

应用行为分析及干预作为特殊教育专业的一门核心课程，配套出版《特殊需要儿童行为干预技术》教材，对于学生掌握必要的专业知识与技能具有不可替代的重要性。本书不仅继承了原有“残疾儿童行为矫正”课程十余年的宝贵教学经验，还与时俱进地融入了最新理论成果与实践探索。特别值得一提的是，2021 年该课程已被评为国家课程思政示范课程，2023 年该课程又被评为职业教育国家在线精品课程，充分体现了其在教育教学中的先进性和示范作用。

本书深入贯彻党的二十大精神，以教育家精神为引领，与习近平新时代中国特色社会主义思想中关于以人民为中心的发展思想、促进教育公平与质量提升等重要观点深度融合。贯彻《特殊教育教师专业标准(试行)》《特殊教育专业认证标准》《特殊教育专业师范生教师职业能力标准(试行)》和特殊教育专业教学标准等相关要求，通过学习本书，读者不仅能扎实掌握特殊需要儿童行为干预的专业知识和技术，还能深刻理解并践行作为一名教育工作者应有的教育情怀和素养，致力于为每一位特殊需要儿童提供更优质、更公平的教育服务。

此外，本书还针对特殊教育领域的新技术、新标准和新规范进行了修订，如融合教育、个性化支持计划和应用行为分析技术案例等，旨在为特殊需要儿童的成长与发展提供科学、有效的行为干预方案。无论是师范类专业的学生、从事教育教学的工作人员，还是特殊需要儿童的家长及心理咨询服务人员，都能从本书中获得宝贵的指导和支持，推动特殊教育朝着更加普惠、公平、高质量的方向发展。

在编写本书的过程中，编者参阅了大量与行为干预技术相关的资料，并与各个项目负责人共同设计结构与样章。本书经过反复修改，最终定稿。相较于其他行为干预技术的书籍，本书有以下几个特点。

1. 采用模块化设计，分三大模块，共十四个项目，通过 50 个不同的任务来驱动项目的实施。

2. 每个项目都有思维导图(项目导航)，便于读者整体理解知识体系，学习相关技术。

3. 每个任务结束后都有拓展阅读，将本任务的知识进行扩充，让读者拥有更加广阔的学习视野。

4. 每个任务配有立体化新形态教学资源，读者可通过京师智教平台获取相关资源，通过扫描二维码反复学习微课视频，亦可完成线上测试，不断强化知识和技能的学习。

本书由襄阳职业技术学院的马仁海、吕洪玲和罗一鸣负责统稿。撰稿人员分工如下：条件作用说，营口职业技术学院刘迪；社会学习理论，营口职业技术学院刘芳；认知疗法理论，太原市聋人学校刘宇晟、深圳市第二特殊教育学校秦铭欢、新疆师范高等专科学校(新疆教育学院)高永超；人本主义理论，襄阳职业技术学院马仁海、常州市钱璟康复股份有限公司樊天润；行为干预的伦理与价值取向，阳泉师范高等专科学校翟海珍；行为干预的一般程序，岭南师范学院刘慧丽、上海师范大学天华学院栾海燕；基本的行为干预技术，阳泉师范高等专科学校常卓、襄阳职业技术学院毛小波和谭雨诗；行为养成技术，阳泉师范高等专科学校常卓、襄阳职业技术学院毛小波和谭雨诗；行为管理技术，赤峰学院靳敬坤；临床行为干预技术，太原市聋人学校刘宇晟、新疆师范高等专科学校(新疆教育学院)高永超；危机行为干预技术的应用，豫章师范学院崔芳芳；青春期问题行为的干预，豫章师范学院崔芳芳；学校恐惧症干预技术的应用，太原市聋人学校刘宇晟、新疆师范高等专科学院(新疆教育学院)高永超；社交退缩行为干预技术的应用，阳泉师范高等专科学校翟海珍、襄阳职业技术学院毛小波。

此外，感谢襄阳职业技术学院的孙莉绘制思维导图，朱见林和齐华负责整本书的插画，最后感谢为本书提供资料的各位同人，以及本书各个模块负责撰稿的各位老师。

由于时间仓促，加上心理学和行为干预技术的快速发展，书中难免有疏漏之处，敬请斧正。

马仁海

于襄阳职业技术学院博爱楼

目录 CONTENTS

001 模块一 基础理论

模块一　基础理论

项目一　条件作用说

项目导入

条件作用说(学习的联结理论)是继承英国联想心理学派的一种理论体系，在哲学上曾受约翰·洛克经验论的影响。条件作用说强调学习是在刺激与反应之间建立联结的过程，又可以称为刺激—反应理论。条件作用说认为强化在刺激—反应联结的建立中起了重要的作用。个体学到的是习惯，而习惯是反复练习和强化的结果。一旦习惯形成，只要原来的或类似的刺激情境再次出现，习得的习惯性反应就会自动出现。

项目导航

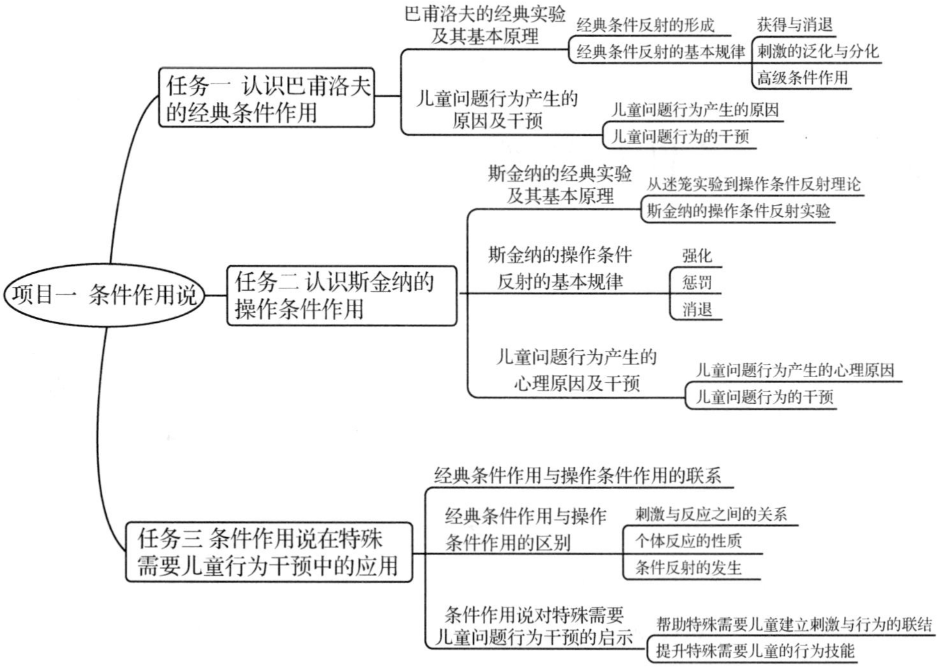

学习目标

知识目标	1. 熟知巴甫洛夫的经典条件反射、斯金纳的操作条件反射的实验操作程序； 2. 掌握巴甫洛夫的经典条件反射、斯金纳的操作条件反射的基本原理； 3. 掌握两种条件作用说的异同。
能力目标	1. 能分析特殊需要儿童问题行为产生的原因； 2. 能指导特殊需要儿童进行自我行为调节； 3. 能利用斯金纳的操作条件反射的基本原理干预特殊需要儿童常见的问题行为。
素养目标	1. 具有观察儿童行为的意识及态度； 2. 具有对特殊需要儿童进行行为干预的敏锐性和责任心。

▸任务一 认识巴甫洛夫的经典条件作用

经典条件作用

| 任务情境 |

案例：美美的数学课

美美，是一个漂亮、有点内向的女孩。美美的数学一直不太好，所以她很害怕在课堂上回答问题。一旦数学老师提问，她就会出现紧张、脸红的状况，经常在数学作业和测验中表现不好。时间久了，美美每次见到数学老师拿出试卷准备进行测验，都会出现手心出汗、脸红，甚至心跳加速等状况，感觉非常难受。

任务：请用巴甫洛夫的经典条件作用观点分析美美问题行为产生的心理原因，并分析教师在课堂中应该如何处理这样的问题行为。

| 任务描述 |

巴甫洛夫是苏联生理学家，曾经因对动物消化腺的创造性研究获得诺贝尔生理学或医学奖。巴甫洛夫是用条件反射的方法对人和动物的高级神经活动进行客观实验研究的创始人，是高级神经活动学说的创立者。他对经典条件作用进行了系统的研究，提出了“条件反射”的概念，这对特殊需要儿童问题行为干预有很大的启示。

一、巴甫洛夫的经典实验及其基本原理

（一）经典条件反射的形成

巴甫洛夫在研究狗的消化现象时，观察了狗的唾液分泌即对食物的一种反应特征，最早提出了条件反射。

在实验中，他将狗拴在实验台上(图 1-1-1)，对狗分泌的唾液量做严格的定时记录。他通过连接在狗腭外侧的导管收集唾液，同时将导管连到一个既可以测量唾液体积也可以记录分泌物滴数的装置上。在这个过程中，他将食物呈现给狗，并记录其唾液分泌的相关数据。测量中，他发现如果随同食物反复给一个中性刺激(一个并不自动引起唾液分泌的刺激)，如铃声、灯光等，通过反复的训练能让狗逐渐“学会”在只有铃声、灯光刺激时分泌唾液。

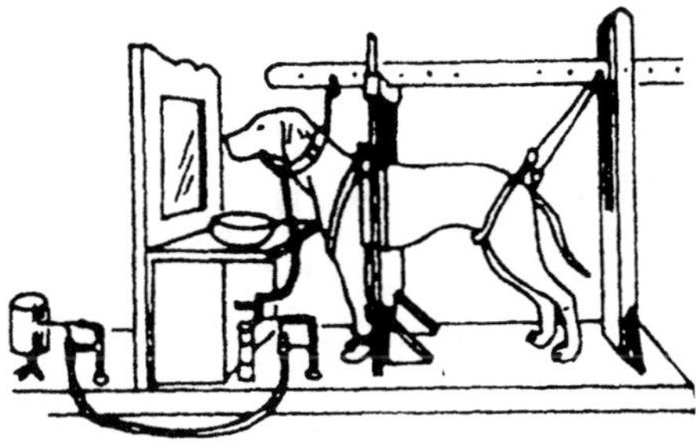

图 1-1-1　应答性条件反射实验

狗嘴里含有食物时，会产生分泌唾液的反应，这是狗本能固有的。巴甫洛夫把这种食物称为无条件刺激(unconditioned stimulus，UCS)，同时把反射性唾液分泌称为无条件反射(unconditioned response，UCR)。为了使狗对某一种刺激(如铃声)形成条件作用，巴甫洛夫把这种原来只会引起探索性反射的中性刺激(如铃声)与无条件刺激(肉)配对。经过一系列的尝试后，单是发出铃声，不提供肉，也能引起狗分泌唾液。这时，铃声就成了条件刺激(conditioned stimulus，CS)，铃声引起的唾液分泌就是条件反射(conditioned response，CR)。

由实验可以看出，条件反射是条件刺激与无条件刺激配对呈现的结果。一个中性刺激与一个原来就能引起某种本能反应的刺激相结合，从而使动物学会对某个中性刺激做出反应，这就是经典条件反射的基本内容。

（二）经典条件反射的基本规律

1. 获得与消退

条件反射的获得是指条件刺激反复与无条件刺激相匹配，使条件刺激获得信号意义的过程，也就是条件反射建立的过程。在巴甫洛夫的实验中，条件刺激(铃声)与无条件刺激(肉)反复结合之后，即使狗还没吃到肉，它只要听到铃声也会分泌唾液。这时候，狗就开始获得条件反射了。

条件反射的消退是指在条件反射形成后，如果条件刺激重复出现多次而没有无条件刺激相伴随，条件反应会变得越来越弱，并最终消失。狗的条件反射形成后，如果每次只摇铃(条件刺激)而不给肉(无条件刺激)，时间久了，即使狗听到铃声也不再分泌唾液。这时候，狗的条件反射就消退了。

2. 刺激的泛化与分化

刺激泛化是指人和动物一旦学会对某一特定的条件刺激做出条件反应以后，其他与该条件刺激相类似的刺激也能诱发其条件反应。在巴甫洛夫的摇铃实验中，摇出 30 分贝的铃声并让狗吃肉，摇出 50 分贝的铃声也让狗吃肉，摇出 60 分贝的铃声还让

狗吃肉。多次重复练习后，狗只要听到铃声，无论多少分贝都会分泌唾液，这就是相似刺激带来了同样的反应——分泌唾液(流口水)，这就是泛化。

刺激分化指的是通过选择性强化和消退使有机体学会对条件刺激和与条件刺激相类似的刺激做出不同的反应。在巴甫洛夫的摇铃实验中，摇出 30 分贝的铃声并让狗吃肉，摇出 50 分贝的铃声不让狗吃肉，摇出 60 分贝也不让狗吃肉。经过长时间重复后，狗只有听到 30 分贝铃声时才会分泌唾液，狗对相似的刺激有不同反应，这就是分化。

3. 高级条件作用

高级条件作用指的是一个已经条件化了的刺激使得另一个中性刺激条件化的过程。在巴甫洛夫的实验中，铃声是条件刺激，肉是无条件刺激。经过多次强化，即条件刺激与无条件刺激多次结合使用，单独使用条件刺激也能引起同样的条件反应，即狗分泌唾液，此为一级条件反射。

当条件刺激和条件反应建立了稳固的联系，且在使用条件刺激之前再使用灯光作为另一个条件刺激，经多次强化，狗对灯光也会有同样的反应，这就是二级条件反射。

巴甫洛夫发现，狗最多只能形成三级条件反射。一般情况下，动物的进化水平越高，形成条件反射的级数就越大，但不能过于远离无条件反射的基础。

二、儿童问题行为产生的原因及干预

（一）儿童问题行为产生的原因

条件反射不是与生俱来的，是个体经后天学习获得的。

巴甫洛夫曾经说过："在人类机体活动中，没有任何东西比节奏更有力量。""节奏"就是生物钟的正常运转，是儿童健康的保证。保证睡眠充足，养成良好的生活习惯，维持生物钟正常运转，就会不断使人体产生新的活力。对于儿童来说，无条件反射在其成长过程的最初几年扮演着重要的角色。一些原本并不会引起有机体反应的中性刺激，由于曾经反复与能够引起有机体反应的无条件刺激相伴出现，而变成预示某种无条件刺激的信号，引起有机体的条件反应。在生活中，家长、教师或者同伴一些不经意的行为，如训斥、责怪、嘲笑、讽刺、漠视、贬低以及偶发的意外伤害等，容易使儿童与外界刺激建立不良的条件反射，使儿童产生不愉快的情绪体验，从而导致问题行为的出现。

（二）儿童问题行为的干预

巴甫洛夫的经典条件作用在儿童的日常生活与游戏活动中十分常见，如谈虎色变、望梅止渴、画饼充饥等。让生活当中的事件有效地促进儿童心理健康成长，而不是成为他们成长过程中的拦路虎，还需要家长、教师及同伴了解一些儿童心理问题的干预策略。

儿童一旦学会对某一特定的条件刺激做出反应，其他类似的刺激也能够诱发其条件

反射。如某人一旦被狗咬伤，即使下次见到一只玩具狗也容易产生恐惧的心理。在生活中，儿童通常会凭借以往的经验来处理当前的问题。

在儿童成长过程中，要尝试对儿童进行分化教育，如让他们学会区分勇敢与鲁莽、礼让和退缩、坚持和执拗……教师和家长还要学会在生活中找到无条件刺激的伴随条件刺激，采取适当的方式让不恰当的行为逐渐消退，建立新的良好行为。

帮助孩子建立某些行为，首先要做的不是看问题行为本身，而是要找到想让孩子建立什么样的正常行为去取代问题行为。对于特殊需要儿童而言，每个行为都会有某种特定的意义，或是寻求自我刺激的一种方式，或是与他人的一种沟通方式。他们之所以选择某些行为方式，是因为这些行为本身让他们被关注，或能够满足某种需求。在进行行为干预时，要找到正确的沟通方式，帮助他们建立起新的、合理的行为反应。在生活中，当孩子出现良好行为时，要创造条件让这个行为与伴随出现的信号刺激建立联系，以让他们识别这个信号的意义。如孩子在你说话的时候看了你一眼，你就要及时地反馈信号刺激，让他知道这样的行为是有效的沟通行为。慢慢地，孩子与人沟通的良好行为就会最终建立。

| 拓展阅读 |

应用巴甫洛夫原理有利于改变免疫系统的活动

阿德和库恩（Ader & Cohen，1985）在实验中给白鼠提供了一种含有糖精的水（白鼠喜欢这种水）。随后，他们将这种糖水与一种可减弱老鼠免疫系统能力的药物注射建立联系。之后，再给这些建立了条件反射的白鼠提供这种糖水时，虽然不给它们注射药物，白鼠也会呈现出免疫力抑制的征兆，即一种免疫力减弱的反应。

有人研究反向推理是否也能行得通。给实验室中的白鼠提供很强的樟脑气味，然后给它们注射增强免疫系统反应的药物。早期的研究显示，樟脑气味作为一种条件刺激单独出现时也能提高免疫系统功能。

任务二 认识斯金纳的操作条件作用

操作性条件作用

任务情境

案例：喜欢独处的丹丹

丹丹，9岁，是一个患有孤独症的孩子，喜欢独处。当家人碰她时，她就尖叫、哭闹。很长一段时间里，只要她尖叫、哭闹，人们就远离她，她也就更喜欢独处了。

任务：请问丹丹喜欢独处的行为是怎样产生的？此案例对改变儿童的行为有什么启发？

任务描述

斯金纳是美国心理学家、新行为主义的主要代表、操作条件作用学习理论的创始人和行为矫正技术的开创人。斯金纳深受实证主义哲学和巴甫洛夫条件反射学说的影响，在自己的研究过程中把物理学的操作主义和生物学的进化论结合起来，对桑代克的动物实验装置进行了改进，并以白鼠和鸽子等动物为被试进行了实验研究，提出了操作条件作用理论。操作条件作用排除人们内在的心理历程，把可测量的外显行为作为研究内容。

一、斯金纳的经典实验及其基本原理

（一）从迷笼实验到操作条件反射理论

斯金纳的操作条件作用理论是在批判继承巴甫洛夫、华生和桑代克的研究成果的基础上建立起来的。其中，以桑代克的迷笼实验为主的一系列动物实验为斯金纳的研究提供了重要的借鉴。

桑代克设计了一个迷笼(图 1-1-2)，并将一只饥饿的猫关在笼子里。笼子里装有能够活动的开关，笼外放有食物。猫在笼内尝试逃到笼外获取食物，不断地乱抓、乱咬、乱撞。后来，猫偶然触动了开关，笼门打开，猫取得了食物。如此反复多次，猫乱咬、乱撞的错误动作越来越少，成功的次数则越来越多。到最后，猫一到笼内，就能迅速触动开关，逃出笼外，取得食物。桑代克又用白鼠、狗、猴子等做实验，其结果与猫的实验结果相同。

桑代克根据其实验成果，提出了联结—试误学习理论。他认为学习是一种渐进的、盲目的尝试与减少错误的过程。在尝试过程中，错误反应逐渐减少，正确反应逐渐增多，最后形成固定的刺激反应，即刺激、反应之间形成联结。

图 1-1-2　桑代克迷笼实验装置

（二）**斯金纳的操作条件反射实验**

斯金纳关于操作条件反射作用的实验，是在他设计的一种动物实验仪器(斯金纳箱)中完成的。斯金纳箱(图 1-1-3)是在桑代克的迷笼实验基础上改进而来的。斯金纳在箱内放进一只白鼠，并设置一个杠杆。箱子的构造要尽可能排除一切外部刺激，同时箱体外有记录白鼠动作的装置。

白鼠在箱内可自由活动。白鼠偶然按压杠杆时，就会有一粒食物掉进箱子下方的盘中，白鼠就能吃到食物。之后，白鼠再次按压杠杆，又可得到食物。由于所得到的食物强化了白鼠去按压杠杆的行为，因此白鼠主动去按压杠杆的速率迅速上升。

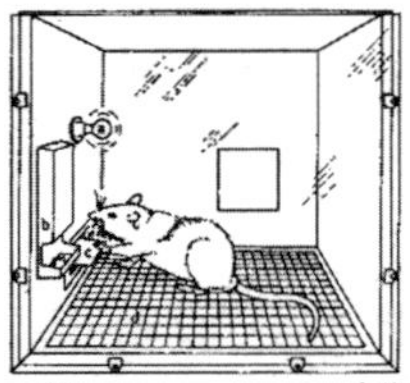

图 1-1-3　斯金纳箱的实验装置

操作条件反射理论的基本内容：一个反应出现后，紧接着特定形式的刺激，结果行为依赖于刺激的强化或惩罚而变化。如果是强化，则反应趋向于再次发生；如果是惩罚，则反应不再发生，如图 1-1-4 所示。

——→反应（按压杠杆）—刺激（获得食物）—反应（按压杠杆）

——→反应（按压杠杆）—无刺激（未获得食物）—不反应（不按压杠杆）

图 1-1-4　操作条件反射示意图

斯金纳把行为分成两类：一类是由已知刺激引起的反应，称为应答性行为；另一类是有机体自身发出的反应，与任何已知刺激无关，称为操作性行为。与这两类行为相对

应，斯金纳把条件反射也分为两类。其中与应答性行为相对应的是应答性条件反射，称为S(刺激)型；与操作性行为相对应的是操作性反射，称为R(反应)型。S型条件反射是强化与刺激直接关联，R型条件反射是强化与反应直接关联。斯金纳认为，人类行为主要是由操作性反射构成的操作性行为，操作性行为是作用于环境而产生结果的行为。

二、斯金纳的操作条件反射的基本规律

（一）强化

在斯金纳的操作条件作用理论中，强化是最重要、最基础的部分。斯金纳认为，任何行为的发生、发展都是强化的结果，也可以通过强化物来控制，强化结果是引起行为出现频次大幅增加。

强化是指通过某一事物增强某种行为的过程。在巴甫洛夫的经典条件反射中，强化指的是使无条件刺激与条件刺激相结合；在斯金纳的操作条件反射中，强化则指的是正确反应后所给予的奖励(正强化)或免除惩罚(负强化)。

如果一个行为发生，而随着这个行为出现了刺激的增加或者刺激强度的增加，进而导致了行为的增强，这就属于正强化。随着行为出现的刺激为正性刺激，反应产生刺激。相反，随着这个行为出现了刺激的移除或者刺激强度的降低，进而导致了行为的增强，这是负强化。随着行为被移除或者被避免的刺激为负性刺激，反应移除刺激。

（二）惩罚

在操作条件作用理论中，惩罚指的是某一具体行为出现之后会立刻跟随一个结果，于是这个行为在将来不太可能再次发生或者减弱，即某一行为的结果导致了这个行为未来发生次数减少的过程。在此理论中，惩罚从程序上可以分为正惩罚和负惩罚。

正惩罚指施加一个不良刺激，即当不适当的行为出现时给予处罚的一种方法；负惩罚是去掉一个良好刺激，即当不适当的行为出现时不再给予原有的奖励。

（三）消退

在操作条件作用理论中，消退指的是一个以前被强化的行为不再导致具有强化作用的结果，且由于这个原因，行为在将来不再发生，即当行为不再造成具有强化作用的结果时，行为人就会停止这个行为。当行为不再得到强化而停止发生时，我们就说这个行为正在经历消退的过程或者已经消退了。

三、儿童问题行为产生的心理原因及干预

（一）儿童问题行为产生的心理原因

儿童行为的结果(刺激)往往会增加以后该行为发生的概率。儿童很多无理取闹的

行为都是强化的结果。他们通过哭闹可以获得诸如玩具、零食、自由活动等。家长的无端让步起到了强化物的作用，强化了儿童的不正确行为。正确的方法应该是消退，而不是强化。

（二）儿童问题行为的干预

斯金纳认为，在日常生活中人的绝大多数行为属于操作性行为，主要受强化律的支配。儿童学习行为的发生、变化都是强化的结果，因而可以通过控制强化物来控制行为。人们在日常生活中，都会自觉或者不自觉地运用奖励对人的行为进行正强化。要适当运用奖励，让奖励成为塑造良好行为的有效手段。

在对特殊需要儿童进行教育的过程中，要及时对他们进行奖励，学会对他们说“不”，并充分了解他们出现问题行为的原因。孩子不喜欢某些任务，最大的原因可能是他们觉得这个任务完成起来比较困难，想逃避这个任务。如果能够给予孩子正确的指引，并在孩子做出正确反应的同时进行强化，孩子就会有意愿继续表现出这样的良好行为。当孩子出现问题行为的时候，要坚决地说“不”，有些孩子就会停止原来的行为。即使孩子出现一些攻击行为，干预者仍然要心平气和地不断对孩子说“不可以”“不能这样”“这不合适”，及时制止不良行为的发生。在正确方式的引导下，问题行为会慢慢地被取代。干预者通过改变日常发出的指令，也可以起到直接改善问题行为的作用。

| 拓展阅读 |

学习背后的行为心理学原理——桑代克的三条学习律

桑代克在迷笼实验等的基础上提出学习的三条定律：准备律、练习律和效果律。

准备律是指学习者在学习开始时的预备定势。学习者有准备而且有活动就会感到满意，有准备而无活动就会感到烦恼，无准备而被强制活动也会感到烦恼。如桑代克的实验过程中，为了保证学习的发生，猫必须处于饥饿状态。

练习律是指一个学会了的反应的重复将增加刺激反应之间的联结，练习和使用越多，反应就会变得越来越强，反之则越来越弱。

效果律是指如果一个动作跟随情境中一个满意的变化，在类似的情境中这个动作重复的可能性就将会增加；但如果跟随的是一个不满意的变化，这个动作重复的可能性就会减少。

▶任务三 条件作用说在特殊需要儿童行为干预中的应用

经典条件作用 VS
操作性条件作用

任务情境

案例：不爱回应的兵兵

兵兵(孤独症儿童)在活动室玩着玩具。新入职的生活老师担心他的安全，走过来叫着“兵兵”。兵兵回应着“嗯”。没过两分钟，生活老师又过来叫着“兵兵”“兵兵”，兵兵便不再答应。生活老师不知道他为什么不回应。

任务：你知道兵兵不回应生活老师的原因吗？请用条件作用的原理帮助生活老师正确地与孤独症儿童兵兵进行沟通。

任务描述

一、经典条件作用与操作条件作用的联系

巴甫洛夫经典条件作用是在无条件反射基础上建立的，是暂时性的神经联系，其建立联系的基本条件是强化过程。斯金纳的操作条件作用又称工具性条件反射，是通过动物自己的某种活动、某种操作才能得到强化而形成的某种条件反射。

它们的共同点在于两者都强调学习过程是建立刺激、反应之间的联结，都十分重视强化的作用。因此，它们在本质上都依赖于强化。但是，他们采用的强化方式不同，因此效果也不同。

二、经典条件作用与操作条件作用的区别

（一）刺激与反应之间的关系

经典条件作用认为强化刺激引起无条件反应，由刺激引起反应(S-R 过程)。而操作条件作用认为无条件反应不是由强化刺激引起的，相反是无条件反应引发强化刺激，是首先做出某种操作反应，然后得到强化(R-S 过程)。

（二）个体反应的性质

经典条件作用中的条件反射与无条件反射极其相似(如都是分泌唾液)，无条件刺激也十分明确。但操作条件作用中的无条件刺激不明确，一般认为是机体自身的一些因素促使机体操作动作的。如对于斯金纳箱中的白鼠，条件反射是按杠杆，而无条件反射却是吃食物。

（三）条件反射的发生

经典条件作用中动物往往是被动接受刺激，其条件反射是诱发性行为，所以被称为反应性行为。而操作条件作用中动物是自由活动的，通过自身的主动操作来达到目的，其条件反射属自发性行为，所以被称为操作性行为。

三、条件作用说对特殊需要儿童问题行为干预的启示

条件作用说认为人或动物的行为是由无数刺激和反应的联结单位所组成的，行为都是对一定刺激的反应。反应的情境是按一定模式组成的复合刺激，行为也可以是对情境的反应。人或动物的行为中都包括一些生而就有的刺激—反应联结。

特殊需要儿童会在生活中表现出明显的行为不足，他们会经常出现注意力分散、扰乱课堂、发脾气、不顺从、冲动、自我伤害、重复刻板、攻击等问题行为。

在对特殊需要儿童进行教育的过程中，爱心与耐心的支持不能满足他们的需求。在对他们的问题行为进行干预的过程中，条件作用说的灵活运用，可以起到事半功倍的效果。

（一）帮助特殊需要儿童建立刺激与行为的联结

人出生以后，刺激—反应的联结发生变动，这是学习的结果。条件作用说试图说明这些变化的产生机制，即新的行为是如何产生的，或者原有的行为是如何被代替或消失的。建立期待行为，减弱问题行为对于特殊需要儿童的成长具有重要的意义。例如，在与孤独症儿童沟通时，当孩子已经能够自然地回应时，频繁地叫孩子的名字，甚至打断他们的活动，孩子一开始可能会回应，但次数多了以后，孩子可能就不回应了。如果真需要叫孩子的名字时，可以在叫名字之后，紧跟着一件孩子喜欢的事情做强化，这样才能让孩子对他的名字有一个好的回应。

大家通常把特殊需要儿童学习成绩不理想，归咎于他们自身不够努力或是他们存在障碍等。实际上，教师的教学设计不尽完善，教学手段单一，关注度不够，同伴支持不力，等等，都容易使儿童与课程、班级或学校建立不当联系。当儿童在实施某种特定的行为(操作)后获得奖励时，他就愿意再做下去；如果受到惩罚，他就不愿意再做下去。久而久之，这就会影响他们学习习惯的养成和学业水平的提高。

（二）提升特殊需要儿童的行为技能

条件作用说的启示是让特殊需要儿童获得新行为，这是他们形成生活技能最直接、最有效的手段。充分利用条件作用说的理论，让特殊需要儿童在不断重复、强化的过程中获得期望行为。通过一些措施来改变行为发生的频率，给予奖赏使得原有的良好行为增加，给予惩罚使得原有的不良行为减少，逐步提高其生存技能、沟通技能和劳动技能。这些技能的获得，可以让他们自食其力、更自信，甚至可以改变他人对待他们的态度，进而提高他们的生活质量。

然而，对于特殊需要儿童而言，无论是建立新行为还是消除问题行为，都存在着极大的困难。在学习上遇到挫折后，他们中的多数人不能正确地分析原因。他们自卑，感到在各个方面都不如别人，甚至会产生厌学情绪。因此，利用条件作用说的规律去帮助他们完成行为的改变，对他们的生活有着巨大的帮助，甚至直接决定了他们是否能够与人和谐相处。

| 拓展阅读 |

小阿尔波特实验(Little Albert Experiment)

实验中的小阿尔波特就像很多孩子一样喜欢毛茸茸的小动物，看到毛茸茸的东西便想触摸，听到巨大的响声便会害怕、大哭。

有点不近人情的实验是这样的(现在的实验应杜绝)，在实验室中，每当小阿尔波特想接触毛茸茸的小老鼠时，实验人员就在他的背后制造巨大的响声，把小阿尔波特吓得号啕大哭。

在一定次数的连续操作下，最终小阿尔波特不再愿意接触小老鼠，开始对所有毛茸茸的小动物产生了害怕的心理。

实验结束后，实验人员观察到小阿尔波特对毛皮大衣都不再敢靠近。在心理学术语中，我们称之为泛化。这个轰动整个心理学界的实验，是行为主义的创始人——华生做的一项“恐惧”实验。

项目总结 ……►

经典条件作用和操作条件作用为行为干预理论奠定了基础，在方法和策略的应用上也占据了重要的地位。

行为主义治疗过程中，治疗过程起着行为—反应联结的促进作用。儿童期是行为养成的一个重要时期。行为干预者应在这一阶段，通过外部手段，培养特殊需要儿童的行为能力，增强他们的社会适应性。

本项目主要介绍了巴甫洛夫和斯金纳的主要理论观点以及他们对儿童问题行为产生原因的见解，总结了巴甫洛夫的经典条件作用和斯金纳的操作条件作用的基本观点与基本原理。行为的结果影响行为再次发生的频率，因此，我们应将快乐事件作为学习任务的无条件刺激，将儿童的自发行为转化为应答性行为，减少不良刺激的干扰，让特殊需要儿童在群体竞争与合作中学习，并将习得的良好行为泛化到社会生活中。

思考实践

1. 简述经典条件作用和操作条件作用的异同。
2. 简述操作条件反射理论的基本内容，并绘制出操作条件反射示意图。

项目二　社会学习理论

项目导入

社会学习理论是在刺激—反应之间的学习过程理论和认知理论的基础之上建立起来的。它着重阐述了人是怎样在社会环境中学习的，主要强调个人的认知、行为与环境因素及其交互作用对人类行为的影响。其是由美国心理学家班杜拉于1977年提出的。社会学习理论着眼于观察学习和自我调节在引发人的行为中的作用，重视人的行为和环境的相互作用。班杜拉主张要在自然的社会情境中而不是在实验室里研究人的行为。为了证明自己的观点，班杜拉进行了一系列实验，并在科学的实验基础上建立了他的社会学习理论。

项目导航

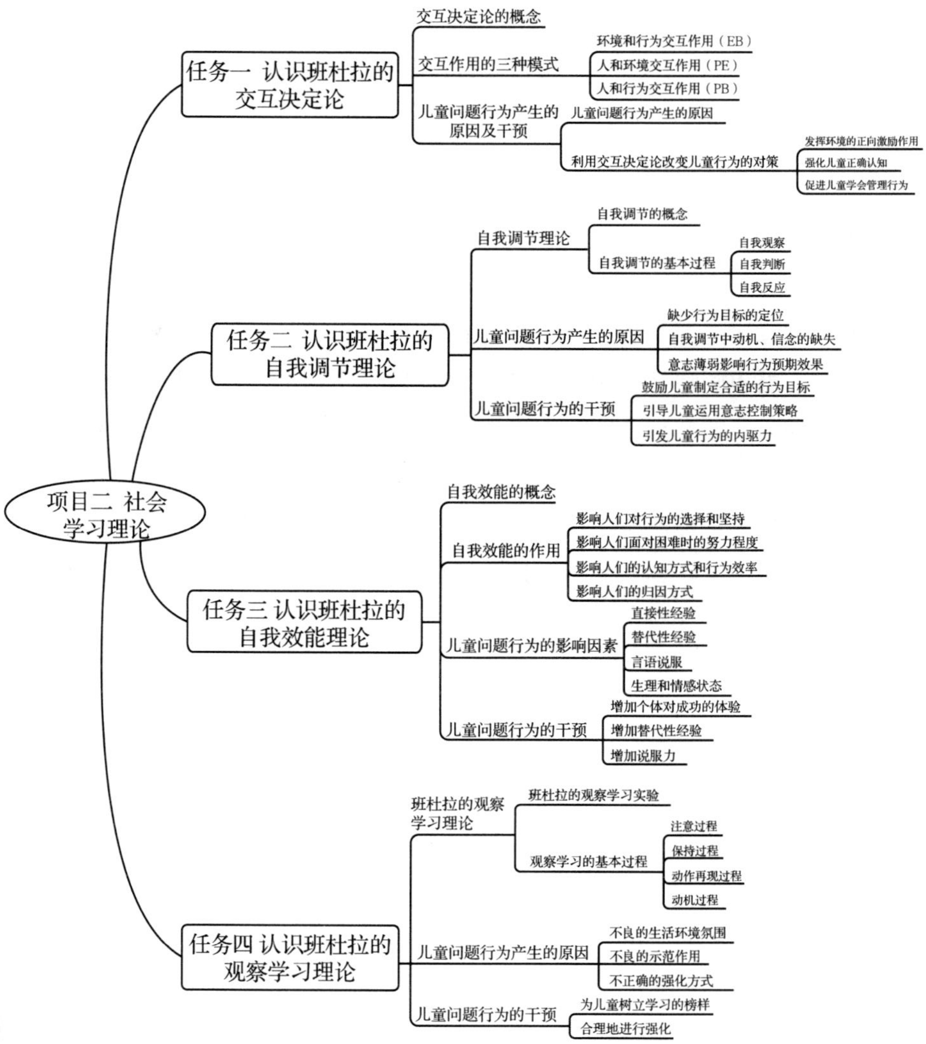
项目二 社会学习理论
任务一 认识班杜拉的交互决定论
交互决定论的概念
交互作用的三种模式
环境和行为交互作用（EB）
人和环境交互作用（PE）
人和行为交互作用（PB）
儿童问题行为产生的原因及干预
儿童问题行为产生的原因
利用交互决定论改变儿童行为的对策
发挥环境的正向激励作用
强化儿童正确认知
促进儿童学会管理行为
任务二 认识班杜拉的自我调节理论
自我调节理论
自我调节的概念
自我调节的基本过程
自我观察
自我判断
自我反应
儿童问题行为产生的原因
缺少行为目标的定位
自我调节中动机、信念的缺失
意志薄弱影响行为预期效果
儿童问题行为的干预
鼓励儿童制定合适的行为目标
引导儿童运用意志控制策略
引发儿童行为的内驱力
任务三 认识班杜拉的自我效能理论
自我效能的概念
自我效能的作用
影响人们对行为的选择和坚持
影响人们面对困难时的努力程度
影响人们的认知方式和行为效率
影响人们的归因方式
儿童问题行为的影响因素
直接性经验
替代性经验
言语说服
生理和情感状态
儿童问题行为的干预
增加个体对成功的体验
增加替代性经验
增加说服力
任务四 认识班杜拉的观察学习理论
班杜拉的观察学习理论
班杜拉的观察学习实验
观察学习的基本过程
注意过程
保持过程
动作再现过程
动机过程
儿童问题行为产生的原因
不良的生活环境氛围
不良的示范作用
不正确的强化方式
儿童问题行为的干预
为儿童树立学习的榜样
合理地进行强化

学习目标

知识目标	1. 熟知班杜拉社会学习理论中交互决定论、自我调节理论、自我效能理论和观察学习理论的基本理论知识； 2. 掌握四个理论的内容及用四个理论分析、指导儿童的问题行为； 3. 理解四个理论关于儿童问题行为的治疗观。
能力目标	1. 能用四个理论对特殊需要儿童的问题行为进行准确判断； 2. 能用四个理论分析特殊需要儿童问题行为产生的原因； 3. 能用四个理论干预特殊需要儿童常见的问题行为。
素养目标	1. 具有应用四个理论观察儿童行为的意识及态度； 2. 具有应用四个理论对特殊需要儿童行为进行干预的耐心和责任感，并外化为自觉行动。

▶任务一 认识班杜拉的交互决定论

交互决定论

| 任务情境 |

案例：小明的偷窃行为

小明，8岁，某校刚入学的随班就读的一年级学生。有一次和妈妈去超市，他悄悄地把几颗散装的糖果揣进兜里，出超市后很兴奋地拿出糖果给妈妈看。妈妈非但没有批评，还表扬了小明。

任务：请用交互决定论的基本观点分析小明妈妈的行为有什么问题。家长的态度将如何影响孩子未来的行为发展？

| 任务描述 |

20世纪60年代以后，美国心理学家班杜拉在勒温模型的基础上，提出了交互决定论。班杜拉指出行为、人的因素、环境因素实际上是相互影响、相互作用的。班杜拉在交互决定论中批驳了行为主义者的环境决定论和认知决定论，他认为这些理论都是单向的决定论。班杜拉认为在社会环境中，环境因素、个人对环境的认知以及个人行为都彼此交互影响。人的行为不单是内在力量驱使的结果，也要受到外在环境的控制。因此，班杜拉提出了交互决定论。

一、交互决定论的概念

交互决定论将环境(E)、行为(B)、人(P)三者的关系看成是相对独立同时又交互作用从而相互决定的。其中，人的主体因素包括行为主体的生理反应能力和认知能力等。所谓交互决定是指环境、行为、人三者之间互为因果，每二者之间都具有双向的互动和决定关系。班杜拉的交互决定论用三合一的交互因果关系解释，认为个人因素、处于其中的环境和个人所产生的行为都作为交互决定因素而相互影响，如图1-2-1所示。

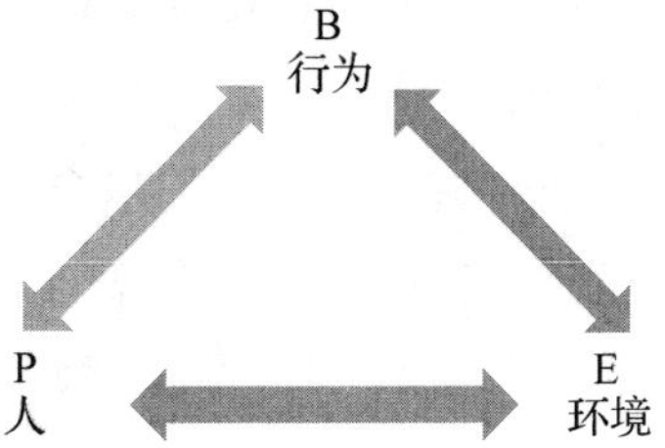

图 1-2-1 交互决定论

二、交互作用的三种模式

（一）环境和行为交互作用（EB）

行为的产生会受外部环境的影响。一般来说，有什么样的环境就要求有与之相适应的行为。例如，上课铃声响起，同学们走进教室；下雨天，人们撑伞外出；红灯停，绿灯行。可以说环境对行为确有影响，有时甚至产生决定性的影响。但这种作用是潜在的，只有环境和人的因素相结合，并且被适当的行为激活时，环境才能发挥这种作用。如一只猛犬，如果人们不去招惹它，它一般就不会产生攻击行为。一个政治家发表电视演讲时，人们只有在打开电视机并倾听其演说之后，才能在现实环境中感知到他的观点对人们生活的影响。因此，环境并不是必然地以某种固定的方式来影响人的。对人而言，环境的一个重要属性是潜在性，即环境因素是否对人产生影响，取决于人是否采取某一行为将它激发。这种潜在因素包含在行为发生之前，还是行为发生之后，就要根据具体情况具体分析。在行为发生之前，是因为发生在个体周围包含在环境中的事物往往有一定的规律。人们可以根据他们和环境交往的经验归纳出这些规律，并预期在什么情况下会产生什么结果，借此来调节人们的行为。如月晕而风，础润而雨，人人知之。由于人类能认识环境中事物的规律，因此，人们不一定要直接和事物接触才可以获得经验。他们可以观察别人的行为结果，来调节自己的行为。

（二）人和环境交互作用（PE）

班杜拉指出，人既不是完全受环境控制的被动反应者，也不是可以为所欲为的完全自由的实体，人和环境应该是交互决定的。在环境与人之间，不仅环境决定人，而且人也决定环境。人的信念、期待、情绪、习惯、个性特点、文化背景、认知能力等的发展与变化都会影响个体所处的环境。例如，古板而盛气凌人的人，通常不受欢迎，造成紧张的气氛；而幽默热情的人，即使在陌生的环境里，也常为欢声笑语所伴。周围的环境又可以改变人的认知结构或个性特点等。例如，一个害羞而不善言谈的人，在轻松愉悦的环境中会有所改变。社会情境中，这种双向决定关系表现得尤为明显。

环境有利于建立自我调节功能，从而形成和发展自我反应的能力。

（三）人和行为交互作用（PB）

人与行为之间是双向影响和决定的关系。人的信念、期待、意向等认知因素往往强有力地支配并引导行为，人通常会先思后行。个体的行为必须与外部的环境刺激相符合，通过行为及其结果的回馈作用去实现目标。例如，行为总是指向一定的对象，并旨在改变对象的存在方式，使之达到主体的目标，表明其思维是合理的；如果行为未达到此目标，则表明其思维未能把握对象存在方式的规律性而须加以调整和纠正。因此，一方面，思维决定行为；另一方面，行为及其结果反过来又影响并最终决定思维的内容与形式。二者之间具有双向的交互决定关系。

总之，环境、行为和人的相互关系和作用，是一种交互决定的过程。在行为内部，人和环境是行为产生的决定性因素。

三、儿童问题行为产生的原因及干预

（一）儿童问题行为产生的原因

班杜拉的交互决定论探讨了环境、行为以及人的因素之间的交互决定关系，认为在行为的发生过程中，环境、行为以及人三类因素在综合起作用。这三类因素互为因果、彼此联系，共同决定了行为的发生。我们在平时培养孩子的良好行为的过程中往往只注重对于个体认知和环境的改变，而忽视了环境、行为、人的相互作用。例如，面对儿童的网络成瘾行为，家长、教师的做法往往是通过没收电脑来控制环境，或是通过谈话、谴责、批评等方式改变个体的认知，而忽略了环境、行为和人的相互作用，导致个体的不良行为越发严重。交互决定论为我们如何培养个体的行为和学习能力等提供了理论依据和新的视角。

（二）利用交互决定论改变儿童行为的对策

根据班杜拉的交互决定论，个体行为的培养需要同时整合环境、行为和人之间的关系。首先，行为的培养离不开良好的外部环境。家长、教师作为与儿童接触时间最长的人，其榜样示范作用对儿童产生着潜移默化的影响。其次，创设良好的外部环境，配以合适的自我调节，把环境的潜在作用逐渐内化为个体的认知，使个体形成对行为的正确认识，从而发挥主观能动性改正自己的行为，最终完成个人的任务，实现自主发展的目标。最后，行为是三者交互作用的结果，行为结果同样会对环境和人产生影响。

1. *发挥环境的正向激励作用*

班杜拉认为，人们的社会学习主要是通过观察他人行为的实际效果从而影响自身

行为的过程。环境对人的成长和发展会产生潜移默化的影响，其正向影响尤为重要。儿童生性活泼好动，爱模仿，因此，在其长期所处的环境——家庭和学校中，家长和教师需要携手从环境的正向激励作用这一角度出发，共同营造良性的土壤，让每一位儿童都能在良好的环境氛围下实现自主发展。

家庭、学校要营造一致的自主管理的教育环境。一致的教育环境会使学生的发展与环境产生持续、动态的交互作用，而不同的教育环境会导致学生因教育环境的矛盾而出现不同的反应，使学生无法适应这种矛盾。家庭、学校两者应保持统一的教育步调，营造民主、和谐的教育环境，充分发挥环境的积极作用，帮助学生在该环境中建立正确的自主管理意识，养成自主管理行为。

2. 强化儿童正确认知

交互决定论认为，人不是单纯的外部环境的反应者，他们自身也会选择、改变作用于他们自身的环境，他们会凭借自我行为生成的诱因以及自身对行为效果的预测影响其最终的行为。

认知是影响儿童行为发展的重要内在因素。在教育过程中，家长、教师及相关教育人员要遵循适应性原则和因材施教原则，加强儿童自我认知及管理意识。教育的重点在于使儿童明白一个人在这个世界上需要具备自我教育的能力，能够发挥主观能动性从而调节、约束个体的不当行为。倡导儿童从小事做起，管理自己的学习、生活等，帮助他们树立自主管理意识。在教育中，由于个体间存在差异，儿童的行为也往往是千差万别的。因此，教育者应在充分了解儿童不同的认知发展水平的基础上，针对不同发展阶段、不同类型的儿童采取不同的教学方法，促进他们正确认识自我，更好地完成学习任务。

3. 促进儿童学会管理行为

行为所产生的结果是环境和个人因素共同作用的结果，每一个特定问题的产生都无法离开个体和环境的影响。个体对于一些事物的认知、对于个体行为的控制能力决定着他们将会如何解决问题。儿童问题行为的出现是由多种因素决定的，仅依赖环境或个体因素很难进行分析。儿童的不当行为又会对环境和个体产生影响，如同伴之间发生争执易使儿童对自己所处的环境缺乏安全感。

班杜拉的交互决定论引入儿童行为管理领域的研究，能够帮助教育者找到其中的理论依据。我们应更好地创设适当的教育环境，对儿童进行教育，从而提升儿童的行为改变能力，实现行为的可持续发展的最终目标。例如，在生活中，鼓励儿童关爱同学、帮助家人、拾金不昧、尊敬师长、按时完成作业等，使他们产生兴奋、高兴、满足、自豪的正面情绪，促进儿童学会管理行为。

| 拓展阅读 |

班杜拉社会学习理论对幼儿德育的启示

班杜拉在继承与发展心理学家赫尔（C. Hull）、米勒（N. Miller）、多拉德(J. Dollard)等人“社会学习”“模仿理论”观点的基础上，提出了“观察学习”这一替代性、无尝试的学习方式，全面、深入地阐述了社会学习理论，推动了观察学习的大量相关研究。社会学习理论对幼儿德育具有重要的启示。结合幼儿社会背景审视其道德发展，依据其自身的认知水平、认知风格、家庭环境等因素来进行细致的分析，判断其道德发展现状，进而提出适合最近发展区的教育措施；重视榜样对幼儿道德发展的价值，既要重视榜样对幼儿道德发展的正向推动作用，也要规避反向角色表现出的反社会行为对其道德发展的消极影响；合理运用强化巩固行为，依据幼儿的性格特征和行为表现选取恰当的强化方式以巩固其道德行为的发展，使其养成良好的生活、卫生习惯，引导幼儿逐步明辨是非，塑造良好的行为品格与道德品质。

▶任务二 认识班杜拉的自我调节理论

自我调节理论

| 任务情境 |

案例：灿灿的脸变成了红苹果

灿灿是一个内向的女孩，上课从不主动举手回答问题。一次，老师叫她回答问题时，她战战兢兢地站起来，脸瞬间变得通红，低着头，小声地回答着。这种表现引起同学们的哄堂大笑，老师也未及时引导。从此，“红苹果”就成了灿灿的代名词，在同学间流传开来。

任务：请问同学和老师的做法存在什么问题？这个案例对于改变儿童的行为有什么启发？

任务描述

自我调节理论由班杜拉在 20 世纪七八十年代提出，是他对社会学习理论的又一贡献。自我调节理论从社会认知的角度，丰富和发展了自我调节概念，建立了相应理论，之后得到广泛而深入的研究。其研究的重心从早期只重视认知转移到同时重视学习者的动机、情感、意志控制和行为等因素之间的相互关系，并在教育、医疗、卫生保健、团队管理等领域中得到广泛应用。

一、自我调节理论

（一）自我调节的概念

自我调节概念是从自我强化概念中衍生出来的，反映了人的认知和情感对行为的多种影响。班杜拉不赞成行为决定于外在奖罚的行为主义观点。他说，如果按照这样的说法，人们会像风向标一样，连续不断地改变方向。班杜拉认为行为主义因忽视人类自我控制的能力，而否定了人类可用自己的感觉、思维控制自己，并因而塑造了一个残缺不全的人的形象。所以班杜拉提出行为要在自我调节过程中依据个体的信念、动机和目标实施，以使行为结果与其保持一致。

为了证实自己的理论观点，班杜拉等人做了一个“自我奖励标准”的实验：榜样从事某一活动时采用较高或较低的标准进行自我奖励。采用较高的自我评价标准者，只有在达到或超过自己满意的成绩时，才会大声地称赞自己，给自己物质奖励。在没有达到自己提出的标准时，他们则不让自己随意拿取奖励，反而会进行自我批评。采用较低的自我评价标准者，在没有完全达到自己的标准时，就会大声地称赞自己，给自己物质奖励。让儿童观察上述两种榜样的行为并在观察之后做其中一种行为，同时记录他们选择奖赏或惩罚自己的行为水平。结果发现，儿童倾向于采用被示范了的评价标准，并根据那个标准判断他们自己的行为和给予自己强化。看到高标准榜样的儿童，对自己的要求比较高，只有在取得好成绩时才给自己奖励，而看到低标准榜样的儿童，对自己的要求也比较低，在低水平的时候就给自己强化。这个实验说明，通过榜样的示范，可以建立起儿童相应的行为。同时也说明，儿童的行为是受他们已经形成的自我奖励标准调节的，这种自我调节决定着他们自我奖赏的水平。

班杜拉对实验进行了总结。他认为自我调节是指人们通过自己的认识为自己的行为设立一个标准，通过强化方式来维持或改变自己的行为，以期达到目标的过程，包括目标的确立、方法的选择、策略的思考、认知活动的监督和控制、行为动机的管理等。

（二）自我调节的基本过程

班杜拉认为，自我调节包括三个基本过程，即自我观察、自我判断和自我反应。

1. 自我观察

自我观察是指人们根据不同的活动中存在的不同衡量标准，对行为表现进行观察的过程。例如，一名注意缺陷多动障碍儿童要减少多动的行为，在课堂中就要按照一定的纪律规范去操作，同时，在操作的过程中给予自己客观的评价，通过客观的评价指导和调整自身行为。班杜拉认为，自我观察至少有两个重要功能：一是提供必要的信息以确定符合现实的行为标准和评价正在进行变化的行为；二是在行为发生的过程中对行为进行加倍注意，促进自我指导的发展。自我观察不是简单的机械记录过程，它时常受自我判断和自我反应的影响。自我观察与自我调节的其他过程是不可分离的。

2. 自我判断

自我判断是指人们为自己的行为确立某个标准，并判断自己的行为与标准的差距的过程。自己的行为与“标准行为”的差距会引起个体肯定的或否定的自我评价。自我判断的核心是自我标准的建立。对大多数行为来讲，评价其适应性并没有绝对的标准。

班杜拉认为，个体所参与活动的价值和人如何归因也是影响自我判断的因素。人们并不关心那些对他们而言几乎没有意义的活动，对没有价值的活动他们从不付出努力。个体只会对有价值的行为进行自我判断。如跑步比赛过程中，个体往往只会注意速度而不是跑步的姿势。在行为归因过程中，当人们把成功归结为自己的能力和努力时，他们为成绩而感到自豪。当把失败归结为自己信念、意志、动机、方法等方面的欠缺后，他们就会很快做出调整，以尽快达到标准。但当他们把失败或成功归结为外部因素时，他们就很难做出客观的自我判断。

3. 自我反应

自我反应是指个体评价自我行为后产生的自我满足、自豪、自责等内心体验。自我反应包括评价性和物质性两种形式。前者是个体在取得进步时体验到成功的预期满足感，具有提高自我效能感和激发动机的作用；后者则指个体用物质奖赏自己的进步。

在进行自我反应时，行为标准的建立既可以通过认知改变，也可以通过示范建立。人们在观察他人如何评价自己行为的基础上，部分地学会了如何评价自己的行为。成人提供了有价值的行为标准，他们在孩子达到和超过标准时总是表现得很高兴，而在孩子达不到标准时则表现得很失望。其结果是，儿童变得能够以自我认可和自我批判的方式来反映自己的行为。一般来讲，人们更喜欢选择与自己能力、年龄相仿的榜样为标准。如果同一榜样在不同的场合所表现的自我标准不一致时，那么榜样的示范作用就会减弱。

二、儿童问题行为产生的原因

（一）缺少行为目标的定位

目标是影响自我调节过程的重要因素之一。目标的设定将指引个体以后的意志控制及策略运用，并作为行为结果的评价标准。在行为层面上，儿童在设立学习目标后，就要采取必要的行为实现目标，并获得预期的结果。根据班杜拉的理论，建立近期的、容易实现的目标是至关重要的。如果目标遥远或者十分笼统，则会受到不确定因素和复杂因素的影响，因而不能指引个体的具体行为。此外，高难度的、具体的、有挑战性的目标可以让个体依据困难程度来调整其努力程度，而模糊的目标会使个体有许多不同的结果期望，无法激发个体最大的努力水平。因此，儿童要想获得理想的成绩，需要确定近期努力的方向，而行为的原动力则应指向远期目标。

（二）自我调节中动机、 信念的缺失

自我调节理论的有关研究表明，儿童的动机、信念会影响其目标设定、策略选择与行为结果。成就动机理论中的价值、期望与情感是自我调节学习过程中最重要的三个动机成分。价值主要是指儿童从事某项特定行为的理由，而行为结果是价值成分中的重要因素。人们做他们觉得重要、有用及兴趣高的事情时，倾向于为自己设定较高的目标，并善于主动利用内外资源及策略，其行为结果也就会更接近高目标。期望是指儿童对某项行为是否能成功的预期，如自我效能感是重要的因素。期望成功是指儿童在某一特定环境中，对于成功或失败可能性的看法。对成功期望较高的人，倾向于设定较高的目标并能使用各种策略，表现也较佳。情感是个体内部的一种心理反应，如喜、怒、哀、乐等，可以分为积极的情感和消极的情感。情感的产生受行为价值和期望的影响。一个人在从事某项行为时，觉得行为价值高，并确定自己有能力完成，这时就会采用积极的情感付诸行动，在行动过程中也会克服困难来实现自己对成功的预期。

班杜拉认为，自我信念及自我效能感是自我调节学习过程中的重要因素。高自我效能感的个体倾向于设定比较高的目标，而且有比较高的目标觉察力或投入。自我调节与个体的行为成就有着密切的关系，自我调节能力能够解释行为成就的许多变异，但自我调节学习策略的运用依赖于个体的自我效能感。自我效能感强的儿童在行为发生过程中能够更多运用认知策略和元认知策略，往往能有效地控制自己的行为，能够将注意力集中到行为活动和行为任务上，能够自觉地克服学习行为发生过程中不利因素的影响。

（三）意志薄弱影响行为预期效果

自我调节理论认为，儿童在设立目标后，就会采取必要的意志努力去产生预期的结果。因为个体设定了某个目标之后，会遇到许多干扰因素，所以个体如果无法通过意志控制来保证完成已设定的目标，就会放弃原来设定的目标即半途而废。因此，个

体必须应用意志控制策略和调节策略来保证目标的实现。意志控制策略的使用能让儿童更专心地使用行为策略，从而能够获得行为的预期效果。其中，有效的意志控制是目标和结果之间重要的中介变量(调节变量)。个体越善于运用控制策略，就越倾向于使用学习策略，其行为结果也就越好。

三、儿童问题行为的干预

学习目标、意志控制、动机与信念是自我调节学习的三个重要方面。从自我调节学习的角度看，为了实现自我调节的有效性，家长、教师必须做到以下三个方面。

（一）鼓励儿童制定合适的行为目标

鼓励儿童确立适合自身情况的、具体的、有挑战性的目标，并为实现目标付出努力。当目标实现后要积极给予强化，从而促使行为发生频率的增加。因此，家长、教师要在儿童自我奖惩标准确立的过程中起到风向标的作用，主动为他们指引方向。

（二）引导儿童运用意志控制策略

保证儿童行为发生中的意志不受内外部因素的干扰，使意志在行动中充分发挥它的调控性，即激励功能和抑制功能。要想强化儿童的意志，家长、教师应培养儿童意志独立的良好品质，让儿童对自己确定的目标有高度的行动自觉。

（三）引发儿童行为的内驱力

在确定行为目标后，家长、教师要用规范的示范、科学的说教、客观的评价帮助儿童建立合理的、正确的动机和信念，引发儿童行为的内在动力，激发儿童产生强烈的求知欲、高涨的行动热情、巨大的行动主动性，摒除对目标实现不利的行为，采取有意义的行为，对行为进行有意义的建构直到实现行为目标。

| 拓展阅读 |

平瑞克的自我调节观

平瑞克(Pinrick)把自我调节学习定义为一种主动的建构过程，即学习者设立学习目标，然后监控、调节、控制受目标和环境特征引导及约束的认知、动机和行为的过程。他还提出自我调节学习主要包括三个方面：元认知策略的运用，如对实际认知活动的计划、对认知过程的监督和修订等；行为任务的管理与控制策略的运用，如坚持完成困难和有挑战性的学习任务、排除干扰、维持长时间的认知投入等；实际认知策略的运用，如记忆、理解、学习内容的组织等方面策略的运用。

▸任务三 认识班杜拉的自我效能理论

自我效能理论

任务情境

案例：令妞妞苦恼的数学题

妞妞在上学前就听姐姐说数学学习特别难。入学后，在学习过程中，因带有畏难情绪，加之妞妞的数学基础不好，妞妞逐渐对数学学习失去兴趣。她曾经也有过努力学习数学的决心，但老师上课从不注意她，也不点她起来回答问题。且老师有时还在同学面前点名批评她，说她拖了班级后腿。

任务：请问妞妞产生畏难情绪的原因是什么？如果你是老师，你会怎么做？

任务描述

自我效能理论是班杜拉社会学习理论体系的重要组成部分，也是其一般学习论观点的逻辑产物。其基本特征是强调主体因素对人类学习的必要性及对人性潜能发挥的决定性，用来解释在特殊情境下动机产生的原因和个人对自己完成某方面工作能力的主观评估。评估的结果如何，将直接影响一个人的行为动机。自我效能理论一经提出，就引起了动机心理学家们的极大兴趣。

一、自我效能的概念

当班杜拉的一般学习论观点确立后，自 20 世纪 80 年代以来，他的学术兴趣便转向对现象的全面考察，特别典型的表现为对自我效能现象的关注。他发现拥有相同行为技能的人，或同一个人在不同条件下，在执行同一行为活动时，表现的出色程度是不同的，甚至相差悬殊。班杜拉认为，人类的行为不仅受行为结果的影响，而且受人对自我行为能力与行为结果的期望的影响。他发现，即使个体知道某种行为会导致何种结果，也不一定会从事这种行为，而是首先要推测一下自己有没有实施这一行为的能力与信心。这种推测和估计的过程，实际上就是自我效能的表现。人在从事某项行为时，既受结果期待的影响，也受效能期待的左右。自我效能是人类行为的决定性因素。通过区别效能期待和结果期待，班杜拉创造了自我效能概念。

自我效能感指的是人们对自己是否能够成功地从事某一行为的主观判断。它包括两个方面，一是结果期待，二是效能期待。结果期待是人们对自己的某种行为会导致某一结果的推测。如果人们预测到某一特定行为将会导致某种特定的结果，那么这一行为就可能被激活或者被选择。例如，如果一个言语障碍儿童认为努力地进行康复训练，言语功能就会有所恢复，他就会积极配合，认真训练。效能期待是人们对自己是否能从事某种行为的能力的推测或判断，即人们对自己行为能力的推测。当个体确信自己有能力进行某一活动时，他就会产生高的自我效能感，并会去进行某一活动。例如，一个言语障碍儿童不仅认为认真参与康复训练会使言语功能得到一定的恢复，而且觉得自己有能力参与训练，训练中能够达到训练者的要求，于是他的积极性就会提高。因此，一个人拥有高的自我效能感时，就会去从事某一行为，会认为自己能行。而个体具有较低的自我效能感时，就不会或不情愿去从事某种行为，会认为自己不行。

二、自我效能的作用

自我效能的功能主要是调节和控制行为，并通过对行为的调控影响行为结果。

（一）影响人们对行为的选择和坚持

当个体面对一个新的任务时，他会对任务进行估计。首先，他会确定任务结果是否对其产生有价值的影响。如果确定任务是有意义的，他就会选择该任务，进而有下一步行为。其次，个体在选择任务时还会有另一个选择过程，就是对任务中需要发挥的能力进行自我判断。自我效能感较高的人在实施任务时，常常倾向于选择适合自己能力水平又富有挑战性的任务，而自我效能感低的人却恰恰相反。当个体对自己完成该任务的能力评价很低时，他可能不会采取行动或者选择一个较容易的任务。一个人在某一方面的自我效能感越高，预测到的成功可能性越大，他就越会努力从事这些方面的活动，新行为持续时间也越长；反之，他就会逃避那些自己认为不能胜任的活动，行为的坚持性也就越差。

（二）影响人们面对困难时的努力程度

个体在行动的过程中，总会遇到各种各样的困难。自我效能感的高低会影响到个体克服困难的毅力和决心，影响个体对行为的坚持性。具有高自我效能感的人，大多有自信，勇于面对困难和挑战，相信自己可以通过努力克服困难。因此，他们会竭尽全力去追寻和实现自己的目标。相反，自我效能感低的人，则会因为怀疑自己的能力而在困难面前犹豫不决，不知所措，有强烈的无助感，甚至轻易放弃能够完成的事情。

（三）影响人们的认知方式和行为效率

自我效能感影响个体的认知过程，这些认知过程对个体活动产生的影响可以是自我促进的，也可以是自我阻碍的。研究发现，具有较低自我效能感的人，总是担心自己会失败，把思想纠缠在个人缺陷和潜在困难上。这样会导致紧张、自卑、注意力涣散、记忆力下降，甚至产生无助和无所适从感，这样的表现会直接影响人们对行为结果的预期和参与行动时的行为能力和行为效率。反之，有较高自我效能感的人会把注意力集中在积极分析问题和解决困难上。他们坚信自己的活动效能，会倾向于想象成功的活动场面，并知难而上、执着追求，在困难面前常常使得自己的思维与解决问题能力得以超常发挥，表现出较高的行为能力和行为效率，从而对行为的实际成就产生积极的影响。

（四）影响人们的归因方式

归因是个体解释和预测他人和自己行为结果的原因。人们通常把成败结果归因于努力、能力、运气和任务难度等。具有较高自我效能感的人倾向于把成功归因于自己的能力和努力，而把失败归因于技能的缺乏和努力的不足。这种归因结果促使个体提高动机水平，发展行为技能，从而有利于活动的成功。而具有较低自我效能感的人却往往将失败归因于自己能力不足、天资不够、任务难度大、运气较差等，这种归因常常会导致个体主动放弃任务。

三、儿童问题行为的影响因素

人们对自己个人效能的信念，是其自我认识的一个主要组成部分。儿童在行为发生过程中出现评价不准确、行动不主动、归因不客观等问题，主要由以下因素造成。

（一）直接性经验

直接性经验是一个人的亲身体验。亲身体验既有成功的又有失败的。这种成功或失败的亲身体验对自我效能影响最大。成功的经验可提高个体的自我效能感，使个体建立起对个人效能的有效的积极信念；失败的经验则会降低个体的自我效能感，特别是在效能感尚未牢固树立之前发生的失败会明显削弱效能感。同时不断成功或失败会使人建立起或高或低的、稳固的自我效能感。它不会因一时的挫折而降低，也不会因一时的成功而提高，而且还会泛化到类似的情境中。

（二）替代性经验

直接性经验并不是人们能力信息的唯一来源。替代性经验指个体能够通过观察他人的行为获得关于自我可能性的认识的经验。替代性经验通过观察他人的行为而获得，能够使个体对该行为的实现可能性进行评估，从而灵活地选择行为进行学习。

人们的许多效能信息是从替代性经验中获得的。在不同活动中，个体可能以不同形式和与自己各方面水平接近的人进行推论性比较。例如，儿童看到和自己水平差不多的同伴完成了某项技能操作，会认为自己也能完成同样的操作，从而增强自我效能感。反之，如果目睹同伴的失败，儿童会降低其自我效能感，认为自己也会失败。在替代性经验作用发生的过程中，儿童是通过与被观察者的比较来评价自身效能的。

（三）言语说服

说服也是增强个体取得成功信念的重要因素。言语说服更是强有力的效能促进因素，指凭借说服性的建议、劝告、解释、引导等方式通过改变人们的态度来改变人们的自我效能的一种方法。用言语说服人们相信自己具有实施任务的能力，会使人们在遇到困难时付出更大的努力。但是言语说服会提升个体的效能感，也会降低效能感。如果言语说服降低对个人能力的评价，使儿童常常听到别人对自己评价过低的说法，则只会招致失败，降低说服者的权威性，并进一步削弱儿童对其能力的信念。如果说服者在说服过程中不现实地提升效能信念，但儿童在实施行为的过程中很快感觉到目标实现困难，就会让儿童失望，使儿童放弃努力。因此，成功地建立效能信念不只是传递正面的效能信息，而且要用正确的言语鼓励个体建立行动中的自我效能感。

（四）生理和情感状态

班杜拉在其研究中发现，生理和情感也是影响自我效能感的重要因素之一。生理唤醒对自我效能感的影响，会随人们所选择的情境因素及赋予它们的不同意义而变化。比如，将出汗归因于房间太热的人，与那些认为这是因个人紧张而感到窘迫的人，会有不同的自我效能感。此外，情感状态在个体自我效能感中也发挥着作用，成功的喜悦、失败的悲伤都会导致个体的自我效能感发生变化。正面的情感能增强自我效能感，失望的情感状态会降低自我效能感。儿童可以通过增强身体状态减少负面的情感倾向，也可以通过纠正对身体状态的错误解释来改变效能信念。

四、儿童问题行为的干预

班杜拉对自我效能感的影响因素进行了大量的研究，指出可以通过以下三条途径来培养自我效能感。

（一）增加个体对成功的体验

自我效能感作为个体对自己与环境发生相互作用的效能的主观判断，不是凭空想的，而是以个体多次亲身经历某一同类行为而获得的直接经验为依据的。在

生活、学习中，教师可根据儿童的实际情况设置适合个体的行动目标。目标的设定是一个动态的过程，它会随着儿童的完成情况而适时发生改变。同时，教师要注意在完成目标时参与行动的对象一定要水平相近，多次成功的体验会提高个体的自我效能感。

（二）增加替代性经验

替代性经验是一种间接经验，它所强调的是榜样的作用。日常生活中，个人效能评价不应只根据单个榜样的行为表现进行，而应该多创设机会，让儿童有大量的机会观察许多情况相似的个体的成就。个体的成败容易被人们认为不具典型性，而当多数人做出同样的成就时则对于儿童来说颇具说服力。

（三）增加说服力

在对儿童进行言语说服时，要注意言语劝导与个体的能力相一致。否则，言语说服一开始可能会增加个体的自我效能感，但后期反而会加剧个体的自我效能感的降低。增加说服力，可以通过提出具体行为目标和标准，列举出亲身经历或身边的事例，利用榜样示范制造效果等方式。言语说服信息的效能价值取决于它是否切合实际。现实化的言语说服因可以激发个体的动机水平而使行动易于成功，儿童在这种说服内容基础上形成的自我效能感也会提升。但不切实际的言语说服不仅会使说服者失去威信，还会降低个体的自我效能感。

｜拓展阅读｜

结果期待与效能期待

结果期待在这里是指一个人对自己的某项行为会产生某种结果的预估，而效能期待是指一个人对自己获得成功所具有的信心。这两种期待之所以必须加以区分，是因为一个人可能相信某项行为必然会产生某种结果，但不确定自己是否有能力去表现这项行为。人的行为主要受人的效能期待的控制。个体对某种行为产生的效能感不仅影响着个体面对困难时所采用的行为方式，也影响着他的努力程度和情绪体验。效能期待越强烈，个体的行为就越积极，努力程度也就越大，同时情绪也就越积极。

▶任务四
认识班杜拉的观察学习理论

观察学习理论

任务情境

案例："勇敢"的大强

大强的父亲对大强管教严厉，对于一些小的错误也粗暴施责。大强在学校经常用父亲对待他的方式对待同学。一天，与同学发生矛盾后，大强对同学拳打脚踢，大打出手。回家后大强向父母描述，父亲听后赞扬了儿子的聪明与勇敢。

任务：请问大强爸爸的做法对吗？这个案例对你有什么启发？

任务描述

观察学习是班杜拉在 20 世纪 60 年代提出的一个概念。在班杜拉看来，人们不仅通过亲身体验来学习，还通过观察他人（榜样）所表现的行为及其结果来进行学习。人们不必事事亲身体验，就能学到复杂的行为反应。

一、班杜拉的观察学习理论

（一）班杜拉的观察学习实验

实验是班杜拉观察学习理论的基础。在实验中，班杜拉把儿童分成三组，让其共同观看一个影片。影片描述了一个成年男子击打玩偶的场景。当玩偶不听从命令时，成年男子就对玩偶拳打脚踢，但是三组儿童看到的影片结局是不一样的。第一组儿童看到成年男子击打玩偶后获得了奖励，奖励物是棒棒糖；第二组儿童看到成年男子击打玩偶后获得了惩罚，惩罚物是严厉的斥责；第三组儿童看到成年男子击打玩偶后没有被奖励也没被惩罚。结束后观察者将三组儿童安排到一个放有玩偶的房间中让儿童自由玩耍，同时观察儿童的攻击行为。结果发现，第一组儿童的攻击行为最多，第二组儿童的攻击行为最少，第三组儿童的攻击行为居中。这说明榜样的攻击行为所导致的后果是儿童是否自发模仿这种行为的决定因素。根据此实验，班杜拉提出了观察学习理论。

观察学习又称为不尝试学习或替代性学习，是指观察者通过对学习对象的行为、动作及它们所引起的结果进行观察后而进行内化，从而转化为观察者的个体行为的过

程。这种模仿学习是指人们通过观察他人的行为及行为的后果而间接地学习。人的许多知识、技能、社会规范等都来自间接经验。

（二）观察学习的基本过程

班杜拉认为观察学习包括四个过程，分别是注意过程、保持过程、动作再现过程和动机过程。

1. 注意过程

注意过程是观察学习的首要阶段，即观察学习起始于学习者对示范者行为的注意。如果学习者对榜样行为的重要特征不予注意，就无法通过观察进行学习。因此，注意过程是观察学习的起始环节。

2. 保持过程

保持过程是观察学习的第二个阶段，即学习者用言语和形象两种形式把所获得的信息转换成适当的表象保存起来。如果学习者不能记住示范者示范的行为，观察就失去了意义。

观察学习对榜样行为的保持依存于两个储存系统：表象系统和言语编码系统。表象系统把榜样的示范行为以表象的形式储存在记忆中，这样以后即使客观事物不存在，事物的表象仍可以被唤起。言语编码系统在观察学习过程中的作用尤为重要。一些示范性行为的特征转换成言语编码的形式后，能被更准确地保持和再现。

3. 动作再现过程

动作再现过程是观察学习的第三个阶段，即学习者把记忆中的表象转换成行为，并根据反馈来调整行为，同时做出正确的反应。

4. 动机过程

动机过程是观察学习的最后一个阶段，即学习者能够再现榜样示范行为之后，是否能够经常表现出示范行为还受到行为结果因素的影响。

他人对示范行为的评价、学习者本人对自己再现行为能力的评估、他人对示范者的评价，分别被班杜拉称为外部强化、自我强化和替代性强化。这三种强化都是制约示范行为再现的重要驱动力量。因此，班杜拉把它们看成是学习者再现示范行为的动机力量。

二、儿童问题行为产生的原因

（一）不良的生活环境氛围

良好的氛围是孩子健康成长的必要条件，对孩子个性发展、行为养成、智力开发都发挥着重要的作用。这些氛围包括社会氛围、家庭氛围和学校氛围。其中家庭氛围

尤为重要。如果家庭教育中父母关系不和谐，父母经常在家中争吵、谩骂甚至以暴力相见，孩子耳濡目染后就会在人际交往中采用同样的方式来解决自己所面临的困难。孩子出现问题行为后，家长或教师对其简单地进行惩罚，或对于问题行为置之不理、视而不见，或对于问题行为非但不采用惩罚的手段反而进行正强化，这些都会直接或间接地导致问题行为越发严重。

（二）不良的示范作用

在生活中，儿童更倾向模仿关系密切的同伴的行为。如同伴间的攻击行为，常常会让儿童习得攻击行为。尤其是那些年龄小、社会认知能力和辨别是非能力差、对同伴所出现的不良行为缺乏正确认识的幼儿或部分特殊儿童表现得更为突出。例如，一些幼儿在入园以前由于接受了良好的家庭教育能与同伴和睦相处，但入园后，受到一些具有攻击行为的幼儿的影响，也学会了通过咬人、打人等方式解决问题。

（三）不正确的强化方式

班杜拉将强化分为三种类型，即直接强化、替代性强化和自我强化。无论通过哪一种强化方式，如果获得的行为能导致有价值的结果，人们就倾向于从事这种行为，反之则会削弱从事这种行为的倾向。如在班杜拉的实验中，当男子攻击玩偶后得到了棒棒糖，儿童观看后就会增加这种行为的发生频率。生活中我们也常常误用强化而导致儿童错误行为发生频率的增加。例如，学校中孩子对他人大打出手，回到家后被父母表扬。去超市时，孩子看到妈妈偷了糖自己也拿了一块并被妈妈表扬，孩子偷窃的行为就会继续增加。

三、儿童问题行为的干预

（一）为儿童树立学习的榜样

家长与教师要积极为儿童寻找榜样，或者塑造榜样。榜样可以是父母、教师，也可以是兄弟姐妹或同学玩伴。教育者即家长与教师，应以自我为起点，规范自我，不断提升自我，给予儿童一个良好的榜样示范，或者引导儿童寻找一个他们认可的榜样，为儿童提供主动探索、学习的机会。这样，榜样教育才能更加有效，更能使儿童深入地理解榜样的言行举止，影响也会更加深远长久。

（二）合理地进行强化

强化包括外部强化和内部强化。班杜拉认为儿童受到的外部强化有直接强化和替代性强化。在现实中，教育者应该注意对儿童实施合理的直接强化，即及时明确地表扬儿童良好的行为，同时也要及时恰当地批评或惩罚其不良行为。儿童在看到别人受到强化时，也受到了替代性强化，这使得他们通过观察榜样所受到的强化调整自己的行为。儿童受到的强化还有自我强化，即儿童会基于外部强化渐渐形成自身内部标准，

这时他的行为就被其内部标准控制，不再需要外部强化。儿童还会通过自我肯定或自我批判逐渐调整自身标准，这就要求干预者应减少对儿童不良行为的强化，帮助其建立合理的内部标准，以达到让儿童自己规避不良行为的目的。

拓展阅读

班杜拉比较口头劝说和榜样行为对儿童利他行为的影响实验

为证明榜样的作用，班杜拉在继波波玩偶实验后，又做了一个“利他实验”。实验内容是先让儿童通过做一种滚球游戏获得一些现金兑换券。然后，他把这些儿童分成四组。第一组儿童和一个自私自利的同伴一起玩。第二组儿童和一个好心肠的榜样一起玩。第三组儿童和一个言行不一的同伴一起玩。这个同伴说着人人都应该为自己考虑，实际上却把兑换券放入了捐献箱。第四组儿童的同伴则说要把得到的兑换券捐献出来，实际上却只说不做。实验结果是第二组、第三组捐献兑换券的儿童比第一组和第四组均明显得多。实验结果清楚地表明，劝说只能影响儿童的口头行为，而对他的外部行为则无太大影响。如果面前有个慷慨的榜样，儿童的捐献行为就会大大增加。在决定外部行为方面，实际行动比说教更有力量。

项目总结

通过本章我们学习了班杜拉的社会学习理论，主要包括交互决定论、自我调节理论、自我效能理论和观察学习理论。班杜拉的社会学习理论突破了旧的理论框架，吸收了认知心理学的研究成果，把强化理论与信息加工理论有机地结合起来，提出了替代性强化、自我强化、交互决定、自我效能等概念，改变了传统行为主义重刺激—反应的倾向，使解释人的行为的参照点发生了重要的转变。同时班杜拉在社会学习理论研究中，注重社会因素对行为的影响，提出了观察学习、间接经验、自我调节等概念。在干预儿童行为的过程中，教师应该引导儿童进行观察学习，重视环境、行为、人的交互作用，培养儿童的自我调节能力，引导儿童提高自我效能感。

思考实践

1. 什么是动作再现过程？
2. 替代性经验对儿童的自我效能感有什么影响？举例说明。

项目三　认知疗法理论

项目导入

认知疗法(cognitive therapy)是基于个体的认知会直接或间接地影响情绪和行为的理论假设，通过纠正认知来改善个体的情绪和行为的一组心理治疗方法的统称。其作为行为矫正的一种技术，方法很多，在理论和操作上各有侧重。目前较常见的认知疗法有埃利斯(A. Ellis)的情绪行为疗法、贝克(A. T. Beck)和雷米(V. C. Raimy)的认知疗法、梅钦鲍姆(D. Meichenbaum)的认知行为矫正法、格拉塞(W. Glasser)的现实疗法等。

项目导航

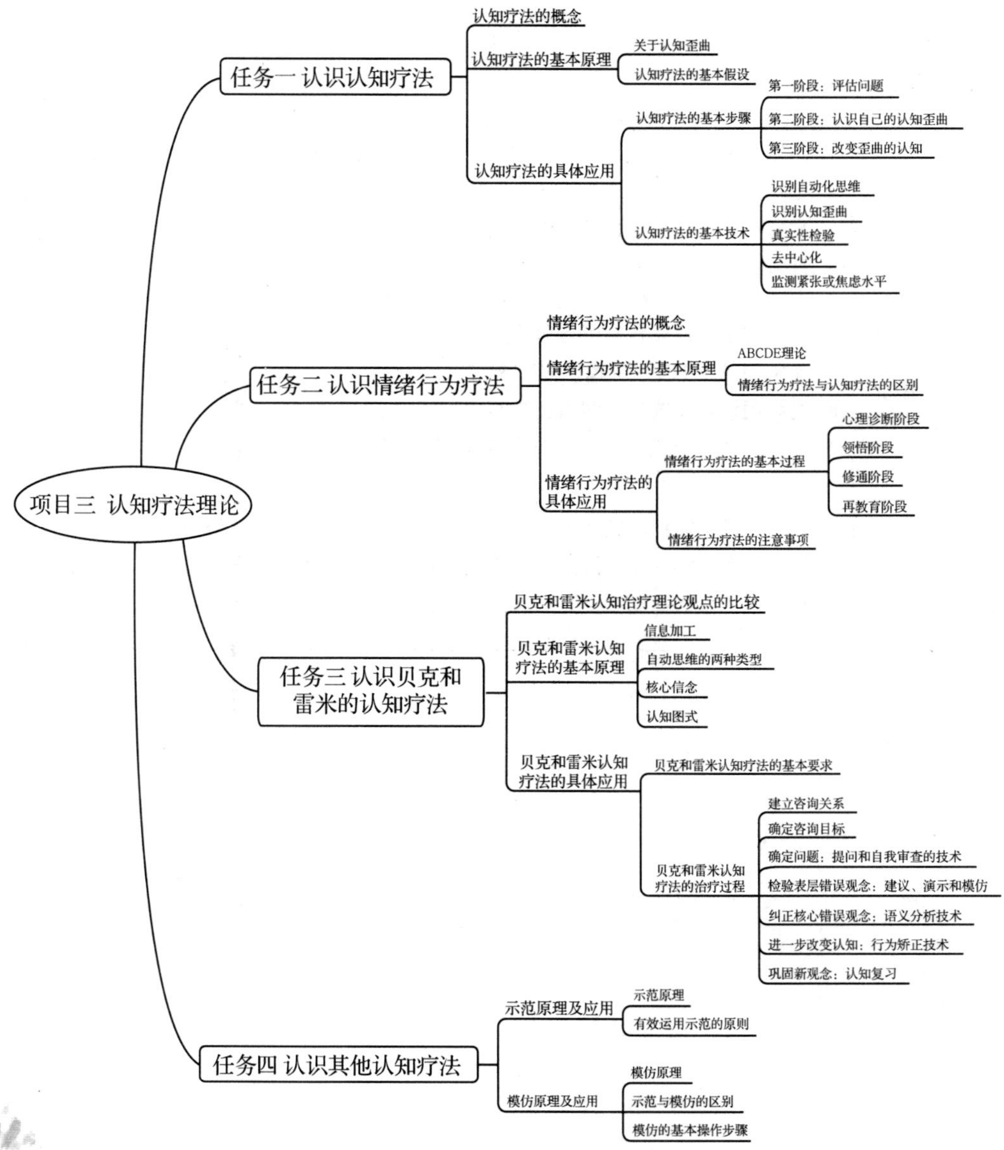

项目三 认知疗法理论
任务一 认识认知疗法
认知疗法的概念
认知疗法的基本原理
关于认知歪曲
认知疗法的基本假设
认知疗法的具体应用
认知疗法的基本步骤
第一阶段：评估问题
第二阶段：认识自己的认知歪曲
第三阶段：改变歪曲的认知
认知疗法的基本技术
识别自动化思维
识别认知歪曲
真实性检验
去中心化
监测紧张或焦虑水平
任务二 认识情绪行为疗法
情绪行为疗法的概念
情绪行为疗法的基本原理
ABCDE理论
情绪行为疗法与认知疗法的区别
情绪行为疗法的具体应用
情绪行为疗法的基本过程
心理诊断阶段
领悟阶段
修通阶段
再教育阶段
情绪行为疗法的注意事项
任务三 认识贝克和雷米的认知疗法
贝克和雷米认知治疗理论观点的比较
贝克和雷米认知疗法的基本原理
信息加工
自动思维的两种类型
核心信念
认知图式
贝克和雷米认知疗法的具体应用
贝克和雷米认知疗法的基本要求
贝克和雷米认知疗法的治疗过程
建立咨询关系
确定咨询目标
确定问题：提问和自我审查的技术
检验表层错误观念：建议、演示和模仿
纠正核心错误观念：语义分析技术
进一步改变认知：行为矫正技术
巩固新观念：认知复习
任务四 认识其他认知疗法
示范原理及应用
示范原理
有效运用示范的原则
模仿原理及应用
模仿原理
示范与模仿的区别
模仿的基本操作步骤

学习目标

知识目标	1. 熟知认知疗法、情绪行为疗法、贝克和雷米的认知疗法、示范与模仿原理的基本理论； 2. 掌握认知疗法、情绪行为疗法的基本技术； 3. 理解各种认知疗法的理论假设。
能力目标	1. 能对典型的认知歪曲进行分析与判断； 2. 能利用 ABCDE 理论模型对案例进行分析； 3. 能利用认知图式模型对案例进行分析； 4. 能为特殊需要儿童制订行为示范与模仿方案。
素养目标	1. 具有应用认知疗法的相关理论对特殊需要儿童的认知观念进行分析的意识； 2. 具有应用多种认知疗法对特殊需要儿童进行行为矫正的干预观； 3. 具有深入分析认知特征、积累素材及科学研究的意识。

▶任务一 认识认知疗法

认知疗法

任务情境

案例："妈妈，这个我是学不会的"

昊昊喜欢音乐，只要上音乐课，就非常高兴。他乐谱识别得很快，节奏感也强。于是，音乐老师就建议昊昊妈妈让昊昊学钢琴，这将有助于缓解昊昊急躁的情绪。昊昊妈妈对老师说："他其他东西学得都不好，钢琴也定是学不会的。"当妈妈问及昊昊时，昊昊不假思索地说："妈妈，这个我是学不会的。"……

任务：请问妈妈的说法对吗？请用认知疗法的理论观点为昊昊制订行为干预方案。

任务描述

20 世纪六七十年代，认知疗法产生于美国。它是在精神分析理论、格式塔理论的启示与影响下，从行为主义研究中逐渐分离出来的一种心理治疗方法。认知疗法不同于传统的行为疗法，因为它不仅重视适应不良性行为的矫正，而且重视改变患者的认知方式和注重"认知、情感、行为"三者间的和谐。同时，认知疗法也不同于传统的内省疗法或精神分析法，因为它重视患者的认知对其身心的影响，即重视意识中的事件而不是无意识。内省疗法则重视既往经历特别是童年经历对问题行为的影响，重视无意识而忽略意识中的事件。

一、认知疗法的概念

认知疗法是根据认知过程影响情绪和行为的理论假设，通过认知和行为技术来改变患者的不良情绪和行为的心理治疗方法的总称。

认知疗法是一种强调识别和改变消极想法以及非适应性信念的领悟疗法，它是贝克在对抑郁症患者的治疗过程中逐渐发展起来的。通过对抑郁症患者的观察，贝克发现他们对某些生活事件的解释带有一种消极的偏差，这种偏差造成了他们的认知歪曲。如果频繁发生，这些认知歪曲就会引起心理压力或障碍。

二、认知疗法的基本原理

（一）关于认知歪曲

认知疗法主要以贝克的情绪障碍认知理论为基础。贝克指出，个体的认知是其情绪状态和行为表现的原因，一个人的思想决定了他的内心体验和反应。心理障碍的产生并不是激发事件的直接后果，而是通过认知加工，在歪曲或错误的思维影响下促成的。个体错误思维的形成是消极认知转换的结果，即个体往往忽视了积极的信息，而受到了消极信息的干扰。这样，患者就可能过分夸大消极的方面而歪曲了事实，把事件看成非黑即白的。例如，“我什么事情都做不好”“生活对我太不公平了，一直在亏待我”“我觉得自己没有希望了”等。这些思想都是过度概括、夸张和抽象化的结果(表 1-3-1 列举了贝克指出的几种典型的认知歪曲)。个体必须能够控制自己的行为，正确评估自己在学习、生活和社会适应中得到某个结果的可能性。如果个体经常出现认知歪曲，他就无法完成活动，就会产生消极体验或伴随其他障碍。贝克指出，认知歪曲常常以“自动化思维”的形式出现。自动化思维是贝克情绪认知理论中的一个关键概念。所谓自动化是指这些思维常常是不知不觉、自发出现的，不需要个体经过努力和选择，因而不易被认识到。在心理障碍中，自动化思维往往是歪曲的、极端的，或者是不正确的。个体的自动化思维是由他独特的认知图式派生出来的，这些认知图式也不易被人们察觉。它们决定着人们对外界事物的评价和假设，并成为支配人们行为的准则。一旦某些消极图式为某种严峻的生活实践所激活，就会有许多歪曲的自动化思维在个体大脑中出现，进而导致精神障碍和行为障碍。

表 1-3-1　几种典型的认知歪曲

认知歪曲	主要特点	例子
主观推测	做出的推论没有支持性的根据	“我未做好这份工作，所有的同事都开始看不起我了。”
选择性概括	仅考虑个别细节而不顾及其他信息，便草率地做出判断	一个很成功的人却仅仅从一次失败中认为自己“很失败，做什么都不会成功”。
过度概括	根据一件或几件事情就武断地得出关于个人能力或价值的普遍性结论	“数学考试我没考好，我是学不会数学的。”
夸大和缩小	用一种比实际大或小的意义来感知一个事件或情境	“这件事情我做得很成功，我很了不起，我最聪明、最能干。”“他们全是不如我的。”

续表

认知歪曲	主要特点	例子
个性化	将那些与自己无关的事件看成是与自己相联系的	“我只要在家，父母就吵架——我是个灾星，总给家里带来不幸。”
乱贴标签	在错误判断和归纳的基础上给自己做出一个“专业化”的判断	“与朋友的几次交往都不愉快，所以我是一个不合群的人，我有人际交往障碍。”
极端化思维	一件事情要么完全合自己的意，要么就是彻底失败	“除非我考试得满分，否则就是失败。”

因此，认知疗法指出，要想理解一个具体的情绪体验或困扰的实质，就必须关注个体对不良事件反应的认知内容或一系列想法。要想改变求助者的情绪或行为，就必须改变他们的思维方式。为了达到这一目的，治疗者应该通过求助者的自动化思维去发现他们的认知核心图式，对于消极的认知图式则应该进行认知重建。

（二）认知疗法的基本假设

可以说，认知疗法的程序是建立在以下几个假设之上的：①通过内省可以触及人们的内部信息；②求助者的信念带有高度的个人意义；③这些意义可以被求助者自己发现而不是由治疗者教授或解释。

三、认知疗法的具体应用

（一）认知疗法的基本步骤

1. 第一阶段：评估问题

在治疗初期，治疗者要做的主要工作就是对求助者的问题进行评估，帮助求助者认识思维活动与情绪行为之间的内在联系。找出和确定问题应该贯穿治疗的初级阶段。双方在确定问题的基础上，还应该对这些问题进行排列，讨论哪一个问题是最主要的。

治疗者还应该积极引导求助者，让他们知道自己不正确的自动化思维，并认识这些思维和情绪变化的关系。需要注意的是，当这些不正确的自动化思维暴露出来以后，不应一开始就指出这些思维的荒谬性，不应急于让求助者去改变它们，否则就与说服教育没什么两样了。

2. 第二阶段：认识自己的认知歪曲

在这一阶段，治疗者要帮助求助者认识自己的认知歪曲，并积极检验支持或不支持自己消极的自动化思维的证据。因为认知歪曲主要是指一些功能失调性思想，所以治疗者应该帮助求助者及早掌握和练习使用新学习的概念，不断地练习和使用新的反应方式，从而取代功能失调性思想。

对自动化思维的检验，可以采用协同检验的方式。具体做法是，治疗者和求助者一起，把那些消极的自动想法当作一种假设加以检验，用相反的证据一一取代支持消极思维的证据。这样求助者的思想就会随之改变，甚至顿悟。

3. 第三阶段：改变歪曲的认知

帮助求助者改变歪曲的认知和错误的思维方式，发展出更适宜的思维方式和内容。这一阶段也是对求助者消极的认知图式加以识别和摧毁，并让求助者积极进行认知重建的过程。在治疗过程中，治疗者要帮助求助者及时对自己的自动化思维特别是消极的自动化思维进行分析，进而确定核心的消极信念和认知图式。这些消极的认知图式隐藏在个体的潜意识里面，由求助者多年的情感体验和经验积累而成，已经成为支配其行为的准则，所以很难被发现，也不容易改变，成为导致心理行为障碍的根源。而一旦这个“秘密”被暴露出来，它的致病能力就减弱了。

在这一阶段，治疗者和求助者还要讨论如何不要治疗者的帮助而由求助者自己完成这些矫正工作，也就是探讨如何让求助者成为他们自己的治疗师。当求助者逐渐好转，能够比较现实、客观地应对和处理生活中的压力时，认知疗法的会谈次数就可逐渐减少，最终告一段落，结束治疗。

（二）认知疗法的基本技术

在具体的治疗过程中，认知疗法非常注重治疗技术的运用。后面将提到的理性情绪疗法(rational emotional behavior therapy)技术，也为认知疗法所采用，如质疑求助者的技术、布置认知家庭作业等。另外，认知疗法还借助了许多行为治疗的技术，如放松训练、社会技能训练、羞恶攻击训练等。1985 年，贝克曾归纳了认知疗法经常使用的五种基本方法。

1. 识别自动化思维

个体消极的情绪和行为，往往都是自动化思维影响的结果。例如，放学回家，丁丁拿着自己的美工剪贴作品，鼓足勇气给妈妈看看。妈妈却当着全家人说：“你剪贴的是什么啊？我一点都没看出来这是什么……”丁丁立即出现了消极的自动化思维：连妈妈都看不上我，我是学不会美工的。一上美工课，丁丁总是无精打采的。这些自动化思维都是个体没有意识到的，却已经成为他们思维方式的一部分。所以在治疗时治疗者首先要帮助求助者学会识别这些自动化思维，帮助他们认识自动化思维的存在和不良影响，也可以采用引导发现、提问、想象或角色扮演等方式来发掘和识别出他们的自动化思维。

2. 识别认知歪曲

不同的心理障碍有不同内容的认知歪曲。例如，抑郁症患儿大多对自己、现实和

将来都持消极态度，抱有偏见，认为自己是失败者，感觉将来毫无希望，事事都不如意；焦虑症患儿则对现实中的威胁持有偏见，过分夸大事情的后果，面对问题时只强调不利因素而忽视有利因素。通过听取和记录求助者自己诉说的自动化思维以及对不同的情境和问题进行分析，然后要求求助者进行归纳，能够帮助求助者识别出自己的认知歪曲，从而提高认知水平，矫正错误思想。

3. 真实性检验

认识并矫正认知歪曲的一个方法是检验不支持某种错误假设的证据。在治疗中，鼓励求助者把自己的自动化思维当作一个假设来看待，并设计一种方法检验这个假设。结果他们可能会发现自己的这个假设是不符合实际的。例如，某一求助者在受到挫折后，认为自己"一事无成""别人都看不起我""我是干不好的"，非常抑郁。实际上，他成功地做过很多事。

4. 去中心化

消除求助者认为自己是别人注意中心的想法。对抑郁症患儿和焦虑症患儿，这点值得重视。大多数抑郁和焦虑的求助者都感到他们是别人注意的中心，他们的一言一行都受到他人的"评头论足"。因此，他们一直认为自己是脆弱的、无力的。治疗计划要求当事人不要按以前的方式行事，要努力忽略周围人的注意。结果他们可能就会发现其实很少会有人注意他们的言行。

5. 监测紧张或焦虑水平

许多慢性甚至急性焦虑症患儿往往认为他们的焦虑状态会一直不变地存在下去，但事实上，焦虑的发生是波动的。鼓励当事人对焦虑的水平进行自我监测，促使当事人认识焦虑波动的特点，增强抵抗焦虑的信心，也是认知疗法的一项常用技术。

| 拓展阅读 |

认知与行为

由于文化、知识水平及周围环境的差异，人们对问题往往有不同的理解和认知。所谓认知一般是指认识活动或认识过程，包括信念和信念体系、思维和想象。具体来说，认知是指对人或事的看法，包括想法、观念和见解等。例如，面对同样的一所医院，孩子可能依自己的认识和经验，把它看成一个"可怕的场所"；医护人员会把它看成救死扶伤之地；有些病人则可能把医院看成"求生之门"。因此，关键不在

于医院客观上是什么，而在于人的认知会产生不同的情绪，从而影响人的行为反应。认知疗法强调，一个人的非适应性或非功能性心理与行为，常常受不正确的认知左右。正如认知疗法的主要代表人物贝克所说："适应不良的行为与情绪，都源于适应不良的认知，因此，行为矫正疗法不如认知疗法。"例如，一个人一直认为自己表现得不够好，认为连自己的父母都不喜欢他，因此，他做什么事都没有信心，很自卑，心情也很不好。

▸任务二 认识情绪行为疗法

情绪行为疗法

任务情境

案例：暴怒的娟娟

娟娟，9岁。半年多前，其母亲要到外地去工作，她听说后逐渐烦躁不安，发脾气，不愿意与母亲分离，并出现睡眠不好、做噩梦、食欲不振等症状。一个月来，她变得暴怒，容易被激惹且情绪高涨。她有时滔滔不绝，不知所云，且很难被打断；有时退缩，恐惧不安，甚至拒绝上学等。

任务：应用情绪行为疗法对娟娟进行干预，制订一个较为详细的矫正方案。

任务描述

情绪行为疗法(emotional behavior therapy)是由心理咨询学家埃利斯于20世纪50年代首创的心理咨询理论及方法。他认为人的先天倾向中有积极取向的本性，也有消极取向的本性：人有趋向于成长和自我实现的内在倾向，同时也具有非理性的不利于生存发展的生活态度倾向。埃利斯更强调后一种倾向，他认为正是这种非理性的生活态度导致了心理失调。

一、情绪行为疗法的概念

情绪行为疗法旨在通过理性分析逻辑思辨的途径，改变患者的非理性观念，以帮助患者解决情绪行为上的问题。该疗法强调用合理的人生观来创造生活，并以此来保

持心理健康，促进人格的全面发展，因此又被称为理性情绪疗法。

埃利斯将人类常见的非理性信念归纳为以下几种：

①倾向于进行畸形的思维(如强迫思维)。

②倾向于易受暗示影响。

③倾向于过度概括化，以偏概全。

④倾向于要求尽善尽美，认为不是完美的就是无用的。

⑤倾向于过分要求他人。

⑥倾向于追求绝对化、肯定化，不能忍受不确定性。

⑦倾向于夸大负性事件的危害性。

⑧倾向于自暴自弃。

⑨倾向于自我贬低。

⑩倾向于过分关注自身机体的变化。

二、情绪行为疗法的基本原理

（一）ABCDE 理论

情绪行为疗法的基本原理是 ABCDE 理论，其核心要点是情绪不是由某一诱发事件本身所引起的，而是由经历了这一事件的个体对这一事件的解释和评价所引起的。A 代表诱发事件(activating events)，B 代表信念(beliefs system)即人对诱发事件的信念、认知、评价和看法，C 代表结果即症状(emotional and behavioral consequences)，D 代表治疗措施(disputing irrational beliefs)，E 代表治疗效果(effect of dispute)。ABCDE 理论认为诱发事件 A 并不直接引起症状 C，A 与 C 之间还有中介因素信念 B 在起作用(图 1-3-1)。埃利斯认为人极少能够纯粹、客观地经验 A，而总是带着或根据大量的已有信念、期待、价值观、意愿、欲求、动机、偏好等来经验 A。因此，对 A 的经验总是主观的、因人而异的，同样的 A 在不同的人身上会引起不同的 C，主要是因为他们的信念 B 有差别。通过 D 来影响 B，认识偏差被纠正了，情绪和行为困扰就会在很大程度上减轻或解除，最后达到 E，负性情绪得到纠正。

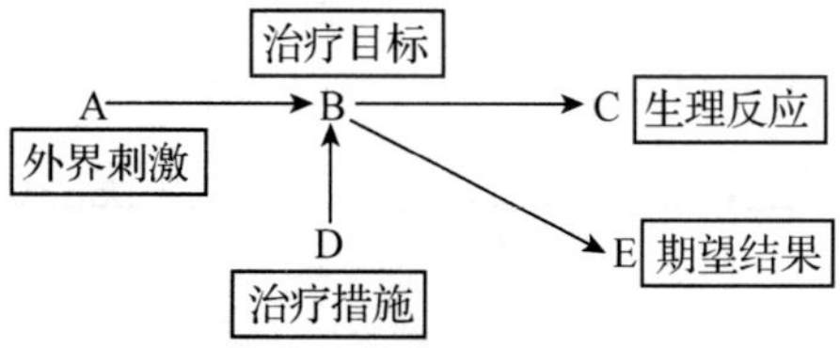

图 1-3-1　ABCDE 理论模型

（二）情绪行为疗法与认知疗法的区别

这两种疗法在理论上都论证了认知因素对个体情绪行为的影响，二者都是主动、指导性、有时间限制及有结构的疗法。两种疗法都主张改变认知是改变情绪困扰与不良行为的一个重要途径，它们协助来访者放弃自我的不合理认知或歪曲认知的目标是一样的。

但两种疗法在治疗方法、治疗风格等方面还是存在很大差别的，最主要的一点体现在：情绪行为疗法经常是说服性的、高度指示性的，它关注治疗者的指导角色，而认知疗法更强调帮助求助者自己去发现他们的错误观念，治疗的目标是求助者用自己收集和评价过的彼此矛盾的证据来驳斥自己的错误观念。

三、情绪行为疗法的具体应用

（一）情绪行为疗法的基本过程

1. 心理诊断阶段

矫正者要与来访者建立良好的治疗关系，探索患儿所关心的问题，并根据问题所属性质以及患儿对它们所产生的情绪反应将这些问题进行分类，在此基础上与患儿共同制定所要达到的情绪及行为目标。

2. 领悟阶段

矫正者帮助患儿认识到自己不适当的情绪行为表现，领悟产生这些症状是自己造成的，要寻找产生这些症状的思想根源，即不合理信念。

3. 修通阶段

矫正者与患儿就其存在的不合理信念进行辩论，可以采用夸张或挑战性的发问要求患儿回答他有什么证据或理论对某事件持与众不同的看法等。矫正者围绕患儿所持信念是否有客观依据、是否合乎逻辑等与患儿进行辩论，最终让患儿认识到自己的信念不正确、不合理，并懂得什么才是合理的信念，用合理信念取代那些不合理信念。

4. 再教育阶段

矫正者除了进一步帮助患儿摆脱旧的不合理信念，还要探索是否存在与本症状无关的其他的不合理信念，并与之进行辩论，使患儿学会并巩固与不合理信念进行辩论的方法，养成用理性方式进行思维的习惯。在这一阶段，矫正者可以适当应用行为技能训练，如自信训练、放松训练、问题解决训练和社交技能训练等提高患儿应对各种问题的能力。

（二）情绪行为疗法的注意事项

第一，向患儿指出他的看法、信念是不合理的，讲清楚不合理信念与他们的情绪

行为问题之间的关系。

第二，向他们指出他们的情绪困扰不是早年生活造成的，而是现在的不合理信念造成的，他们自己要对这些不合理信念负责。

第三，通过对不合理信念进行辩论，帮助他们认识其信念的不合理性，从而放弃这种不合理的信念。

第四，在帮助他们认清并放弃不合理信念的同时，还要帮助他们以合理的思维方式代替不合理的思维方式。

| 拓展阅读 |

RET 自助表

RET 自助表让求助者写出事件 A 和结果 C；让求助者从表中列出的十几种常见的不合理信念中找出符合自己情况的 B，或写出表中未列出的其他不合理信念；要求求助者对 B 逐一进行分析，找出可以代替 B 的合理信念，并填在相应的栏目中；最后要求求助者填写他所得到的新的情绪和行为。完成 RET 自助表实际上就是一个求助者自己进行 ABCDE 工作的过程。

(A)诱发事件(使我受到情绪困扰或产生自损行为之前发生的事件、思想或感受)：________

(B)信念(导致我产生情绪问题或自损行为的非理性信念)：________

(C)结果或情况(在我身上出现的，也是我想要改变的情绪困扰或自损行为)：________

(D)辩论(与列出的非理性信念进行辩论，例如，“为什么我必须干得非常棒?”“何以证明我必须受人赞赏?”)：________

(E)有效的理性信念(取代非理性信念的理性信念，例如，“我希望干得很棒，但并非如此不可。”“我是个行动力弱的人，但我这个人不笨。”)：________

(F)感受和行为(我获得了自己的理性信念之后感受到的)：________

我将在大量场合做出很大努力，有力地重复我的有效理性信念，这样我就能减轻情绪困扰，在将来减少自损行为。

▸任务三
认识贝克和雷米的认知疗法

贝克和雷米的认知疗法

任务情境

案例：米米认为室友讨厌她

在某聋校里，七年级的米米和室友放学后一起去吃饭。路上室友手机收到了一条信息，于是她着急地告诉米米："我临时有点事，先去忙了，一会儿再回来找你。"米米去餐厅等着，等了好长时间，不见室友回来。她开始想：她是不是有点讨厌我，不想和我一起吃饭？是不是别的同学向室友说了我的坏话？……接着，米米越想越多，开始难过地哭起来。一直没有等到室友回来，米米也没吃饭，流着泪离开了餐厅。

任务：应用贝克和雷米的认知治疗基本理论分析米米的心理原因，并制订一个改变米米不良情绪的干预方案。

任务描述

贝克和雷米的认知治疗理论主要是通过改变个体的不合理认知来达到消除不良情绪和行为的心理疗法。它旨在帮助儿童建立适应性的功能，鼓励儿童对导致障碍的思维和认知过程，以及情感、动机等内部因素进行自我监察，已在学校中广泛应用。

一、贝克和雷米认知治疗理论观点的比较

贝克是认知疗法的重要代表人物之一。他通过大量的临床治疗案例及深入的理论研究，明确提出了其认知治疗的理论观点：心理问题不一定都是由不可抗拒的力量导致的；相反，它主要是在错误的前提下对现实误解的结果。这种错误可以在平常的事件中产生，比如，依据片面的或不正确的信息做出错误的推论，或者不能适当地区分现实与想象之间的差别等。

雷米在美国人本主义心理学家卡尔·罗杰斯的指导下，从事认知治疗的研究与实践。雷米一直把自我概念作为他研究的中心问题。个体对自我的不正确或不适当的评价，也就是错误的自我概念，将导致个体产生一定的情绪障碍和行为问题。

雷米的理论与贝克的理论的基本前提是一致的，即应用认知理论中的认知过程和自我概念来揭示并改变那些处于中心位置的基本错误观念，从边缘、表层的错误观念入手逐步靠近中心，挖掘深层的错误观念，最终予以纠正。如果说贝克所关心的是错误的认知过程以及在这个过程中所产生的错误观念，那么雷米则主要强调这些错误观念的存在状态，即这些观念是以什么样的顺序和方式表现出来并发生作用的。二者的研究相辅相成、相互影响，到后来已经难以区分。

二、贝克和雷米认知疗法的基本原理

贝克和雷米的认知疗法是一种整合性的心理疗法，它吸收了很多不同的心理治疗的思想和行为干预的技术，尤其是在儿童心理障碍及问题行为干预领域发挥着越来越重要的作用。

（一）信息加工

人脑是一个信息加工系统，它可以对表征信息的物理符号进行输入、编码、储存及提取。不同加工阶段由不同的认知结构来完成。在编码系统中，已有的知识经验和认知结构决定着个体对刺激信息的选择和理解。不同的人对相同的事物会产生不同的看法。心理障碍并不是刺激事件诱发的结果，而是由歪曲的认知或错误的思维方式促成的。对信息的感知与理解不同，会引起儿童不同的心理反应，让儿童表现出不同的行为方式。

（二）自动思维的两种类型

自动思维，是一种无意识的、不带意图的、自然而然的并且不需要努力的思维，也叫自动化思维。贝克认为错误想法常以“自动”的方式出现，即这些想法、信念总是不知不觉出现在脑海中，一般不容易被本人意识到。从性质上来看，自动思维有负性自动思维和正性自动思维之分。每个人都有自动思维。正常人会对自动思维做出现实检验和积极的反应，而有心理障碍的人则不会有这种批判性的检验，总是持有比较消极的态度。情绪障碍的发展使得负性自动思维更加频繁和强烈，形成恶性循环。

从内容上看，自动思维还有两种表现形式：一种是语词形式，如“这次成绩好，是因为我运气好”“他不是好人，就是坏人”“不成功就是失败”；另一种是视觉形式，如“今天我上楼走了 13 个台阶，听说数字 13 不吉利，那我今天要倒霉了”。这两种形式可以同时出现。

（三）核心信念

核心信念是个体关于自己的最核心的观念，是位于认知最深层的，是更隐蔽地影响基本认知模式的、牢固的观点和看法。它通过影响中间信念而引发自动思维。中间

信念是建立在核心信念基础之上的态度、归因方式、内部行为规则和指令，如“我必须……”“我宁愿……”“我不是……”。

尽管自动思维看上去是自动出现的，但其背后往往隐藏着一定的信念。一旦这些信念被确认，就可以进一步预测自动思维。从童年开始，人们就已经对自我、他人及世界形成了一定的信念。这些信念逐渐演变成为核心信念，成为根深蒂固的、整体的信念，并且在认知中起主导作用。

（四）认知图式

认知图式形成于生命的早期体验，在生活过程中不断习得而成，包含最基本的信念和设想。贝克和雷米的认知疗法建立在“自动思维—中间信念—核心信念”的认知图式(图 1-3-2)的基础上。图式的广度、诱发力、活动力和驱动力决定了人们接受和应对外部世界、外在环境的方式与程度。基本的认知图式主要有两种，一种是积极的，另一种是消极的。积极的认知图式可以让个体适应环境，消极的认知图式则导致个体对环境难以适应。

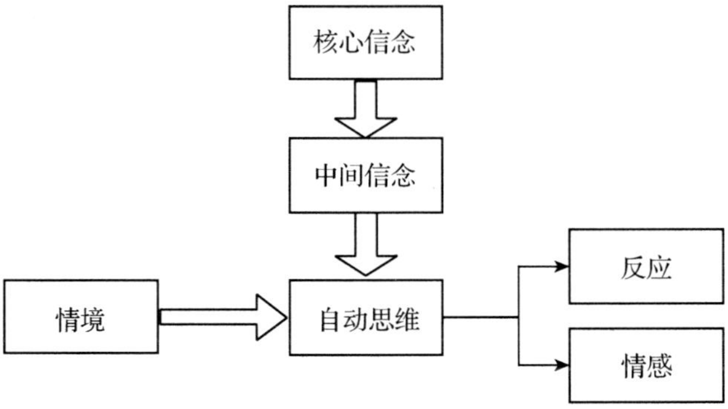

图 1-3-2　贝克和雷米的认知疗法认知图式结构示意图

三、贝克和雷米认知疗法的具体应用

（一）贝克和雷米认知疗法的基本要求

儿童的心理问题不是神秘的，它会在平常的事件中产生。例如，错误的学习、不良环境的干扰、消极的情绪体验等，导致儿童依据片面的或不正确的信息做出错误的推论，使他们不能妥善地区分现实与理想之间的差别等。在应用认知疗法的过程中，需要遵循八个方面的具体要求。

第一，认知治疗基于每个来访者唯一的认知概念化。

第二，必须有一个稳固的治疗关系。

第三，认知治疗是目标导向的。

第四，治疗从当前的情境开始。

第五，认知治疗是一种对时间十分敏感的治疗方式。

第六，治疗的会谈是结构化的，需要咨询师和来访者都积极参与。

第七，来访者学习对歪曲的想法进行识别和反应。

第八，认知治疗强调心理教育，以防复发。

（二）贝克和雷米认知疗法的治疗过程

1. 建立咨询关系

该疗法强调良好的咨询关系是提高咨询疗效的必要条件，强调咨询师扮演诊断者和教育者的双重角色。咨询师要让来访者对于治疗有一定的正确认识，消除治疗的神秘色彩。

2. 确定咨询目标

目标应是咨询师和来访者共同商定的。直接目标是解决来访者当前的问题，减少他们不愉快的情绪。主要目标是识别和矫正来访者的负性自动思维、核心信念，并使他们形成正确的认知方式。咨询师一般不期望来访者的人格有重大的转变或重组，因为他做的是短程的、限时的结构性咨询，所以咨询目标应该具体化。

上述目标可以进一步分解为更为具体的咨询目标。这样就使整个咨询过程比较有层次，使咨询师对咨询的进程做到心中有数，从而有利于他在每一个目标的指导下采用更有针对性的方法和技术。

3. 确定问题：提问和自我审查的技术

从这一阶段开始，咨询师就接触到了求助者的认知过程及认知观念。为了能尽快发现求助者问题行为背后的不正确的认知观念，咨询师的首要任务是要把求助者引导到某个特定的问题范围内，让求助者集中注意那些具体的问题和可以观察到的事实，并且这些问题和事实通常是被求助者所忽略的。因此，咨询师应引导求助者对它们进行体验和反省，具体来讲，可以通过提问、自我审查，以及这两种技术的结合来实现。

4. 检验表层错误观念：建议、演示和模仿

表层错误观念或边缘性错误观念，是指求助者对自己的不适应行为的一种直接、具体的解释。对于这些错误观念，可使用建议、演示、模仿等技术来纠正。

建议指咨询师建议求助者进行某一项活动，这一活动与求助者对自己问题的解释有关。通过这个活动，求助者可以检验自己原来的解释是否正确。

演示指咨询师鼓励求助者进入一种现实的或想象的情境，使他能够对其错误观念的作用方式及过程进行观察。这种情境应根据求助者的问题及其对问题的解释来设定。

模仿指咨询师先让求助者观察一个模特完成某种活动，然后让求助者通过想象或模仿来完成同样的活动。

5. 纠正核心错误观念：语义分析技术

深层错误观念往往表现为一些抽象的与自我概念有关的命题。它们并不对应具体的事件和行为，也难以通过具体的情境加以检验。这就需要用一些逻辑水平更高、更抽象的技术进行纠正。认知治疗中的语义分析技术是一种重要的揭示和纠正深层错误观念的方法。语义分析技术主要针对求助者错误的自我概念。这些自我概念常常表现为一种特殊的句式，也具有共同的逻辑形式，即一个“主—谓—表”的句式结构，如“我没有任何价值”。

6. 进一步改变认知：行为矫正技术

在认知治疗中，咨询师经常通过行为矫正技术来改变求助者不合理的认知观念。这种技术不针对行为本身，而是时刻把行为同求助者的认知过程联系起来，并努力在两者之间建立起一种良性循环的技术。这也是认知治疗与行为治疗不同的地方。

7. 巩固新观念：认知复习

认知复习，即以布置家庭作业或让求助者阅读有关认知疗法材料的方式给求助者布置某些相应的任务，这实际上是前面几个咨询过程在实际生活情境中的进一步延伸。因此，这一工作不一定只在咨询的后期才开始进行。在每一次咨询结束之后，咨询师都可以根据具体情况给求助者布置一定的家庭作业。家庭作业是为每个求助者的具体问题而专门设计的，来自合作性的治疗关系。

| 拓展阅读 |

共同感受

共同感受是贝克认知疗法的重要概念，是人们用以解决日常生活问题的工具。它常以问题解决的形式出现，包括从外界获取信息、综合已有的经验、提出问题和假设、进行推理、得出结论并加以验证等一系列过程。这个过程实际上就是知觉和思维的过程。如果人们不能正确使用这一工具，对外界信息不能做出适当的解释与评价，就会使上述过程产生局限，造成认知歪曲，从而导致错误观念并最终引起不适应的行为。

人们使用共同感受这一工具时，常常因不加注意而忽略了上述认知过程。因此，许多判断、推理是模糊、跳跃的，很像一些自动化的反应，这就是贝克理论中“自动化思维”的含义。这样，思维过程中的一些错误观念因个体不加注意而被忽略了，并成为固定的思维习惯而被保存下来，使个体自身对这些错误的认知观念不能加以反省和批判。如某个人交友失败两次，就认为自己交友能力不行。

▶任务四 认识其他认知疗法

示范与模仿原理

任务情境

案例：铭铭与乐乐的饼干

幼儿园李老师发现铭铭小朋友不愿意分享东西给其他小朋友，所以小朋友们不愿意和他玩。而乐乐小朋友则能高兴地分享东西给其他小朋友，所以小朋友们都愿意和他玩。

一天早晨，乐乐带来一盒饼干，高兴地对李老师说：“我要和小朋友一起分享。”李老师即时抓住时机教育铭铭小朋友。李老师告诉铭铭：“你看你也有一盒饼干，你愿不愿意像乐乐那样，分享给小朋友呢?”老师边问铭铭，边让乐乐把他带来的饼干分给小朋友吃。

任务：请应用示范与模仿原理分析案例中老师对铭铭的行为干预。

任务描述

各种认知疗法的核心是改变来访者的不良认知。这种改变人的认识观念的思想最早起源于古希腊哲学家苏格拉底的辩证法——由你说出你自己的观点，并依照这种观点进行进一步的推理，最后引出矛盾和谬误，从而使你认识到先前思想不合理的地方，并由你自己加以改变。中国古代的道家追求少私寡欲、抱朴守真、顺应自然的思想，教育人们要对自我有一个客观理性的认识，这对于调节心理十分有益。在学校的日常教育中，教师在对学生进行说服教育，其本质也是想改变学生的认知。

改变认知的方法有很多，下面我们重点学习示范原理和模仿原理。这两个方法是相辅相成的，有时候很难加以区分。

一、示范原理及应用

（一）示范原理

示范是把某种行为范式呈现给某一个体，使他能够从事类似行为的过程。示范法是通过示范者给出一种正确的行为，让被矫正者模仿和学习，从而改变被矫正者行为的一种刺激控制方法。

在日常生活中，我们经常使用示范法来教育儿童，以便儿童能够顺利成长，并融入社会。在问题行为矫正中，示范法是一种普遍应用并且相当有效的方法。例如，在儿童的言语和行为发展过程中，父母曾不止一次地使用示范法，尽管有时他们并没有意识到这是一种行为矫正的方法。示范法在实施时，经常与指导、模仿结合在一起。

在家庭教育和学校教育中，我们到处可见示范的例子。“为人师表”就是说教师的言行表率作用对学生能产生好的影响。家庭中也是一样，只有父母身体力行，孩子们才会遵守、执行家长立下的规范或约定。因此，示范和指导常常是密不可分的。它们同行为矫正的其他方法结合应用，可以获得更好的效果。例如，父母在教孩子学习某一项技能(如骑自行车、打字、唱歌等)时，就常将示范与指导、塑造、强化等方法结合在一起使用。在教技能的过程中，应边示范，边指导，并对正确的反应及时给予强化。

除了教师、家长的示范外，儿童的同伴也具有示范作用。儿童能对表现良好的同伴进行观察，进而潜移默化地学会技能。例如，一个儿童几乎从不与别的儿童交往。面对这种问题行为，一种简便易行且较快产生效果的方法是让他观察另一个儿童参加一组儿童活动的情况，进而让他学会社交技能。

示范不仅对儿童有效，对于有问题行为的成人也富有成效。因此，示范常用于教育和宣传活动。应该注意的是，示范必须和指导、塑造、模仿等方法结合使用，才会有显著效果。

（二）有效运用示范的原则

第一，示范行为的复杂程度应适合儿童的行为水平。示范者和儿童在年龄、性别、态度、文化背景等方面要有一定的相似性，以便儿童更容易理解和接受示范行为。

第二，要把指导和示范结合在一起使用。

第三，儿童对示范行为的正确模仿，应及时被强化。

第四，示范难度应有次序地从易到难排列。

第五，示范情境应尽可能真实。

第六，必要时使用渐隐法，从而由刺激而不是由示范来控制行为。

二、模仿原理及应用

（一）模仿原理

模仿是个体受他人影响而仿效其言行，并使自己的言行与之相同或相似的过程。在儿童的成长过程中，儿童的模仿起着重要的作用。例如，语言的学习、动作的练习、性别角色的习得等。模仿法是个体通过观察别人的行为及后果，学习和获得良好行为，减少和消除不良行为的一种矫正方法。

前面提到的美国心理学家班杜拉提出了社会学习理论，也就是模仿学习原理，倡导用模仿法矫正儿童的不良行为。他在实验中观察到，怕狗的儿童在示范者的榜样作用下易于消除恐惧，敢于和狗接触。而如果没有人示范，尽管向儿童反复强调狗是如何温顺，他们依然不敢接近狗。

模仿法是观察学习理论的直接应用。观察学习包含注意过程、保持过程、动作再现过程和动机过程，简单地说，就是先注意榜样的行为，将其记在脑子里，经过反复练习，最后在适当的时候将其再次表现出来。模仿学习一般分为主动模仿学习和被动模仿学习两种。主动模仿学习是指观察者不仅观看示范者的表演，而且参与到表演中。被动模仿学习是指观察者仅仅观看示范者的表演，不直接参与活动。如儿童观看电视节目后，其日常行为发生了改变就是被动模仿学习。

模仿有三种效应：观察学习效应、抑制和解除抑制效应、诱发效应。通过观察他人的行为和后果进行学习是观察学习效应。通过模仿消除某种行为是抑制和解除抑制效应，如看见某人因为捅蜂窝被蜇而不敢捅蜂窝是抑制效应。又如，社交恐惧的儿童看见另一个儿童因为和伙伴玩耍而受到奖励，他也参与到游戏中，则是解除抑制效应。通过示范行为的破冰作用，诱发出一系列的相似行为则是诱发效应。

（二）示范与模仿的区别

模仿同示范相对应。示范是对矫正者而言的，而模仿则是被矫正者在观看示范之后的行为，两者的主要区别是行为发出者不同。例如，我们在教儿童滑冰时，首先要对基本动作如手势、蹬腿的方式等进行示范。儿童则要进行模仿，直到这种模仿已经内化或自动完成时，示范才可以结束。所以模仿法也可以叫作示范法。可参考虚拟训练。

动作模仿训练视频

（三）模仿的基本操作步骤

第一，选择合适的治疗对象。确定适应症，评估被矫正者的模仿能力。

第二，设计示范程序。按照从易到难、从简到繁、循序渐进的原则进行设计。

第三，进行示范。按照设计好的示范程序将行为表现出来。示范程序可以用录像、

录音展示，或让示范者直接示范。

第四，被矫正者进行模仿，按照基本环节逐一进行。

第五，对正确模仿进行强化。要及时强化，不断内化，形成稳固的行为。

拓展阅读

示范—模仿教学模式

示范—模仿教学模式是指教师有目的地把示范技能作为有效的刺激，以引起特殊需要儿童相应的行动，使他们通过模仿有效地掌握技能。它是以掌握示范技能、技巧为目的的教学。

操作程序是定向—参与性练习—自主练习—迁移。

1. 定向阶段。教师在这个阶段要完成两项基本任务：一是向特殊需要儿童说明要掌握的行为技能，解释技能操作的规则、要领、程序等；二是向特殊需要儿童做形体演示，也就是示范。

2. 参与性练习阶段。教师示范以后，便由学生进行模仿。

3. 自主练习阶段。在上一阶段特殊需要儿童会做了，但还不熟练，还需要边想边做。这一阶段的任务是通过自主独立练习，由学会到熟练。

4. 迁移阶段。这时动作达到高级阶段，可以在新的情境中灵活运用。

项目总结

认知疗法的核心是通过改变儿童的认知来干预其问题行为与情绪。虽然认知疗法的理论各有侧重，治疗过程各有重点，但其很多地方是相同的。例如，强调儿童的自我努力，与歪曲认知或不合理信念斗争，识别自动思维和去中心化等。在认知疗法的发展过程中，它们没有门户之见，吸收了其他学派的合理的治疗方法。目前，认知疗法的应用越来越广泛，治疗效果也越来越好。

思考实践

1. 认知疗法的基本假设有哪些？
2. 情绪行为疗法的治疗过程是什么？
3. 请你谈一谈模仿的三种效应。

项目四　人本主义理论

项目导入

人本主义理论是起源于美国的一种心理学理论，兴起于 20 世纪 50 年代末，70 年代迅速发展，被称为“心理学的第三流派”。人本主义理论关注人的价值和尊严，从人的本性出发研究人的心理行为，立足全人教育的视角，主张为儿童营造良好的外部环境，引导其结合认知和经验肯定自我，启发自身潜能，进而实现自我和谐发展。

项目导航

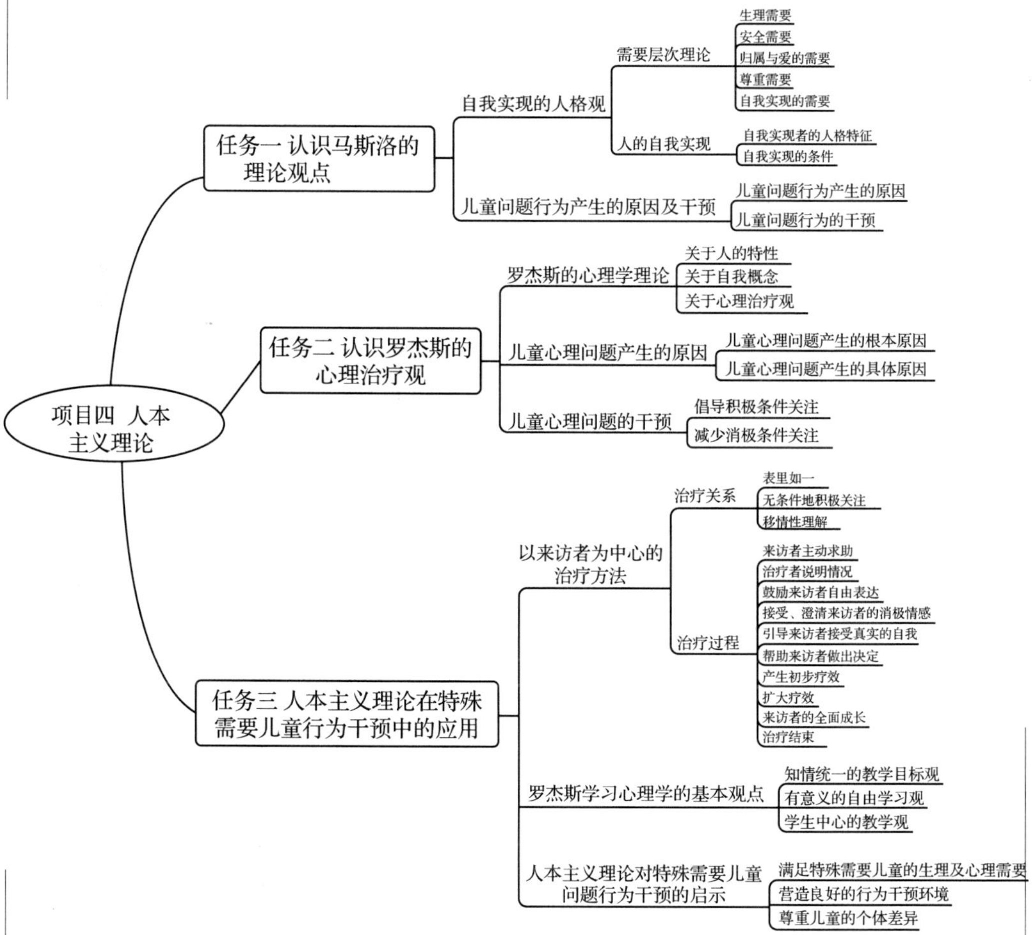
项目四 人本主义理论
任务一 认识马斯洛的理论观点
自我实现的人格观
需要层次理论
生理需要
安全需要
归属与爱的需要
尊重需要
自我实现的需要
人的自我实现
自我实现者的人格特征
自我实现的条件
儿童问题行为产生的原因及干预
儿童问题行为产生的原因
儿童问题行为的干预
任务二 认识罗杰斯的心理治疗观
罗杰斯的心理学理论
关于人的特性
关于自我概念
关于心理治疗观
儿童心理问题产生的原因
儿童心理问题产生的根本原因
儿童心理问题产生的具体原因
儿童心理问题的干预
倡导积极条件关注
减少消极条件关注
任务三 人本主义理论在特殊需要儿童行为干预中的应用
以来访者为中心的治疗方法
治疗关系
表里如一
无条件地积极关注
移情性理解
治疗过程
来访者主动求助
治疗者说明情况
鼓励来访者自由表达
接受、澄清来访者的消极情感
引导来访者接受真实的自我
帮助来访者做出决定
产生初步疗效
扩大疗效
来访者的全面成长
治疗结束
罗杰斯学习心理学的基本观点
知情统一的教学目标观
有意义的自由学习观
学生中心的教学观
人本主义理论对特殊需要儿童问题行为干预的启示
满足特殊需要儿童的生理及心理需要
营造良好的行为干预环境
尊重儿童的个体差异

学习目标

知识目标	1. 熟知自我实现的人格观、罗杰斯的基本心理学理论知识； 2. 掌握需要层次理论的基本内容及儿童中心的治疗方法； 3. 理解罗杰斯的心理治疗观。
能力目标	1. 能进行特殊需要儿童的需要层次的判断； 2. 能分析特殊需要儿童问题行为产生的原因； 3. 能利用罗杰斯的心理治疗观干预特殊需要儿童常见的问题行为； 4. 能指导特殊需要儿童进行自我行为调节。
素养目标	1. 具有应用人本主义理论分析特殊需要儿童问题行为的意识及态度； 2. 重儿童本位，激发儿童主动学习的动机。

▶任务一 认识马斯洛的理论观点

需要层次理论

任务情境

案例：玲玲想看的蝴蝶头花

在生活适应课堂上，平时很安静的玲玲不停地摇晃着椅子，于是王老师只好让玲玲换个座位听课。下课后，王老师询问原因，玲玲说前排莉莉的蝴蝶头花很漂亮，很想取下来看一看。前两天，她和妈妈一起去超市的时候，妈妈说好了给她买，但后来忘了。

任务：请用马斯洛的理论观点分析玲玲行为产生的心理原因，并分析教师在课堂中应该如何处理这样的问题行为。

任务描述

马斯洛是人本主义理论的主要发起者和理论家，“心理学的第三流派”的开创者和引领者，在心理健康与潜能方面的研究上做出了很大的贡献。他的需要层次理论和自我实现理论，对特殊需要儿童问题行为的干预有很大的启示。

一、自我实现的人格观

（一）需要层次理论

在马斯洛看来，个体成长发展的内在力量是动机，动机是由不同性质的需要组成的。马斯洛认为需要层次越低，力量越大，潜力越大。随着需要层次的上升，需要的力量相应减弱。高层次需要出现之前，必须先满足低层次需要，但这并不绝对。在从动物到人的进化中，高层次需要出现得比较晚。婴儿有生理需要和安全需要，但自我实现的需要是在成人后出现的。所有生物都需要食物和水分，但是只有人类才有自我实现的需要。低层次需要直接关系个体的生存，也叫缺失性需要(deficit or deficiency need)，这种需要得不到满足会直接危及生命；高层次需要不是个体维持生存所绝对必需的，但是满足这种需要使人健康长寿、精力旺盛，所以高层次需要又叫成长性需要(growth need)。生理需要、安全需要和归属需要是低层次需要，属于缺失性需要；尊

重需要和自我实现的需要是高层次需要，属于成长性需要(图 1-4-1)。在人不同的发展阶段，会有一种需要占主导地位，而其他需要处于从属地位。例如，革命先烈为了实现个人的远大理想，不惜牺牲生命，不考虑生理需要和安全需要。对于个体来说，自我实现的形式是不一样的。个体希望通过学习全面提升自己的能力，满足自我实现的需要。

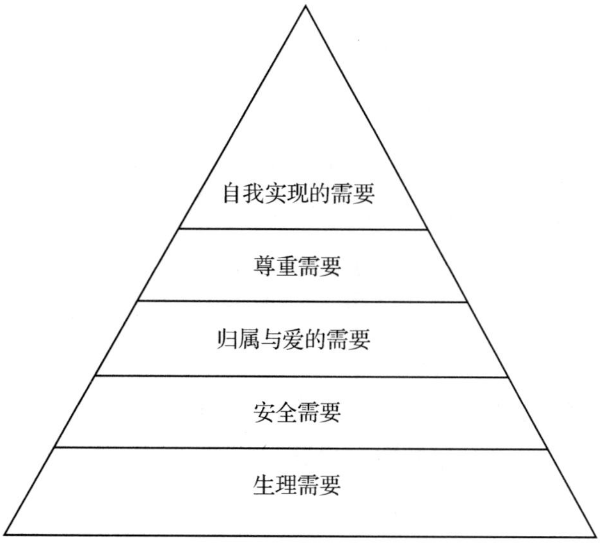

图 1-4-1　需要的不同层次

1. **生理需要**(physiological needs)

这是人类维持自身生存的最基本要求，包括对呼吸、食物、水、睡眠、生理平衡、分泌和性的需要。如果这些需要得不到满足，其他需要就无法成为新的激励因素。可以说，生理需要是推动人们行动的最强大的动力。这些需要相对满足之后，其对个体行为的激励作用将减弱，随之会产生新的需要。

2. **安全需要**(safety needs)

这是个体保障身心安全，免受伤害、侵扰等方面的需要。马斯洛认为，整个有机体有一个追求安全的机制。人会通过自身感受器官、效应器官和智能途径，组织其他能量来寻求安全。安全需要在儿童身上表现得更为突出。家庭中出现的变化，如纷争、暴力、疾病、离异及意外事故等，都会让儿童感到焦虑，导致其产生问题行为。

3. **归属与爱的需要**(belongingness and love needs)

这一层次的需要包括两个方面：一是爱的需要，即个体需要伙伴、同事、朋友、爱人和孩子，需要友情、亲情和爱情，希望自己去爱别人，也渴望被爱；二是归属的

需要，即人都希望归属于一个群体，希望成为群体中的一员被接纳和关照。感情上的需要比生理上的需要更细致，它和一个人的生理特性、教育、经历、认知和信仰都有关系。马斯洛认为，适应不良的个体或严重精神错乱者通常在爱的需要方面遇到挫折，易产生心理冲突。

4. 尊重需要(esteem needs)

人人都希望自己的能力和成就能够得到社会群体的认可。尊重可分为内部尊重和外部尊重。内部尊重就是人的自尊。个体需要知道自己在团体和社会中所处的位置，体会到自身的价值，同时希望在环境中彰显实力、成就、信心和自主。外部尊重是指个体希望得到他人对自己的地位、威望、信誉和名声的认可。尊重需要带给个人的体验也有强弱之分，过强则容易使人产生虚荣心，过弱则易使人自卑。

5. 自我实现的需要(self-actualization needs)

这是人最高层次的需要。它是指个体实现理想、抱负，完成与自己的能力相称的一切事情的需要。每个人都有自我实现的需要。在现实生活中，真正到达自我实现的需要阶段的个体的比例很低。满足自我实现的需要所采取的途径也是因人而异的。自我实现的需要会促使个体充分挖掘自身的潜力，增强行动力，努力使自己成为自己所期望的人。

（二）人的自我实现

自我实现是人的最高需求。自我实现追求的内容包括真理、良知、道德、正义和平等。实现这些价值，可以使个体感到幸福和快乐。自我实现包括丰满人性的实现和个人潜能的实现。自我实现不是一个固定的状态，会不断地发生变化。

1. 自我实现者的人格特征

概括而言，自我实现的人具有如下特征：①具有强烈的道德感及伦理观；②具有创造性，能够接受现实与事实而不否定真理；③自然地表达自己的情绪和思想；④悦纳自己、他人和周围世界；⑤超越自我中心，而以问题为中心；⑥具有独立的性格与自主性；⑦具有哲理及批判精神。

2. 自我实现的条件

正常的自我实现必须具备主观条件和客观条件。主观条件包括个体主体地位的确认和社会群体主体地位的确认；客观条件包括自然条件和社会条件，其中，自然条件包括个人身心特质和所处的自然环境，社会条件包括科学技术、文化、教育和人际关系环境等。对于特殊需要儿童而言，我们应该努力尊重其合理的需要，增强其自我存在感，鼓励其成为富有建设性的人。

二、儿童问题行为产生的原因及干预

（一）儿童问题行为产生的原因

马斯洛认为，人的心理问题产生的根本原因是各种需要没有得到满足。不管是对于普通儿童还是对于特殊需要儿童，生理需要、安全需要、归属与爱的需要等低层次需要都是其健康成长的根本保障，同时尊重需要和自我实现的需求也不可或缺。很多儿童，包括特殊需要儿童出现问题行为是因为其基本需要没有得到满足。加之语言或环境的不良影响，导致儿童不能很好地表述或不会表述自己的需求，因此容易出现“被误解的问题行为”。例如，在某课堂上，一名孤独症儿童因教室外的噪声太大而不停地尖叫，并用头不停地撞击着课桌。当时科任老师不知道他为什么会有这样的行为，就判定这属于自伤性行为。在这个案例中，这名孤独症儿童撞击课桌的目的，是想获得一个比较适宜听讲的环境。用头不停地撞击课桌，多半是孤独症儿童对噪声刺激所做出的一种逃避应激反应。孤独症儿童常因不会表达自己的需求而出现撞头等自伤性行为。在生活中，不论是普通儿童还是特殊需要儿童都很容易出现“被误解的问题行为”。如果家长、教师或处理此类行为的人不懂得其中的缘由，长期将儿童需求没得到满足而导致的应激行为反应夸大化，会导致儿童问题行为越来越严重。

（二）儿童问题行为的干预

儿童问题行为干预由美国心理学家赖特纳·韦特默(Lightner Witmer)开创。1896 年，他在宾夕法尼亚自己开办的心理诊所内开展对落后学生的训练，这属于咨询心理学产生前的开创性工作。随后，美国医学心理学家大卫·韦克斯勒(David Wechsler)于 1907 年开始用心理学的方法对学生进行专业的行为指导。之后，儿童行为干预的心理学理论与方法得到心理学界的广泛关注。人们对儿童问题行为形成机制的认知，最初都倾向于行为主义的条件反射理论。后来人们逐步认识到，儿童问题行为的形成与发展有着更为复杂的机制与规律。例如，问题行为与儿童的气质类型、文化认同、社会交往、家庭环境、教育环境相关，还与儿童成长过程中需求的满足等因素有着至关重要的关系。所以儿童问题行为干预便从最初主要关注儿童的问题行为，发展到更为关注儿童的心理发展过程，以及儿童社会化过程中的需求满足状况，更为重视顺应儿童的心理发展规律。通过营造良好的家庭教育和学校支持环境，合理地满足儿童的心理需要，充分利用与发挥先天优势来使儿童行为得到更好的适应性发展。

儿童的健康成长离不开环境的正向影响，环境具有促使人的潜能得以发挥的作用。真诚、友爱、信任和平等的师生关系，安全、自由、和谐的心理环境，是儿童潜能开发、心理需要得以满足的必要条件。有些儿童虽然没有用语言表达自己的需要，但教师或家

长可以通过观察分析儿童的各种心理动因，促使其个体潜能和创造力得以发挥。教育者应该尊重儿童诸多合理的诉求，给儿童提供良好的生活学习环境，从而大大减少不良行为的产生，促使儿童认识到自我的内在潜能或价值。

马斯洛指出，五种需要如阶梯一样从低到高，按层次逐级递升。儿童在同一时期可能存在几种需要，但总会有一种需要占据主导地位，对其行为起决定性作用。高层次需要的满足，不会导致其他层次需要的消失。科学分析儿童的需要，有助于解释儿童行为的动机，促进儿童改善自我认知，增强儿童的自我意识，促进儿童身心和谐发展。

|拓展阅读|

马斯洛的高峰体验

马斯洛用高峰体验(peak experience)来描述特定的超越自我的极度欣喜状态。个体达到自我实现时瞬间感受到的短暂的、豁达的、极乐的体验，是一种趋于顶峰、超越时空、超越自我的满足与完美体验。他列出了高峰体验中的种种感觉与行为表现。例如，个体会产生一种存在认知，这与一般的认知不同。这种体验仿佛与宇宙融合，是自我肯定、自我超越、忘我的状态。高峰体验使个体释放自己的创造力，有利于身心健康，能提高自我决断能力、创造力，能丰富自身的情感体验。现代研究发现，可用高峰体验治愈人的慢性焦虑症，对人的行为产生正向激励作用。

▶任务二 认识罗杰斯的心理治疗观

心理治疗观

|任务情境|

案例：你还能得优？

妈妈正准备上班去，这时9岁的多多拿出生活语文的单元练习卷让妈妈签字。妈妈一看，说："你还能得优？不会是抄茜茜的吧？"多多一下子愣住了，顿时流下了眼泪……

任务：请问妈妈的做法对吗？这个案例对于改变儿童的行为有什么启发？

任务描述

卡尔·罗杰斯是美国人本主义心理学家之一，他的教育思想对国外 20 世纪六七十年代的教育改革运动产生了较为深刻的影响。罗杰斯对心理学的最大贡献在于其提出了以自我理论为理论假设的心理治疗观。他在心理治疗实践的基础上，提出了关于人格的自我理论，并把这个理论推广到教育改革和改变人际关系的一般领域中。

一、罗杰斯的心理学理论

（一）关于人的特性

罗杰斯认为，人有其本性，人生来就有一些特定的心理倾向。人的本性是倾向于创造，具有建设性，以及需要与其他人建立密切的关系。罗杰斯把精神健康视为人正常的发展结果，出现心理和行为问题则是人的自然趋向被剥夺的后果。罗杰斯以“实现趋向”(actualizing tendency)来定义人的本性。实现趋向是生命体追求潜能最大化、生存状态最优化的内在动机。人具有主动性和自我实现的倾向。个体能够发现自己的缺点，修正自身的不良行为。罗杰斯强调在心理治疗过程中，治疗人员应该引导来访者自我调节、自我成长和逐步摆脱外部环境的干扰，这样来访者的实现趋向才会最强烈地展现出来。

（二）关于自我概念

自我概念是罗杰斯心理学理论中一块主要的奠基石，是指被觉知的自我，包括个人的想法、知觉和价值判断，如把自我表述为“我是一个……样的人”。儿童在与生活环境中的人和事件进行交互的过程中，不断把自己与环境区分开来，对自己进行主观分析和评价，自我概念便由此发展起来。自我概念一旦形成，改变它和学习新的重要的自我概念就变得比较困难。但人格不健全的人，因其自我概念与经验不一致，容易将自己的真实体验拒之于意识之外，防御性地维持自我。这些人的评价系统没有建立在真实体验的基础上。他们多半是为了赢得别人的赞许，比较容易发生自我概念的改变。

（三）关于心理治疗观

罗杰斯心理治疗的假设是一旦个体心中生成了一种评价和价值判断的内控点，就能够使个体在成长过程中完成自我纠正。“以人为中心”的咨询疗法直接反映出罗杰斯的心理治疗观。他主张让来访者通过自己的学习和积累来解决自身的问题。治疗目标是通过治疗师与来访者的合作，打破旧有的思维模式，将原本不属于自己的内化而成的自我部分去除掉，代之以有助于来访者成长的思维与情感的新模式，充分发挥来访

者的潜能，并要求来访者在治疗中和平时生活中不断地实践学习。

二、儿童心理问题产生的原因

（一）儿童心理问题产生的根本原因

罗杰斯详细阐述了个体心理问题产生的原因，指出价值的条件化使个体必须按照教育者的意愿行事，而教育者的条件关注(conditional regard)导致个体产生消极的自我概念或人格解体，这是心理失调的根本原因。条件关注又分为积极条件关注(conditional positive regard)和消极条件关注(conditional negative regard)。前者是指当个体实现教师、家长或其他人特定的目标、愿望时，个体就会得到他们的尊重以及接纳等；后者是指当个体未能实现教师、家长或其他人特定的目标、愿望时，个体就会被拒绝、不受重视和失去支持与帮助。

（二）儿童心理问题产生的具体原因

罗杰斯认为个体自我实现的决定因素是童年期的经验。儿童为了获得教育者的关注，就会以特殊的方式获得教育者的赞赏，如压抑自己不愉快的情绪和内在需要，按照教育者的要求被动地去做一些自己不太喜欢的事情。有的儿童学习是为了赢得奖赏，而不是本身对学习感兴趣。如果教育者的价值条件不多且比较合理，那么儿童就会接受教育者的经验；反之，如果条件苛刻或不一致，儿童就会排斥教育者的经验，从而妨碍其自我实现的进程。这就是儿童心理问题产生的个体原因。外来的价值条件对个体行为限制过多，会导致个体行为与自我概念之间的脱节。于是个体就会通过歪曲认知来掩饰自我与现实的冲突，严重的会导致人格解体。例如，某儿童对于自身的学习能力评价比较低，如果考试成绩不错，他可能会归因于运气、偶然的因素或“老师出的题目太简单”等，从而来掩饰自我内心的冲突。久而久之，他对于自己的准确感知就会越来越少，偏离自身的体验就会越来越多，焦虑情绪就会越来越严重，最终造成心理失调。

三、儿童心理问题的干预

（一）倡导积极条件关注

罗杰斯在他的心理咨询中一直应用这种信念，即通过心理治疗使儿童产生积极变化。例如，儿童为了获得家长的奖励，会通过努力学习的方式提高学业成绩。如果家长对儿童的学习表现予以关注，短期内，儿童的学业成绩就会提高，儿童也会表现得积极向上。在现实的行为干预过程中，“儿童”才是中心。教师的专业知识、教学技巧、课程安排和教学组织都会给儿童带来一定的困扰，使儿童出现与学习相关的问题行

为。教师应该成为儿童学习的促进者，尊重儿童的情感和意见，关心儿童的态度变化，接纳儿童的价值观念和行为表现等，并学会创造一个利于干预的良好心理环境。如果一个干预者没有这样的信念，他的工作就失去了前提条件。

（二）减少消极条件关注

对于儿童而言，长期处于压抑、不被重视、不太受欢迎的交往情境中，会增强他们的挫败感。家长不要低估了儿童自我管理、自我探索的能力。每个人都有进取心，有责任感和自我修正的能力。个体出现适应不良，实际上，多数是环境使然，并非个体本身的意愿。

教师或家长总是盯着儿童的错误，不能接纳儿童的不完美，这实际上干扰了儿童的自我认知，影响到了儿童自我价值观的形成。这样，儿童一旦遇到不如意的事情，就容易以受害者和失败者自居。教师或家长要营造良好的接纳环境，消除儿童的紧张和防御心理，并及时处理双方的负面情绪，减少儿童的焦虑感；尽可能提供让儿童成功的机会，防止过高的期望对儿童的“误伤”，关注其他问题，如恐惧、厌学、逃学等。

| 拓展阅读 |

人生来就有学习天赋

人生来就对世界充满好奇心，但这种好奇心容易在后天成长过程中变得迟钝。儿童有强烈的求知欲。在这种求知欲的推动下，儿童从学习活动本身获得奖赏，因而学习兴趣能够得以保持。罗杰斯认为，在合适的条件下，每个人所具有的学习、发现、丰富知识与经验的潜能和愿望是能够释放出来的，这种心理倾向是可以被信任的。教师应通过对话等多种渠道全面了解学生，理解其内在兴趣，并提供适当条件，以促进学生自发学习，而不是以强制手段否定、扭曲、抑制其本性。家长或教师过多地使用积极条件关注的方法，也容易导致儿童自尊发展模式不佳，往往会使儿童在成功后的自大、失败后的自我贬低与羞愧之间徘徊，导致个体应对策略不灵活，产生情绪问题。

▶任务三 人本主义理论在特殊需要儿童行为干预中的应用

人本主义理论的应用

任务情境

案例："老师，我能行吗？"

某康复机构的手工课上，大家正在做贴画。毛毛拿着贴纸走到王老师面前，问："老师，我能行吗？"老师看了看他，用手摸摸毛毛的头说："你一定能做出一张老师喜欢的贴画。"毛毛乐了，赶紧跑回座位，专心做自己的贴画……

任务：请问老师的做法对吗？如果当时你在手工课上，你会怎么做？

任务描述

人本主义理论作为强调人的价值、尊严与潜能的理论体系，在党的二十大精神的指引下，在教育领域展现出独特的意义与新的发展路径。心理学家相信个体具有积极成长的力量，相信来访者有能力引导、调整和控制自己，发现自我与现实的矛盾。治疗者要提供一种条件，让来访者了解自己的特定心理环境，减轻来访者的心理焦虑感，促使其依靠自身的能力和潜力修正自己去适应学习和生活。

一、以来访者为中心的治疗方法

罗杰斯指出，一个人对他人的反应方式取决于个体的自我概念。自我概念刻板的人，在适应新环境方面容易遇到困难。治疗者可以通过与来访者建立良好的治疗关系，减轻来访者的内心压力，改变他们的不合理认知，增强他们的自我体验。治疗的基本方法是强调依赖个体本身所具有的成长、成熟以及适应的内在驱动力，来帮助来访者发展，引导来访者根据自身的目标选择合适的社会行为。罗杰斯提出了以来访者为中心的治疗方法，并阐述了这一方法的哲学基础及主要特征。

（一）治疗关系

罗杰斯以来访者为中心的疗法的特点是将治疗者与来访者的关系视为最重要的治疗因素。具体来说，治疗者不论来访者的处境、行为、情感如何，都应承认来访者是具有价值的人。治疗者应尽可能让自己对来访者有深刻的理解，不让任何内部障碍妨碍他在与来访者相处的时刻对来访者的状况的察觉。治疗者要满足于提供一种心理气

氛，使来访者能有最大的自由变成他自己。来访者应通过自我意识开始理解自身的某些经验，解决自身的心理问题，并最终走向适应。

罗杰斯认为建立良好的治疗关系，必须提供特定的心理条件，包括表里如一、无条件地积极关注和移情性理解。

1. *表里如一*(congruence)

治疗者真实地展现自我，言行一致，与来访者交流顺畅，从内心去体验来访者所描述的经历。双方越是真诚，越是对治疗有利。治疗者应真诚地对待来访者，尊重并耐心地加以引导，帮助来访者恢复自我指导力。

2. *无条件地积极关注*(unconditional positive regard)

罗杰斯认为，无条件地积极关注是心理治疗的前提，所以治疗者应该无条件地接受来访者，以积极的态度看待来访者，对来访者的言语和行为给予有选择的关注，接纳他们的价值观和情感表现，而不管来访者的情感合适与否，进而利用其自身的积极因素促使来访者发生积极变化。治疗者应为来访者提供一个温暖、被信任和被接纳的气氛，使其学会以合适的态度对待自己，发现自我与现实的矛盾，学会正确面对自己的与现实不一致的情感和经验。

3. *移情性理解*(empathic understanding)

治疗者要能够进入来访者的内心世界，去体验其思想、情感和行为；能够了解来访者的内在反应，并把体验到的这种情感、价值传达给来访者，使来访者体验到被关注、被信任，从而缓解焦虑。同时来访者在被关怀的环境中发现自我存在的一些问题，重新恢复自己的自我实现过程。

（二）治疗过程

罗杰斯在很早的时候就为心理治疗过程提出了 10 个步骤，其在实施过程中不能被截然分开。具体概括为以下步骤。

1. *来访者主动求助*

来访者产生自我改变的需要，通过多种途径求助。

2. *治疗者说明情况*

治疗者向来访者介绍治疗过程，创造有利于来访者成长的氛围，引导来访者自己愿意改变并主动成长。

3. *鼓励来访者自由表达*

治疗者给来访者创造温暖、轻松的气氛，使来访者自由表达态度和感受。治疗者以诚相待，友好接纳。

4. *接受、澄清来访者的消极情感*

治疗者深入来访者的内心，注意发现来访者内心投射或隐含的情感，并能做出正

确的分析判断。

5. 引导来访者接受真实的自我

治疗者不应质疑、指责、劝说来访者，而应接受来访者的积极情感，引导来访者说出自己深层次的动机性态度，促使来访者自然实现领悟与自我了解。来访者开始接受真实的自我，包括接纳自己曾经否认的态度、情感与行为。

6. 帮助来访者做出决定

治疗者不能直接向来访者提供建议，不能向来访者做保证。来访者通过自我领悟，产生了试探性的、积极的情感，达到了对问题的新认识，做出新的选择，设定新的目标，并列出相应的实施计划。

7. 产生初步疗效

来访者在清楚认识自己的前提下，整合新决定，选择与以前不同的行为方式，以达到自己当前制定的目标，体验到初步的成功。

8. 扩大疗效

在已有的尝试基础上，治疗者应帮助来访者发展更深层的领悟，并扩大认知、情感领悟范围，体验到心理与行为的和谐一致。

9. 来访者的全面成长

来访者克服了对选择的恐惧，能探索自我，并能适应社会生活。来访者会主动提出问题与治疗者讨论，感受到自身生活质量逐步提升。

10. 治疗结束

来访者感到无须再寻求帮助，并准备好独立处理生活中的事件，治疗即告结束。

二、罗杰斯学习心理学的基本观点

罗杰斯学习心理学以其心理学思想为基础，关注个人如何成长、如何面对生活中的问题，关注儿童的学习。罗杰斯学习理论是罗杰斯学习者中心教育理论的基础。

（一）知情统一的教学目标观

罗杰斯将其以来访者为中心的治疗方法应用到教育领域，提出了“自由学习”和“学生中心”的学习与教学观。教育的目标在于培养“学会如何学习、学会如何适应变化”的个性完整(机能健全)的人。这既是个体的要求，也是社会的需要。情感和认知是人类精神世界中两个不可分割的部分。教育的理想就是要培养既用认知的方式也用情感的方式行事的知情合一的人。在这样的思想背景下，罗杰斯认为，这种知情融为一体的人是“完人”。现在大多数特殊需要儿童教育康复机构，过度强调用行为主义观点来机械训练儿童单方面的能力，忽视了儿童知、情、意、行的统整与其潜能的开发，不利

于儿童的全面康复。

（二）有意义的自由学习观

罗杰斯认为，学生的学习主要有两种方式：无意义学习和有意义学习。所谓无意义学习，是指学习行为、学习内容不具有个人意义(personal significance)，不涉及情感，位于个体生活经验之外，只涉及“颈部以上”发生的学习，然而却是形式化教育所认可的学习。其很大一部分内容只涉及心智，而不涉及情感或个人意义。有意义学习是指一种使个体的行为、态度、个性以及在未来选择行动方针时发生重大变化的学习。有意义学习不仅是知识的学习，还是一种与每个人各部分经验相融合的学习，是完整的人的学习。有意义教学对特殊教育学校教学提出了更高的要求：学校不仅要涉及“颈部以上”的学习，更应该多关注学生的情感及个人生活需求，让学生在学校学得有意义，生活得多姿多彩。

（三）学生中心的教学观

罗杰斯对传统教育进行了批判，主张教育过程是具有生活意义的师生共同成长的历程，是师生共同实现机能充分发挥的过程。在学生中心的教育教学中，教师与学生之间是学习促进者与学习主体的关系，教师与学生应该相互理解、相互信赖。在这种新型师生关系建构的过程中，真诚、信任、移情性理解是教师态度的核心要素。促进学生学习的关键在于教师要营造好的课堂气氛，引导学生团结互助，对教学内容进行合理安排。因此，在对特殊需要儿童进行问题行为干预时，教师不再是绝对的权威，学生成为中心，师生相互理解达到教学相长。

三、人本主义理论对特殊需要儿童问题行为干预的启示

人本主义提出以人为中心的需要层次理论、来访者中心疗法、学习理论等，对强化组织管理、教育改革和心理干预均有重要的应用价值。

（一）满足特殊需要儿童的生理及心理需要

特殊需要儿童问题行为的发生多数和生理、心理需要没有得到及时满足有关。教师和家长没有感受到儿童的需求，或对于儿童发出的需要信号未能及时应答，都会给他们带来心理及情绪困扰，使他们产生冲动、对抗和不合作行为。良好的健康状况，可以给儿童带来充沛的体力、饱满的精神、敏锐的直觉和愉快的情绪。家长要创造条件满足特殊需要儿童睡眠、运动、娱乐和合理膳食的需要，做好卫生保健等，使其基本需要得到满足。教师和家长要善于发现特殊需要儿童身心发展中的变化，并及时给予心理上的疏导。同时，教师和家长应经常和特殊需要儿童进行沟通，给他们提供同伴交流的机会，培养他们处理同伴冲突的能力，增强其自信心，激发其自我修正的潜力。

（二）营造良好的行为干预环境

根据罗杰斯的观点，人具有整体性。在特殊需要儿童问题行为的干预过程中，干预者应将特殊需要儿童看作全面发展的个体，以特殊需要儿童为中心考虑问题，综合分析其问题行为产生的原因，减少环境带来的不良因素的干扰。教师应关切、理解、支持和鼓励特殊需要儿童，给予积极评价，营造特殊需要儿童被接纳的环境氛围，增强他们的悦纳感。教师和家长都应积极关注特殊需要儿童所处的社会环境，并学会通过社交游戏来引导他们发现自身的优点。同时，也应指导他们反思自身的行为表现，让他们发现自我与现实之间的矛盾，学会自我控制，并形成更高水平的自我概念，从而减少不良行为的发生。

（三）尊重儿童的个体差异

人本主义理论开拓了心理学研究人类许多高级精神生活的领域，提出了一种积极的干预模式。每一个儿童都有自己独特的认知特征，呈现出不同的行为方式。与普通儿童相比较，因类型和程度不同，特殊需要儿童的个体差异更大。因此，教师和家长在特殊需要儿童问题行为的干预过程中，更应该遵循人本主义的理念，关注个体差异，以儿童为中心，并针对不同儿童的心理特征，灵活选择干预技术，协助其塑造自我、发展个性，帮助他们改变自己的不良行为。

| 拓展阅读 |

有意义的自由学习观

罗杰斯认为，学生的学习方式主要有两种，即无意义学习和有意义学习。经验学习和有意义学习是一致的。在这里，我们必须注意罗杰斯的有意义学习（significant learning）和奥苏伯尔的有意义学习（meaningful learning）的区别。前者关注的是学习内容与个人之间的关系；后者则强调新旧知识之间的联系，只涉及理智，而不涉及个人意义。对于有意义学习，罗杰斯认为其主要具有四个特征。①全神贯注：整个人的认知和情感均投入学习活动之中。②自动自发：学习者由于内在的愿望主动去探索、发现和了解事件的意义。③全面发展：学习者的行为、态度、人格等获得全面发展。④自我评估：学习者自己评估自己的学习需求是否满足、学习目标是否完成等。因此，学习能对学习者产生意义，并能纳入学习者的经验系统之中。总之，有意义学习结合了逻辑和直觉、理智和情感、概念和经验、观念和意义。若我们以这种方式来学习，便会变成统整的人。

项目总结

人本主义治疗中，治疗者只起着催化作用和助长作用。儿童期是行为养成的一个重要时期。行为干预者应在这一阶段，积极关注儿童的生理和心理需要，培养儿童的倾听、理解、沟通交往能力，开发他们的潜能，增强其社会适应能力。本项目主要介绍了马斯洛和罗杰斯的主要理论观点以及他们对儿童问题行为产生原因的见解，总结了罗杰斯以来访者为中心的治疗方法的基本观点与基本原理。行为干预者要有效利用这些原理与技术，创设安全、温馨、接纳的心理环境，科学开展行为干预活动。在活动中，行为干预者做到关心、爱护、尊重儿童，确保干预活动相关知识、方法的准确性，协助解决他们身心存在的各种问题，以促进儿童良好行为的发生。

人本主义对特殊需要儿童的干预有重要意义，它意味着行为主义的或基于医学的干预模式，走向尊重学生的人本主义、建构主义的权利模式。人本主义与行为主义的结合，使针对特殊需要儿童的行为干预更加强调积极、主动的行为发起，以及认知、需求、情感与行为之间的关联，并强调特殊需要儿童的主观能动性。

教育教学方面则发生了行为范式的变化，走向以学生为中心，走向真正的生活教育，强调参与式的教学及基于学生经验的有意义的探究与学习，强调学生的全面发展。

思考实践

1. 简述马斯洛的需要层次论中的五种需要。
2. 什么是自我概念？

项目五　行为干预的伦理与价值取向

项目导入

行为干预概念近年来被特殊教育工作者、儿童康复治疗师、心理咨询师、家长、医护人员等相关人员广泛应用。不同学者从事的工作和研究领域不同，所以在定义行为干预的时候在用语上会有差异。不同学者的理论取向不同，所以对行为干预的理解也有所不同。综合各学者之见，本项目界定行为干预是运用各种学习原理及心理学的方法处理各类问题行为，从而预防、改变、减少不良行为，以及增进良好行为的系统而客观的技术和方法。

项目导航

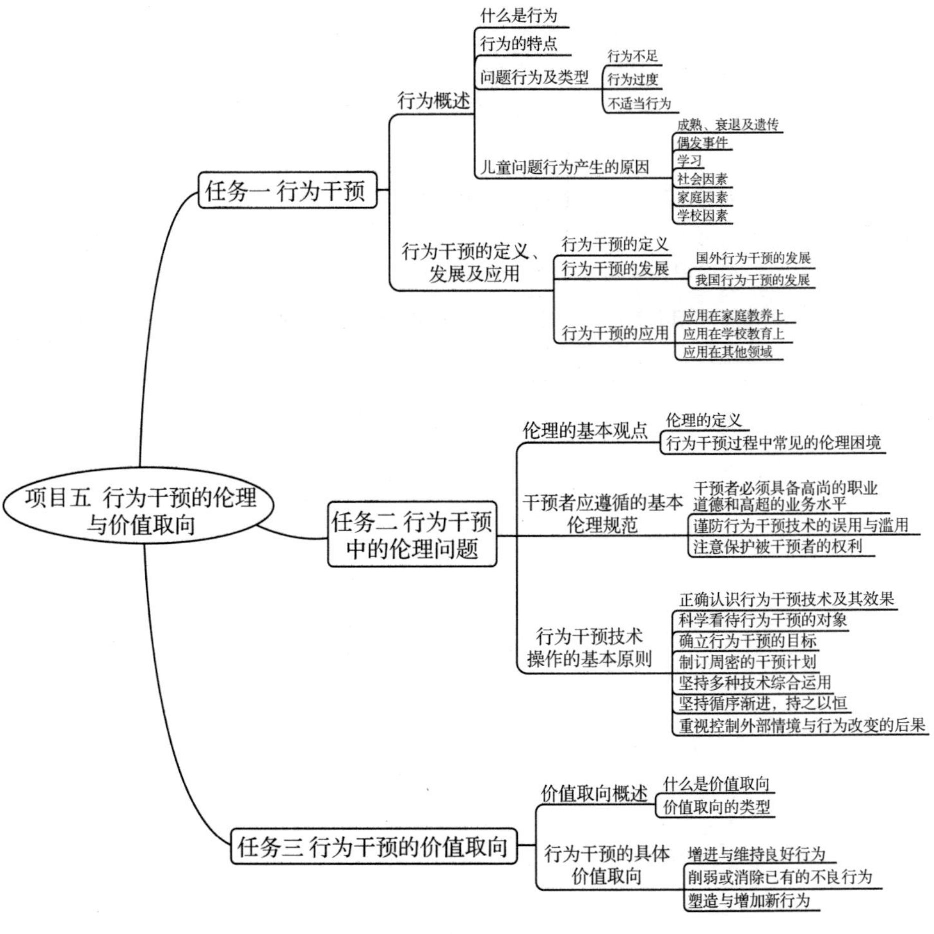
项目五 行为干预的伦理与价值取向
任务一 行为干预
行为概述
什么是行为
行为的特点
问题行为及类型
行为不足
行为过度
不适当行为
儿童问题行为产生的原因
成熟、衰退及遗传
偶发事件
学习
社会因素
家庭因素
学校因素
行为干预的定义、发展及应用
行为干预的定义
行为干预的发展
国外行为干预的发展
我国行为干预的发展
行为干预的应用
应用在家庭教养上
应用在学校教育上
应用在其他领域
任务二 行为干预中的伦理问题
伦理的基本观点
伦理的定义
行为干预过程中常见的伦理困境
干预者应遵循的基本伦理规范
干预者必须具备高尚的职业道德和高超的业务水平
谨防行为干预技术的误用与滥用
注意保护被干预者的权利
行为干预技术操作的基本原则
正确认识行为干预技术及其效果
科学看待行为干预的对象
确立行为干预的目标
制订周密的干预计划
坚持多种技术综合运用
坚持循序渐进，持之以恒
重视控制外部情境与行为改变的后果
任务三 行为干预的价值取向
价值取向概述
什么是价值取向
价值取向的类型
行为干预的具体价值取向
增进与维持良好行为
削弱或消除已有的不良行为
塑造与增加新行为

学习目标

知识目标	1. 熟知行为的定义、特点及问题行为的类型和表现； 2. 掌握行为干预的定义、发展及应用； 3. 掌握行为干预的基本伦理规范和行为干预技术操作的基本原则； 4. 理解行为干预的价值取向。
能力目标	1. 能对行为及问题行为进行准确判断； 2. 能对行为干预的相关概念进行辨析，理解行为干预的内涵； 3. 能结合具体案例分析行为干预在不同领域的应用。
素养目标	1. 具有利用行为干预的相关概念分析特殊需要儿童相关行为的专业素养； 2. 能在行为干预中遵循基本的道德伦理规范。

▸任务一 行为干预

行为干预

任务情境

案例：课堂上总是坐不住的洋洋

洋洋，8岁，某校一年级随班就读学生，喜欢不停地活动身体。李老师告诉洋洋："如果你能坐在座位上8分钟不乱动，那么老师就会给你一张你喜欢的小贴画。"实施一天后，李老师发现洋洋仍不能安静地坐在座位上。李老师提醒洋洋："洋洋，如果你没有坐好，你就得不到小贴画。"洋洋说："我已经不喜欢小贴画了！"李老师问："昨天你不是还很喜欢小贴画吗？怎么今天就不喜欢了？"洋洋得意地说："昨天你奖给我两张小贴画，放学回家后我又让妈妈给我买了另外6张小贴画，所以现在我已经有一套完整的小贴画了。"

任务：请应用行为干预的相关知识分析李老师奖励失败的原因，并分析如何更好地应用小贴画等奖励手段来使洋洋"坐得住"。

任务描述

一、行为概述

（一）什么是行为

行为是有机体在主客观因素的影响下产生的外部活动，即有机体任何外显的，可被观察到的动作、反应、状态或行动，是人与环境两者互动的结果。人类的行为大都是通过学习获得的。

（二）行为的特点

行为具有外显性，即行为是可以被观察到的。行为具有相对稳定性。行为还具有可塑性。行为还具有一种或一种以上的测量尺度。行为可以由别人或者行为人自己进行观察、描述、测量和记录。行为会对外界环境产生影响。行为受自然规律支配。

（三）问题行为及类型

问题行为也称“偏差行为”“不良行为”“不正常行为”“变态行为”或“行为障碍”，是指个体失去常态，并且严重地影响了自己或别人的学习和生活的行为。虽然问题行为在生活中种类繁多、范围很广，但大体以下面三种形式表现出来。

1. 行为不足

行为不足是指人们所期望的行为，即良好行为很少发生或从不发生。比如，6 岁的儿童不能发出“妈妈”的音，其语言发展明显迟缓。

2. 行为过度

行为过度是指不良行为发生次数多、时间长或强度大。例如，一名儿童不自主地拍手，每天达到 65 次以上。该儿童可能患有注意缺陷多动障碍等。

3. 不适当行为

不适当行为也称行为不当，是指期望的行为在不合适的情境中发生，但在合适的条件下却不发生。例如，一名儿童在课堂上不停地大笑，教师难以制止。

（四）儿童问题行为产生的原因

1. 成熟、衰退及遗传

人在从出生到死亡的过程中，会经历很多事情。例如，刚出生的婴儿只会躺着，逐渐发展到能坐、爬行、独自行走、跑跳等。人一生中各个阶段的成熟与衰退的过程会使得其行为发生很多或很大的变化。这些生理因素的变化会导致一系列问题行为的出现。人的生理的成熟与衰退虽是本能，但严格地说也不完全受遗传的影响，还受到许多外在环境力量的左右。例如，一个出生在农村但成长在城市里的孩子，其习得的行为与出生后就一直在农村生活的孩子不同。这一点从我国学者林崇德所进行的孪生姐妹的研究中可以得到证实。虽然她们都还具有相同的本能行为，但是她们表现各自的本能行为的方式改变了，所以人类的行为模式会受到其生存环境的影响。另外，受遗传因素的影响，有的人在出生后会表现出各种症状及问题行为，如孤独症谱系障碍、注意缺陷多动障碍等。

2. 偶发事件

疲劳、疾病、药物、剧烈运动或情绪紧张等都会导致人的行为发生变化。如疲劳和剧烈运动会导致个体的行为发生变化，但这种行为变化较短暂，容易消退。如学生白天连续上了一天课后，如果晚上继续上课，那他们就会注意力不集中，反应会变得缓慢等。这些行为变化会随着疲劳的消除、身体状态的恢复而消失。疾病会直接成为产生问题行为的原因，如人在感冒发烧时，行动会变缓，睡眠时间会增加等。这些行为变化会随着疾病的治愈而消失。如果疾病持续很长时间或丧失亲人，行为变化则会

维持较长的时间。药物对儿童行为的影响则更加明显。

3. 学习

学习是与生理的成熟、衰退一样会对个体行为的变化产生影响的因素。学习是影响个体行为的最主要的外部力量。学习是指个体在一定情境下由于反复地经验而使行为或行为潜能产生比较持久的变化的过程。学习具有三个特点：第一，学习的过程就是反复地练习或经验。通过练习或经验，个体掌握了新的行为。如孩子经过无数次练习，终于掌握了正确的吃饭、写字等动作。第二，学习会直接引起行为的改变。通过学习，孩子能做一些过去不会做的事情，如过去不会刷牙、洗脸而现在会了。第三，学习所引起的行为改变具有相对的持久性。一般而言，学习之后行为水平能够提高，且新行为能保持较长的时间。例如，一个人学会骑自行车后，即使长时间没骑，骑车技能也仍然存在。对人类而言，学习就是生活，人的一生都离不开学习。人类通过学习既能习得好行为，也能习得坏行为。同样，人类也可以通过学习消除不良行为，增进自身的社会适应功能。

4. 社会因素

社会文化的变化、生活事件的发生等可以引起行为异常。有研究发现，儿童与大众传媒的接触，直接影响儿童道德观念和行为的形成。接触正向书籍、报纸、杂志较多的儿童，在道德量表上的得分较高。常看不良电视节目的儿童，在道德量表上的得分则较低。玩电子游戏次数越多的儿童，在道德量表上的得分越低。

5. 家庭因素

居家环境的变化、家庭结构的小型化等容易导致儿童产生孤独感。劳动强度很大的双职工家庭，亲子之间接触时间少，易对儿童身心产生不利影响。儿童活动空间小及住宅的高层化，容易限制儿童从事室外活动的机会，使他们接触大自然的机会减少，使伙伴之间的交往减少，易使一些儿童形成孤僻、脆弱、暴躁的不良性格。

有研究表明，家庭中父母养育技能的缺失、父母不良的人格特征及行为方式、双亲关系不良都是引发孩子很多问题行为的重要因素。

6. 学校因素

学校是帮助学生“扣好人生第一粒扣子”的关键场所，是个体实现全面发展、终身发展的基础。学校因素主要指学校教育文化和思想。比如，学校如果只重视智力教育，忽视人的全面发展，或只注意生理健康，而很少注意心理健康等情况，都会导致儿童不良行为的产生。另外，教育方法不当，也是儿童问题行为产生的重要原因，甚至是直接原因，如有的教师师德师风不良造成学生厌学、逃学等。

总之，遗传与成熟是影响行为的先天因素，为行为的发展与改变提供了可能性。而环境与学习是影响行为的后天因素，是影响行为发展的决定性力量。

二、行为干预的定义、发展及应用

（一）行为干预的定义

行为干预是运用各种学习原理及心理学的方法处理各类问题行为，从而预防、改变、减少不良行为，以及增进良好行为的系统而客观的技术和方法。

（二）行为干预的发展

1. 国外行为干预的发展

产生或新生期主要指20世纪20年代至50年代。20世纪20年代是行为干预的萌芽阶段。在人类行为的研究方面，做出很大贡献的是华生和他的学生。华生在他的一些著作中主张人们采用“观察法”来研究人类的行为，并放弃“内省法”。他的这一主张得到很多心理学家的赞同。20世纪30年代末期，斯金纳关于行为干预的研究提出强化与消退观念，并有个案研究证明，正强化和消退可以使行为朝人们满意的方向改变。20世纪40年代，赫尔出版了《行为原理》(*Principles of Behavior*)。1950年多拉德和米勒出版了《人格与心理治疗》(*Personality and Psychotherapy*)，被认为是行为治疗发展史上的一个重要里程碑。20世纪50年代后，行为干预扩展为国际研究，行为干预技术获得重要历史性发展，代表国家是美国、南非。在南非，沃尔普(Wolpe)开始进行系统脱敏法的工作；在美国，斯金纳和他的同事从事操作性制约研究。

迅速发展期主要为20世纪60～70年代。20世纪60年代，英国的艾森克(Eysenck)推动了行为干预技术的研究。到了70年代，操作性制约取向的行为干预技术迅速发展，这种方法很快被称为应用行为分析(applied behavior analysis，ABA)。

完善期是20世纪80年代以后。20世纪80年代，行为矫正的发展更加成熟，主要表现为公开发表的论文日益增多，行为矫正被列为专业课。

2. 我国行为干预的发展

我国行为干预的研究起步晚，但发展速度惊人。按照年代来看，其发展可以概括为四个阶段：空白阶段(1978年以前)、准备阶段(1978—1985年)、开展阶段(1985年以后)和快速发展阶段(2006年至今)。开展阶段主要表现为公开发表的论文增多和高校开设行为矫正相关课程。1992年，吕静主编第一本《儿童行为矫正手册》，被用于处理儿童的各种心理、行为问题并被应用于教学。快速发展阶段主要表现为行为干预在各类特殊教育学校、特教康复机构、医疗卫生机构、心理咨询行业、人事管理领域得到广泛应用，尤其在孤独症儿童教育康复领域被作为主要方法应用推广。

（三）行为干预的应用

1. 应用在家庭教养上

家长的教养职责体现为家长不仅要养育好儿童的身体，还应该教育好儿童的心灵。事实上，家长是儿童的第一任老师。家长对儿童的早期教育，对儿童今后的人格、价值观及道德观都会产生深刻影响，因而家长若学会应用行为干预技术，就能收到事半功倍的效果。

(1)培养儿童的生活自理能力

孩子出生后，家长应依据孩子的年龄特点和生理发展水平，在适当的时机，有计划、有目的地逐步培养孩子的生活自理能力。例如，家长可以通过应用塑造法、榜样法及代币制，让孩子逐步学会洗脸、刷牙、擦饭桌、擦地、整理床铺、叠被子、收拾屋子等。家长善于应用行为干预技术，既可以培养儿童的生活自理能力，又可以保护儿童的好奇心。

(2)培养儿童良好的生活习惯

良好的生活习惯包括按时作息、早晚刷牙、收拾好自己的东西和饮食合理均衡等。这些好习惯有助于儿童身心的健康发展，而不良的生活习惯则会影响儿童的身心发展。如有些儿童不爱刷牙可能导致蛀牙，从而使儿童的咀嚼能力下降，影响营养的吸收，这对于儿童的身体和心理的发展都很不利。因此，培养儿童良好的生活习惯是非常重要的，对儿童已有的不良生活习惯要尽早矫正。

(3)培养儿童的亲社会行为

儿童的亲社会行为是指儿童在社会交往中表现出来的谦让、助人、合作以及共享等有利于别人和社会的行为。现有的研究揭示儿童的亲社会行为的产生和发展是与儿童的道德行为的产生和发展相一致的。通过发展儿童的亲社会行为，可以提高儿童的道德认识水平和丰富儿童的道德情感。成人的榜样作用对儿童亲社会行为的培养非常有作用。

(4)改变儿童的某些不良行为

对儿童的乱发脾气、不停地哭泣、破坏东西、顶嘴以及不听从家长的合理要求等不良行为，家长可以应用消退法、隔离法进行矫正和消除。

2. 应用在学校教育上

(1)培养儿童良好的课堂行为

在学校，儿童要想有效地学习知识，首先应遵循教室常规，如上课按时到教室，上课专心听讲，积极思考并回答问题等。通过应用行为干预技术，如代币制、榜样法以及合同法等，可以帮助儿童培养良好的课堂行为，维持良好的课堂秩序。

(2)增进儿童的学习行为

儿童在学校以学习为主，增进儿童的学业行为是应用行为干预技术的一个主要目的。通过应用行为干预技术，如塑造法、渐隐法、链锁法、代币制及榜样法等，可以帮助学生按时完成作业，提高完成作业的质量，增强学习的动力等。

(3)增进儿童的亲社会行为

一些儿童表现出自我中心，缺乏合作意识，不会与别人分享资源等。通过应用行为干预技术，如塑造法、渐隐法、代币制及榜样法等，可以培养儿童的合作、共享行为。

(4)消除儿童的不良行为

在许多国家，攻击行为是学校中最突出的不良行为。学者对儿童攻击行为的关注始终不减。惩罚、负强化、隔离法、榜样法、自我指导、自我管理、自我控制以及心理辅导等，能在消除儿童的违规、攻击行为上产生功效。此外，应用系统脱敏法、相互抑制、榜样法可以帮助儿童消除上学恐惧、社交恐惧、演讲恐惧等恐惧症。

3. 应用在其他领域

(1)应用于干预发育障碍

人们在发育障碍领域里进行的行为干预技术研究比别的领域都多。有发育障碍的人特别是儿童通常都有严重的行为不足的症状，而行为干预技术可以被用来训练这样的患者掌握多种技能，如目前我国的各类特殊教育学校，都在运用行为干预技术训练、培养特殊需要儿童的生活适应能力和职业技能。另外，有发育障碍的个体尤其是儿童还可能表现出严重的不正常行为，比如自伤行为、侵犯行为和破坏行为。在智力障碍、孤独症、注意缺陷多动障碍等儿童身上，不正常行为尤其突出。

(2)应用于心理卫生

行为干预技术在人类中的实验，起始于对精神病患者的干预治疗。早期的行为干预技术研究证实，它在精神疾病的干预上具有显著效果。行为干预技术可以用来训练慢性精神病人的日常生活技能、社会行为、工作技能等，可以用于减少精神病人的侵犯行为等。临床心理学工作者还用行为干预技术来帮助有人格障碍的患者改变某些变态行为，如强迫症状或恋物癖等。

(3)应用于功能康复

功能康复是指帮助受到伤害、损伤或发育迟缓的人，重新获得技能或使代偿功能正常的过程。在功能康复中，行为干预技术主要被用来促进患者对康复治疗程序(如物理疗法)的配合；教给患者新的技能从而替代因伤害或损伤而失去的原有技能；减少不正常行为，帮助患者克服慢性病痛和提高记忆功能等。

(4)应用于医疗保健

行为干预技术可用来促进与健康相关行为的发展。利用行为干预技术可以达到辅助治疗心血管疾病、消化道疾病、癫痫等疾病的目的。利用行为干预技术可增加有利于健康生活的行为，如参加体育锻炼等，还可以有效地辅助戒烟、戒酒和戒毒等，以降低和消除烟、酒及毒品对人类健康的危害。行为干预技术还可用于其他疗养机构患者的护理及帮助管理老年人的行为。行为干预技术还可帮助老年人对付不断退化的身体功能，帮助他们调整和适应家庭看护环境，促进他们保持有益健康的行为和从事适当的社会活动，从而减少可能由早老性痴呆症或其他类型的痴呆症而引发的问题行为。

(5)应用于公益事业及社区管理

在社区管理中，行为干预技术通过使每个人都受益的方法来影响很多人。社区行为干预的领域有减少乱扔垃圾、增加废物利用和资源再循环、减少能源浪费、削减危险驾驶、减少吸毒、提高安全带使用率、减少占用残疾人空间的违章停车和降低驾驶速度。

(6)应用于机构和人事管理

这个领域的行为干预技术被称为组织行为干预技术或组织行为管理。行为干预技术被用来提高工作成绩，改进工作安全性，减少怠工、缺勤和工作事故。行为干预技术在商业和工业中的应用增加了这些行业的产量和利润，提高了工人对工作的满意程度。

此外，行为干预技术在运动员的技能与心理训练、监狱对犯人的管理、个人的自我管理、儿童期各种问题的预防等许多其他领域，都具有重要的意义和显著的实用价值。

|拓展阅读|

问题行为分类(Schaefer and Millaman，1988)

1. 不成熟行为：好动、冲动、注意力低、小丑行为、白日梦、不善于利用时间、自私、过度依赖。

2. 缺乏安全感的行为：焦虑、害怕、自卑、忧郁、过度敏感、完美主义。

3. 不良习惯：吸吮手指、咬指甲、尿床、大便失禁、睡眠困扰、拒绝睡觉、睡不稳、梦魇、觉醒困扰、失眠、进食问题、口吃、抽搐。

4. 与友伴有关的问题：攻击、手足相嫉、残酷、社交孤立。

5. 反社会行为：不服从、脾气火暴、偷窃、说谎、欺骗、说脏话、玩火、离家出走、逃学。

6. 其他问题：药物滥用、过度抽烟、酗酒、吸毒、性别角色偏差、缺乏学习动机、学习习惯不良。

▶任务二 行为干预中的伦理问题

行为干预中的伦理问题

| 任务情境 |

案例：上课时总是不停拍手的玉玉

玉玉，女，3 岁时被诊断为患有孤独症，5 岁时进入康复机构。上课时老师发现玉玉总是不停地拍手，持续观察评估后，确定此行为属于刻板行为。于是，康复师为玉玉制订了干预计划。干预计划以个别化训练为主。在干预刚开始时，玉玉因为得到了强化物而比较配合康复师的指令，后来逐渐出现了不配合指令甚至大哭的行为。每当玉玉不听指令、哭闹，康复师就会用毛巾将她的双手包裹起来，认为这样会对拍手控制有帮助，结果反而加重了孩子不听指令和上课不停拍手的行为。

任务：请问康复师这样做对吗？请用行为干预伦理相关知识帮助康复师寻找最佳的行为干预方案。

| 任务描述 |

一、伦理的基本观点

（一）伦理的定义

伦理是指在处理人与人、人与社会、人与自然之间的关系时应遵循的行为规范。

它是指做人的道理，包括人的情感、意志、人生观和价值观等方面。同时它也可以指人与人之间符合某种道德标准的行为准则。伦理的“伦”即人伦，指人与人之间的关系；“理”即道理、规则。伦理就是人们处理相互关系时应遵循的道理和规则。生活在同一社会中的人们，必然会产生各种社会关系，如师生、亲属、上下级、朋友、伙伴等关系。在维持各种关系的过程中派生出种种矛盾和问题是必然的，所以就需要有一定的道理、规则或规范来约束人们的行为，调整人们相互之间的关系，从而使人们和谐相处。

（二）行为干预过程中常见的伦理困境

在行为干预过程中，有些干预者无法正确看待特殊需要儿童，认为不必考虑他们的尊严及干预质量，存在漠视的现象。面对特殊需要儿童的各种复杂情况，有些干预者感到力不从心，存在应付现象。干预者可能同时担任教师、管理者等多种角色，与家长及相关人员形成多种关系，在保密与上报、知情同意、角色定位等伦理问题上常常难以做到圆满，难以保证受助者的福祉以及转介与跟踪等。在实际的干预过程中，各项伦理原则很难真正得以实施，错综复杂的现实情况使得基本伦理诉求往往难以得到真正贯彻，这就形成了特殊需要儿童行为干预的伦理困境，对心理障碍与问题行为等的干预工作提出了挑战。

二、干预者应遵循的基本伦理规范

（一）干预者必须具备高尚的职业道德和高超的业务水平

一位合格的干预者应该精通和熟练掌握有关行为干预技术的理论知识和实操技能。干预者必须受过专门的业务培训并取得公认的专业资格证书，还要善于在实践中不断拓展、提升自己的专业能力。干预者必须正确看待自己的专业水平，要坦率真诚，不能夸大自己的能力。干预者应明确告知干预的目标和可能的效果，并且客观地分析可能出现或面临的问题以及干预过程中可能出现的不愉快反应，正确评价干预的效果等。

（二）谨防行为干预技术的误用与滥用

干预者要考虑社会文化背景，重视分析行为干预技术本身的应用价值。比如，同一种行为在不同的社会文化背景下可能有不同的含义。一种文化认为的问题行为，在另一种文化背景中可能就是正常行为。另外，即使是问题行为，也要认真分析它有无矫正的必要，如孩子好动、爱插嘴，随着教育的不断加强会得到一定的改变，其并不一定就是需要矫正的行为。

（三）注意保护被干预者的权利

在干预过程中，干预者必然会收集相关信息，那么在使用和处理所收集的信息时一定要特别慎重，应仅用于干预本身，杜绝扩散，且严禁从当事人身上获得任何私利。

行为干预最好以当事人或其监护人的正式求助为前提，而且干预的内容一定要严格控制在当事人或其监护人请求和同意的范围之内，不可私自增加额外的干预程序。只有信守最少干预的原则才能切实有效地保护被干预者的正当权益。行为干预的根本目的是有效控制不良行为，但这种控制必须是在不随意侵犯被干预者的基本权益和不伤害其身心健康的前提下进行的。因此，实施行为干预方案时，应事先征得当事人或其监护人的同意，并在制订干预方案时与他们协商或探讨，允许他们参与相关方案的决策。干预者所设计的方案一定要科学合理，如干预策略及强化物的选择要合理等。因为一旦出现问题，就有可能对被干预者的身心造成二次伤害。在干预过程中，干预者要熟知《儿童权利公约》《儿童权利宣言》《中华人民共和国未成年人保护法》等文件的基本内容，尊重特殊需要儿童的生存权、发展权、受保护权和参与权等，其中生存权是首要的人权。重视儿童的发展权，让儿童拥有充分发展其全部体能和智能的权利，包括信息权、受教育权、休闲娱乐和文化活动权和个性发展权等；平等对待每一位儿童，保护儿童的一切人身权利，让儿童积极参与家庭、文化和社会生活，不能采用限制人身自由的方式进行行为干预等。只有尊重和保护当事人的人格与自尊心，行为干预才会真正增进人类的适应行为。

三、行为干预技术操作的基本原则

运用行为干预技术处理问题行为时必须遵循一定的原则。这些原则既包括基本伦理规范，还包括一些临床方法上的基本原则。只有同时关注二者，才能保证干预的可行性和结果的有效性。

（一）正确认识行为干预技术及其效果

问题行为干预的效果同时受干预技术、问题行为当事人及干预者自身三方面因素的影响。最终的行为干预效果是这三种因素的最佳配合，一般选择对儿童伤害最小而效果最好的技术与方法。

（二）科学看待行为干预的对象

问题行为有很多，不同类型的特殊需要儿童其问题行为也不一样，所以应合理地看待儿童。不同的发展阶段也会出现不同的问题行为，所以应分析问题行为背后的原因，不是每一种问题行为都可以采用相同的行为干预方法。

（三）确立行为干预的目标

目标具有行为导向作用。一般地，行为干预目标是可以实现的，行为干预以消除不良行为、塑造良好行为为主要目的。儿童经过干预后可以在现实生活中加以泛化。

（四）制订周密的干预计划

瞄准行为干预的目标，提前与儿童及家长沟通，营造必要的行为干预环境，列出具体的行为干预日程表。

（五）坚持多种技术综合运用

问题行为的消除是相当困难的，单一的技术往往难以奏效。因此，在面对问题行为时要综合考虑环境、生物、社会等多种因素，在解决某一问题行为时要全面考虑各种具体技术的综合运用。

（六）坚持循序渐进， 持之以恒

特殊需要儿童的行为干预不是一日之功，技术与手段也需要不断更新。尤其伴随着心理障碍的矫正，行为干预可能需要半年或更长的时间。家长、教师、保育员和干预者都需要持续跟踪行为干预后的效果，并做好相关资料的收集与整理。

（七）重视控制外部情境与行为改变的后果

对于特殊需要儿童来说，环境因素影响行为的发生，所以应该控制不良环境对于儿童的影响，坚持外因与内因相结合。行为改变的后果对于儿童行为具有一定的调节作用，例如，好的行为有助于增强儿童的自信，使儿童进一步加强和维持良好的行为。

| 拓展阅读 |

应用行为分析

应用行为分析可以说是行为矫正的新扩展，常常被用来替代行为矫正。这一术语是在非实验室的每日生活情境中对行为矫正的原则的直接应用，因此强调在每日自然的环境中对与社会相关的行为进行应用性研究。其针对的行为为可测量、可观察的外显行为，着重于环境变量对行为发生的影响，并要求对个体的行为反应进行仔细的测量。应用行为分析方面的研究开始于 20 世纪五六十年代。这一方法可用于多个领域，其目的是帮助人们理解、预防和改变个体的问题行为，同时促进个体学习。该方法多用于教育领域，如通过行为矫正的方法训练严重智力落后、孤独症、情绪障碍、心理困扰儿童习得新的语言和社会交往技能，又如用于注意缺陷多动障碍儿童的注意力控制训练、行为障碍儿童的怒气管理训练等。该方法包括传统的行为矫正和认知行为矫正。

▶任务三 行为干预的价值取向

行为干预的价值取向

|任务情境|

案例：不动笔的骏骏

骏骏，培智学校三年级学生。他从小就被家人过分保护，养成了乱发脾气、任性的习惯。一次上生活语文课，张老师布置写生字，他就开始发脾气、捶桌子、咬指甲。张老师几次提示后，他仍不动笔，张老师就有意不再提醒。等别的同学开始交作业时，他才拿起笔来准备写字。张老师立即走过去说："我相信你一定能按时提交作业。"当他写完1个字时，张老师就走到他身边鼓励他："很好，继续写。"最终，他当堂完成了作业。此后，骏骏能及时完成张老师布置的学习任务。

任务：请用行为干预的价值取向的相关知识分析张老师的价值取向。

|任务描述|

一、价值取向概述

（一）什么是价值取向

价值取向(value orientation)是价值哲学的重要范畴，指的是一定主体基于自己的价值观在面对或处理各种矛盾、冲突、关系时所持的基本价值立场、价值态度以及所表现出来的基本价值取向。价值取向具有实践品格，它的突出作用是决定、支配主体的价值选择，因而对主体自身、主体间关系和其他主体均有重大的影响。

（二）价值取向的类型

价值取向有许多分类方式。比较有影响的是美国社会心理学家、精神病学家洛奇赤(M. Rokeach)的分类。他把价值取向分为两大类：终极价值取向和工具价值取向。终极价值反映了人们有关最终想要达到的目标的信念；工具价值则反映了人们对实现既定目标手段的看法。

站在价值取向概念及类型的角度来看，只有合理使用行为干预技术，才能及时干预不良行为，并同时增强个体的社会适应功能。在研究者的不断努力下，行为干预技

术已经能够有效改变人们的行为，使得人们向着积极健康的方向发展。行为干预价值取向的合理化已经得到世界各国的公认。

二、行为干预的具体价值取向

从行为干预技术的实际意义来分析，它的使用包含了三种不同的价值取向。

（一）增进与维持良好行为

增进、维持已有的良好行为是行为干预技术的价值取向之一。这是为了使已有的受欢迎的良好行为得以巩固并能够长期保持而不至于自然消退，或者是为了增强其表现频率或强度等，以符合一般的、社会认可的行为标准，从而帮助人们养成良好的行为习惯。

在行为干预技术的实施中，合理运用正强化、负强化、代币制、模仿、相互抑制等原理，都能取得增进和维持已有的良好行为的功效，促使个体逐渐形成良好的行为习惯。例如，孩子看见妈妈打扫卫生后没有顾上将垃圾倒掉，就主动帮妈妈把垃圾倒掉。对此，妈妈很是高兴，立刻用亲切的语气夸赞说："乖孩子，真能干。"孩子听了很高兴。以后孩子就更加积极主动地帮妈妈做家务或参加力所能及的劳动等。这就是正确运用了正强化策略达到增进和维持孩子主动参与家务劳动的行为的例子。

（二）削弱或消除已有的不良行为

削弱或消除已有的不良行为也是行为干预技术的价值取向。借助行为干预技术处理策略的实施，可以使个体不良行为发生的频率降低、强度变小或者持续时间缩短，甚至使不良行为被彻底消除。

常用的策略若能得到合理而恰当的运用，都可以取得削弱或消除已有不良行为的效果。相关原理、方法主要有惩罚、负强化、消退、模仿、饱足、相互抵制、系统脱敏，以及厌恶疗法、自我指导训练法和自我控制原理等。

（三）塑造与增加新行为

塑造与增加新行为是行为干预技术的又一重要价值取向。某一预期的良好或常态行为还未形成或出现，即个体现有的全部行为体系中还没有它们的一席之地，但为了提高个体的社会适应能力，需要干预者设法去塑造它们。塑造一词的原意是制作、雕塑。从词的本义可以知道塑造需要事先进行设计，然后从低到高循序渐进，逐步达成目标。塑造能帮助我们教会儿童各种新的技能，是儿童的行为从无到有的一个过程。

我们可以运用某些行为干预技术的原理、方法来应对个体行为，其根本目的就是帮助个体学习且掌握大家所期望的、符合社会要求的某种新的良好行为，以促进个体适应社会能力的全面发展。常用的方法主要有塑造法、模仿法、链锁法、渐隐法及自我肯定训练法等。例如，运用塑造法来训练浩浩学会走路。浩浩由于养育不当3岁了还不会走路，甚至独自站立时都害怕摔倒，显得特别胆小。在干预之初，干预者先确立了目标，就是训练浩浩独自站立，先是站立4分钟，然后站立8分钟。每当浩浩达成目标后，干预者都给予他爱玩的小汽车作为奖励(强化)。下一步，正式开始对浩浩进行走路训练。一开始，干预者在浩浩面前1米的地方放上小汽车，让浩浩独自走过去拿小汽车玩。由于1米的距离对于浩浩而言并不显得特别长，浩浩能够克服心理恐惧慢慢走过这段距离。第二天，干预者又将小汽车和浩浩的距离增加为2米。浩浩也勇敢地走过去，成功地拿到了小汽车。在接下来的几个星期中，距离逐步地从2米增加到4米、8米、16米……最终，浩浩终于再也不害怕自己走路了。

| 拓展阅读 |

不良行为是怎样形成的

诚诚写完作业后突然想和妈妈一起玩，于是就叫了一声妈妈。此刻妈妈正在厨房准备午饭的食材，就告诉诚诚没时间和他一起玩。但是诚诚特别想和妈妈玩，就又叫了几声。妈妈因为忙就没再搭理他。诚诚着急了，于是大声呼喊妈妈。妈妈很不情愿地出来陪诚诚玩了一会儿，然后又回厨房了。过了一会儿，他又开始大声呼喊妈妈，但这次妈妈决定不再向他妥协了，否则就不知何时才能把午饭的食材准备好，于是妈妈假装没听见他叫，继续干活。诚诚看妈妈不理他，就跑到厨房重重地踢了一下门，并愤怒地看着妈妈。妈妈看到诚诚愤怒的样子，心里感觉有些对不起孩子，就过来安慰他并和他玩了一会儿。然后妈妈继续回厨房准备食材。诚诚很不情愿，还是想让妈妈陪他玩。这次他直接来到厨房门口，又用脚开始狠狠地踢门。妈妈很生气，还是决定不理他。诚诚一直踢门，但是看到妈妈没任何反应，于是就跑到妈妈身边，狠狠地用脚踢妈妈，于是妈妈再次妥协了。

项目总结

行为干预技术有效实施的前提是全面、科学地理解行为的含义、特点，然后在此基础上正确区分不良行为和良好行为。在具体实施的过程中，干预者一定要具有良好的专业能力并遵守基本的伦理规范。

思考实践

1. 举例说明如何增进与维持儿童的家务劳动行为。
2. 简述行为干预技术操作的基本原则。

模块二　方法与技术

项目一　行为干预的一般程序

项目导入

行为矫正技术是协助解决儿童问题行为的重要方法之一，是用于减少或停止儿童的负面行为、增加正向行为的一项教育专业技术。它是一种综合技术，因为个案与实施者、环境有着密切联系。矫正过程必须严格遵守道德伦理与教育原则，评估矫正对象是否具备矫正的条件，然后进行观察，并进行科学记录与分析。设定目标之后，选择适当的矫正策略，与相关人员共同形成矫正方案。矫正必须坚持家校合作，最后形成一份完整的个案记录。

项目导航

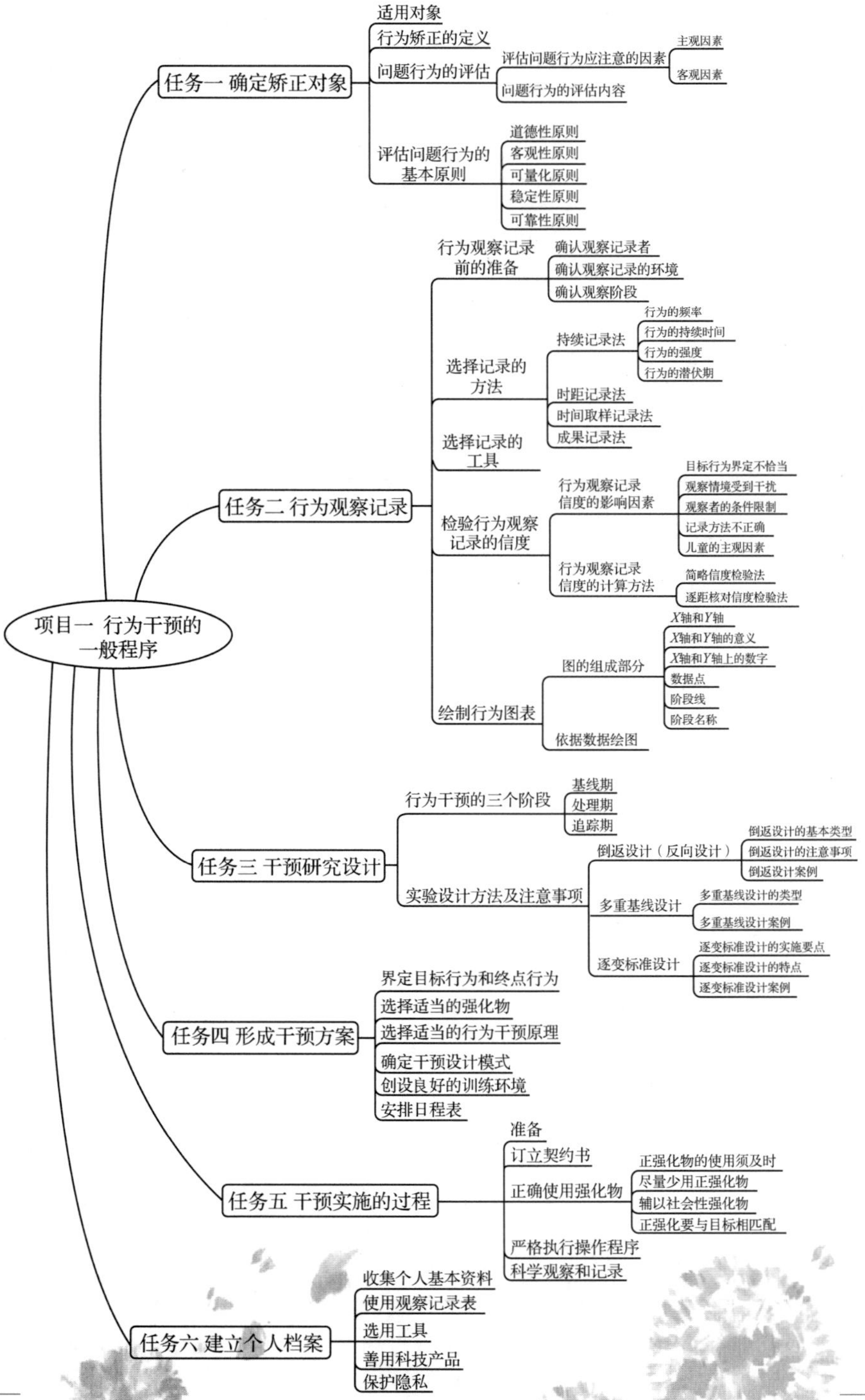

项目一 行为干预的一般程序
任务一 确定矫正对象
适用对象
行为矫正的定义
问题行为的评估
评估问题行为应注意的因素
主观因素
客观因素
问题行为的评估内容
评估问题行为的基本原则
道德性原则
客观性原则
可量化原则
稳定性原则
可靠性原则
任务二 行为观察记录
行为观察记录前的准备
确认观察记录者
确认观察记录的环境
确认观察阶段
选择记录的方法
持续记录法
行为的频率
行为的持续时间
行为的强度
行为的潜伏期
时距记录法
时间取样记录法
成果记录法
选择记录的工具
检验行为观察记录的信度
行为观察记录信度的影响因素
目标行为界定不恰当
观察情境受到干扰
观察者的条件限制
记录方法不正确
儿童的主观因素
行为观察记录信度的计算方法
简略信度检验法
逐距核对信度检验法
绘制行为图表
图的组成部分
X轴和Y轴
X轴和Y轴的意义
X轴和Y轴上的数字
数据点
阶段线
阶段名称
依据数据绘图
任务三 干预研究设计
行为干预的三个阶段
基线期
处理期
追踪期
实验设计方法及注意事项
倒返设计（反向设计）
倒返设计的基本类型
倒返设计的注意事项
倒返设计案例
多重基线设计
多重基线设计的类型
多重基线设计案例
逐变标准设计
逐变标准设计的实施要点
逐变标准设计的特点
逐变标准设计案例
任务四 形成干预方案
界定目标行为和终点行为
选择适当的强化物
选择适当的行为干预原理
确定干预设计模式
创设良好的训练环境
安排日程表
任务五 干预实施的过程
准备
订立契约书
正确使用强化物
正强化物的使用须及时
尽量少用正强化物
辅以社会性强化物
正强化要与目标相匹配
严格执行操作程序
科学观察和记录
任务六 建立个人档案
收集个人基本资料
使用观察记录表
选用工具
善用科技产品
保护隐私

学习目标

知识目标	1. 熟悉行为矫正技术的各种方法及适用范围； 2. 了解行为矫正过程中的重点； 3. 掌握应用行为矫正技术的一般程序。
能力目标	1. 能进行科学的行为观察记录； 2. 能分析目标行为及选择适当的矫正策略； 3. 能完成行为矫正技术的完整程序。
素养目标	1. 具有教育者应有的伦理道德意识与态度； 2. 具有采用正向行为支持策略干预特殊需要儿童的技术认同感，并主动求知； 3. 具有良好的沟通协调能力。

▶任务一 确定矫正对象

问题行为

任务情境

案例：孤独症患者小奇

小奇，男，10 岁，就读于普通小学四年级，日常沟通中口语表达没问题，但理解能力较差，有轻度精神障碍。小奇在校活动量大，上课不能持续注视老师，经常趴着，学习意愿很低，缺乏自信。他在家里常对母亲发脾气，一直有尿床现象。个案智力中下，有情绪表达困难、注意力不集中、多动、行为规范欠佳等问题。

任务：分析个案的问题行为，并罗列轻重缓急的问题行为，确认其为矫正对象。

任务描述

一、适用对象

有问题行为的个体或群体需要接受行为矫正，以符合社会期望，在生活及学习上回归正常轨道，重建良好的人际关系，肯定自我，建立自信。本书描述的行为矫正对象不局限于狭义的特殊儿童，而是广义的特殊需要儿童。也就是说，行为矫正不仅仅适用于特殊学校学生，也适用于普通学校学生。

因此，问题行为矫正对象是指所表现出来的行为违背社会期望，影响生活适应，给自己或他人带来危害或危险可能，通过评估，需要重新塑造正向行为的个体或群体。

关于行为和问题行为的定义，以及问题行为产生的原因，前面已经有详细陈述，此处不再赘述。

二、行为矫正的定义

行为矫正(behavior modification)是采取适当的策略、方法，通过教育和训练的过程，扭转个体不良习惯或重塑良好行为，并在逐渐撤除强化物之后能使个体维持终点行为的方法。在矫正的过程中，个体通过经验的内化与认同作用使新行为发生。

基于教育学理论，行为矫正有许多策略，本书介绍了最常应用的 15 种方法或技术：正强化、负强化、惩罚、消退、差别强化、塑造、渐隐、链锁、泛化、代币制、自我控制、刺激控制、系统脱敏、厌恶疗法、生物反馈法。

执行行为矫正之前应先收集个案的相关信息，如儿童的基本资料、家庭背景、班级情况、行为的动机及后果等。然后选择适当而有效的强化物，严格遵循矫正的一般程序，坚持至终点行为出现，并在逐渐撤除强化物之后能维持其终点行为。

所谓终点行为是指教师期望矫正对象在矫正后建立的新行为。它是在执行之初就确定的，是期望个案经过训练之后所要达到的行为标准。例如，对小奇的矫正计划是“在 1 个月内趴桌上的次数从每天 15 次减少至每天 3～5 次”。其目标行为是“趴桌上”，终点行为就是“每天减少至 3～5 次”。

终点行为具有明确的方向性，是行为矫正的风向标，始终发挥着导向的功能。它是评价行为矫正是否成功的依据。然而目标行为在矫正后有两个结果：一是终点行为出现，意味着行为矫正获得成功；二是终点行为未能出现，说明行为矫正失败。失败后必须检讨，先确认目标行为经处理后是增强还是削弱了，然后找出原因，再制定、执行新一轮的行为矫正程序。

三、问题行为的评估

对问题行为的评估即对目标行为的测量。行为由正常到异常是一个逐渐发展且连续的过程。教师或家长一旦主观上发觉孩子的行为已经给他们的学习及生活造成困扰时，应及时进行客观的评估。判断行为是否为问题行为时，最好使用客观的评估工具，如量表、检核表。

正确而客观地评估儿童的问题行为，除了考虑行为本身的特点外，还需参照儿童的性别、年龄阶段、生理因素、心理因素、所处的社会文化背景，以及其他多方面的特点。因此，教师或家长可以依据问题行为的性质进行观察、记录，收集尽可能详尽的资料来判断问题行为发生的动机、目的、范围或严重性。评估问题行为应注意以下因素。

（一）评估问题行为应注意的因素

1. 主观因素

儿童个人的基本条件：儿童的年龄、性别、性格特征等个别差异因素。例如，一两岁幼儿夜里尿床属正常现象，但此种行为如经常发生在五六岁及以上的儿童身上，就构成问题行为了。

2. 客观因素

同一行为表现，由于儿童所处的社会文化背景不同，其显示的意义会有很大的差异。例如，五六岁的小孩由母亲帮助洗澡，在我们看来是很正常的现象，在有些地方却会被认为是儿童依赖性强或家长溺爱孩子的表现。

（二）问题行为的评估内容

行为发生的次数：在一定的时段内，问题行为发生次数越多，表示儿童的问题行为越严重。

行为出现的频率：偶尔出现的异常行为，如怕独处、怕尖锐的声音，通过正常的教导是可以很快改善的，不属于问题行为。但是，儿童无法独处，甚至有从家庭到学校或从学校到家庭的泛化现象，这种表现就不正常了。

行为的持续时间：儿童的不适当行为如果持续时间过长，也需要关注。例如，注意力不集中并伴随多动，情绪行为不能自控，持续半年或半年以上，可能就需要借助行为干预技术来改善。

行为的严重程度：如果不良行为的严重程度已经明显妨碍或影响了自己和他人对正常生活及学习活动的维持，就构成问题行为。例如，儿童不高兴时发脾气本属正常，但儿童若稍不如意就大发脾气，不能控制自己，甚至躺在地上打滚儿，不论在何种场合均大吼大叫，这种表现就是问题行为了。

行为的意义：评估一个行为是否是问题行为，还要了解周围有关人员对被评估行为的看法，以及该行为对周遭环境、他人的影响程度。例如，行为者本人对问题行为的看法，家人、同学对该行为的看法，以及教师对该行为的态度等。

我们在评估问题行为时，也要深入了解儿童行为的目的，才能对症下药，若采取的策略无效，还需要重新对儿童行为的动机进行检核。

四、评估问题行为的基本原则

为确保评估结果的客观性和可靠性，评估问题行为时，必须充分考虑和遵循以下几项原则。

（一）道德性原则

保障儿童的身心健康，应遵循道德规范，如尊重个人隐私，凡事先取得儿童及家长(监护人)的同意，告知家长行为矫正的过程及意义，让家长正确认识并接受行为矫正，以期达到效果的最大化。

（二）客观性原则

客观性是指被评估的行为是客观存在、能够被观察到的。例如，一个有情绪行为

障碍的儿童，他的失控行为是不分场合地大声哭闹、在地上打滚儿，或又跳又叫等。

（三）可量化原则

行为发生的次数、频率、持续时间、强度以及意义等，可以通过评估量表得到客观的量化处理，以便观察者更准确、科学地进行观察和记录，并利于后期的分析与研究。

（四）稳定性原则

稳定性是指通过评估得出的结果要能反映行为发生的实际水平，不出现极端的高估或低估的现象。因此在建立行为基线阶段，应采用科学的评估方法，对每个问题行为务必都多测量几天，且每天应在不同的时段抽检，最后求其平均值。如果只是根据某一天某一次的观察结果来评估，便容易得出不合理的结论。

（五）可靠性原则

可靠性是指对问题行为的评估要有一定的信效度。为此，一般要求有两位观察者，或一位观察者和一位核对者，安排他们在同一时间对同一问题行为进行观察和记录。最后对两个记录结果进行信度检验，如果信度系数达到 0.80 或以上，则说明评估结果是可靠的。

| 拓展阅读 |

情绪 ABC 理论

情绪 ABC 理论是由美国心理学家埃利斯创建的。该理论认为激发事件 A(activating event)只是引发情绪和行为后果 C(consequence)的间接原因，而引起 C 的直接原因则是个体对激发事件 A 的认知和评价而产生的信念 B(belief)，即人的消极情绪和行为障碍(C)不是由某一激发事件(A)直接引发的，而是由经受这一事件的个体对它不正确的认知和评价所产生的错误信念(B)所引发的。错误信念也称为非理性信念。

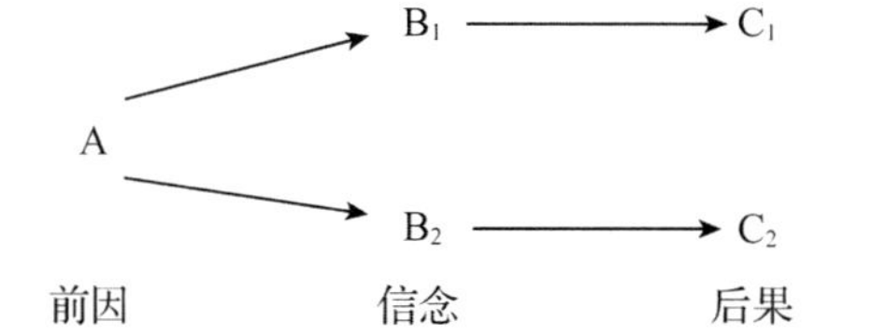

结论：事物本身并不影响人，人们只受对事物的看法的影响。

如图所示，A 指事情的前因，C 指事情的后果，有前因必有后果，但是同样的前因 A 产生了不一样的后果 C_1 和 C_2。这是因为前因和后果之间会有一座桥梁 B（bridge），这座桥梁就是人们对情境的评价与解释。同一情境（A）之下，不同的人的理念不同（B_1 和 B_2），所以会得到不同的结果 C_1 和 C_2。因此，事情发生的一切根源缘于人们的信念（信念是指人们对事件的想法、解释和评价等）。

情绪 ABC 理论的创始者埃利斯认为，正是我们常有的一些不合理信念才使我们产生了情绪困扰。

▸任务二 行为观察记录

行为观察记录

| 任务情境 |

案例：偷窃的小亚

就读小学一年级的小亚在下课时随手将玲玲的自动铅笔放进了自己的书包。玲玲发现后索要不果，便报告老师。老师感到非常惊讶，因为小亚在老师眼中是个乖巧的孩子，为何有这样的行为呢？经老师询问，小亚说“因为我很想要自动铅笔”。其实老师早就观察到，最近小亚在下课时间总喜欢待在教室，好奇地看着同学桌上的东西。老师认为小亚只是好奇，所以也没太在意。在此之前，班上时常有同学丢失文具，由于物件小，并未引起老师的关注。在没有被及时制止的情况下，小亚已经养成习惯，对于同学们一些新奇的文具总想办法“占有”。

任务：依据案例，选择适当的工具为小亚进行行为观察记录，并绘制成图表进行分析。

| 任务描述 |

一、行为观察记录前的准备

确认了矫正对象和目标行为后，第二步就是做好行为观察记录前的准备工作，然后进行行为观察记录。行为的观察记录是指通过运用一定的方法和程序对所定义的目

标行为进行量化的过程。

（一）确认观察记录者

观察者必须是一位专业人员，如心理学家，或是与个案共同生活且关系密切的人，如教师、父母、同学或同伴等。在有些案例中，观察者也可以是个案本人。个体观察并记录自己的目标行为称作自我监控。自我监控也可以与另一位观察者的观察记录相结合。当目标行为发生却没有其他人在场或无法由其他观察者对目标行为进行记录时，个体就需要实施自我监控。如果在行为改变项目中使用自我监控的方法，那么个体必须与观察者一同被训练如何观察并记录自己的行为。

（二）确认观察记录的环境

对行为的观察记录一般在自然环境或人为环境中进行，其中人为环境又称相似环境。诊所或康复中心的游戏室是人为环境。自然环境中的观察可以提供更具有代表性的目标行为，但在人为环境中进行观察可以模拟个体可能在各种情境中经历的事件，比自然环境更容易控制，影响行为的变量也就相对更少。

观察记录的环境必须是被观察者问题行为最常发生或最易被触发的场所。在进行行为观察记录的过程中，环境的确认可以帮助观察者记录下行为发生的原因、频率、持续时间、强度等重要的信息。案例中小亚的偷窃行为发生在教室里。教室是同学们聚集在一起学习的地方，也是同学们取出各自的文具用品来使用或分享的地方，因此教室是记录小亚的问题行为最佳的环境。

（三）确认观察阶段

观察者在一个具体的时间段中对目标行为进行观察记录，这个时间段称为观察阶段。观察阶段通常为15～30分钟，根据从儿童本人或其他人那里得到的信息可以确定观察阶段的合适时间。例如，案例中小亚的偷窃行为都发生在下课时间，那么下课时间就是最合适的观察阶段。如果有些行为发生频繁，可以在一天中选择固定观察阶段对其进行记录，例如口吃。在进行自我监控时，儿童可以不受观察阶段的约束，一整天都可以对目标行为进行观察记录。

二、选择记录的方法

依据目标行为的不同，可以用不同的记录方法，包括持续记录法、时距记录法、时间取样记录法和成果记录法。选择适当的记录方法能够提高记录的精确性及效率。

记录数量常用的三种方法有画线法(四竖一横)、点线法和正字记法(“正”字恰为5画)，见表2-1-1。

表 2-1-1　记录数量的三种方法举例

行为	方法			行为次数
	画线法	点线法	正字记法	
攻击	卌 ||||	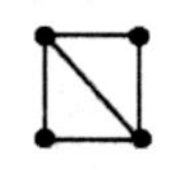	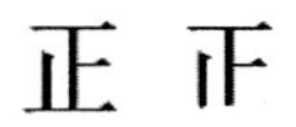	9
自伤	||||	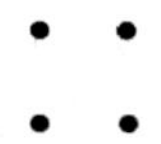		4
尖叫	||		丅	2

注：在点线法中，每个点代表一次，每条线代表一次。

（一）持续记录法

将某一特定时间内所发生的目标行为自始至终持续地加以观察记录。要做到持续记录，观察者必须能够辨认每次行为的发生和消失，记录下行为的频率、持续时间、强度和潜伏期。

1. 行为的频率

行为的频率是指一个行为在一个观察阶段中出现的次数。频率可以转化为比例，即用频率除以整个观察阶段的时长。例如针对案例中的小亚，如果设定的观察阶段是上午的 4 节课，假设小亚偷窃的次数为 2 次，那么行为发生的比例是 2 除以 4 等于 0.5，意即该行为每天有 50％的发生率。

2. 行为的持续时间

行为的持续时间是指一个行为从开始到结束所连续占用的时间总量。例如有情绪行为障碍的学生，他的情绪行为从他发怒与人争吵开始，历经哭闹、肢体冲突等过程。假设观察时间为 3 小时，其间该行为共发生 2 次，一次持续 15 分钟，另一次持续 8 分钟，则该名学生行为的持续时间为 23(15＋8)分钟。持续时间也可以用百分比呈现，即用持续时间总量除以整个观察时间，即 23 除以 180 约等于 0.13，意即此行为的持续时间占 13％。

对行为持续时间的记录应善用科技产品，如手机、摄影机等。录像的同时记录下行为开始和结束的时间，使得记录更为精准。摄像应注意肖像权的问题及个案隐私的保护。

3. 行为的强度

行为的强度是指行为产生的总能量。强度比频率和持续时间难测量。它经常要使用测量工具。例如，可以使用分贝仪来测量人们吵架时的声音强度；可以使用 3 级或 5 级量表来测量儿童发脾气的强度，1 代表最轻，3 或 5 代表最强。观察者需先定义好量表上的每一级所代表的具体行为，才能使记录具有可靠性。并非所有行为都具有强度，如案例中小亚的偷窃行为就不需要记录强度。

4. 行为的潜伏期

行为的潜伏期是指从某种刺激事件到行为发生之间的时间长度。例如，儿童被要求把玩具收拾好，从家长发出要求开始到儿童做出收拾行为的这段时间就是收拾玩具行为的潜伏期。潜伏期越短，表示儿童的行动力越快。

（二）时距记录法

时距记录法是指先根据需要选择观察阶段，再将其分成若干相等时距的时段(如学生一天在校 8 小时，每 10 分钟为一个时段)，然后逐一观察和记录在每一个时段内目标行为是否发生，单纯记录次数。这种记录方法的优点是所耗费的时间和精力较少，难点是如何合理确定时距。划定时距的大小，一般应根据目标行为的最大发生频率来考量。凡是发生频率较高而持续时间较短的行为(如孤独症儿童的自我刺激行为)，宜选用小时段，如 10～30 秒为一个时段；凡是发生频率较低而持续时间较长的，则应使用较大的时段，如 2～5 分钟为一个时段。总之，时距的设定越能接近目标行为的自然发生次数或持续时间，就越有利于准确反映目标行为的真实情况。时距太大，记录就不精确；时距太小，就变成持续记录方式了。

例如，教师要记录个案在上课时间每 10 分钟是否有干扰课堂的行为，就可以让定时器每 10 分钟响一次(注意定时器的提示不能影响学生正常上课)。当儿童的干扰行为出现时，教师就在记录表上相应的地方做记录。做了记录后，教师在这 10 分钟内就不用再观察或记录这个儿童的目标行为。目标行为只要在设定的时段内发生，不论发生多少次，也不论持续多久，观察者对行为只需记录一次。

(三)时间取样记录法

时间取样记录法与时距记录法基本相同，只是在分割时段时，既可保持时距相等，也可采用时距不相等的分段法。观察者不必自始至终一直观察个案的目标行为，只要在每个时段的某一固定时间，如开始时刻或终了时刻观察目标行为是否发生并做记录即可。时间取样记录法对时段的划分可以适当延长，一般控制在 2～5 分钟，有需要的话也可再长一些。采用时间取样记录法需使用一个定时器，以便让定时器在每个设定的时段及时发出声音信号，以提醒观察者准时观察个案的行为发生与否。

（四）成果记录法

成果记录法又称持久成果记录法。该法是一种间接的评估方法，记录的是行为的成果。例如，教师记录学生正确完成的家庭作业数量，以此对学生的学习表现进行成果测量。马尔霍林(Marholin)和斯坦曼(Steinman)在对学生问题行为和学习成绩的研究中，对学生正确解答的数学试卷的题目进行记录，以此作为学生学习成绩的持久成果。

成果记录法的优点是，行为发生时观察者不一定必须在场。学生完成家庭作业的时候教师不在场，仍然可以测量学生行为的成果(完成的作业)。成果记录法的缺点是，观察者无法每次都确定谁参与了成果或谁没参与。例如，教师无法确定学生是自己完成了作业，还是有人替他们完成了作业。

三、选择记录的工具

记录的工具就是观察者用来记录行为发生情况的工具。纸和笔是记录行为时最为常用的工具。其次是记录表，用它来记录行为的发生情况，可以帮助观察者组织相关资料，使其更好地采取适当的行为矫正策略。以下为常用的几种记录表格。

表 2-1-2 是用来记录单一目标行为发生次数的。仅观察一个目标行为比较容易，只要在设定的观察阶段以画记的方法进行次数的记录即可，事后再依据画记记录进行小计，便可清楚得知目标行为发生的次数。

表 2-1-2　行为次数记录表 1

被观察者：小成 观察者：刘老师 目标行为：上课随意走动			
日期	起止时间	数量的记录	小计
2020 年 9 月 1 日	10：00～10：20	卌 卌 ||	12 次
2020 年 9 月 2 日	10：00～10：20	卌 ||||	9 次

表 2-1-3 与表 2-1-2 的不同之处在于同时记录多种目标行为的发生次数。个案可能同时有多种不同的问题行为，为了节省人力、时间，可以用同一个表来记录。方法是，每种行为每次发生时，就在对应的位置画记，最后，把一天记录到的各种行为发生的次数做一个小记。

表 2-1-3　行为次数记录表 2

被观察者：小龙　　观察者：陈老师 观察日期：2020 年 9 月 1 日　　观察时间：9：10～9：50 观察环境：教室(语文课)			
目标行为	数量的记录	小计	备注
1. 上课时离开座位	卌|	6 次	走到后面丢纸屑
2. 上课时随意说话	卌 卌 ||||	14 次	与邻座同学聊天

表 2-1-4 是另外一种记录目标行为发生次数的方法。同一种行为在不同的时间段发生时，就在对应的位置画记，最后，把一天记录到的行为发生的次数做一个小记。这张表只能记录同一种目标行为的发生次数，并且可以使用多次多天。

表 2-1-4　行为次数记录表 3

被观察者：小亚　　观察者：刘老师 观察环境：教室　　观察日期：　　年　　月　　日到　　月　　日 目标行为：上课咬指甲					
序号	观察开始时间	分钟	画记	小计	备注
1	10 时 0 分	30	卌 卌 卌 卌||	22 次	数学课
2	时　分				
3	时　分				
4	时　分				
5	时　分				
6	时　分				
7	时　分				

表 2-1-5 是行为频率记录表。它与次数记录表不同的是每次观察的持续时间可以不同。计算方式是以每次行为发生的次数除以观察的时间，所得出的数值可以做比较。将表 2-1-5 的数值画成线形图更容易进行比较，如图 2-1-1。

表 2-1-5 行为频率记录表

被观察者：诚诚	观察者：李老师		
观察环境：操场	观察日期：2020 年 1 月 4 日至 1 月 8 日		
目标行为：打人			
日期	观察时长(分钟)	行为次数	频率
2020 年 1 月 4 日	30	10	0.33
2020 年 1 月 5 日	20	8	0.40
2020 年 1 月 6 日	15	8	0.53
2020 年 1 月 7 日	30	12	0.40
2020 年 1 月 8 日	20	6	0.30

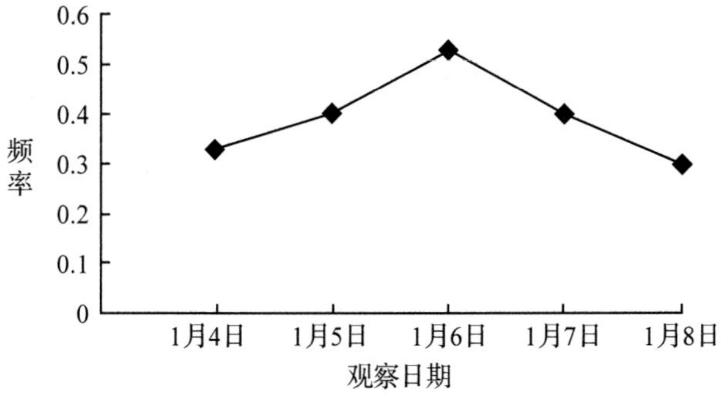

图 2-1-1 频率线形图

表 2-1-6 是记录行为持续时间的表格。如表 2-1-6，把每一节课迟到的时间记录下来，最后统计每天迟到的节数和每节课平均迟到的时间以及迟到的百分比。

表 2-1-6 行为持续时间记录表

被观察者：小宝		班级：一年级 2 班			
观察者：方老师		观察日期：2020 年 9 月 28 日			
目标行为：上课迟到(上课铃响完后还在教室外)					
上/下午	节	迟到时间	上/下午	节	迟到时间
上 午	第一节	5 分	下 午	第五节	15 分
上 午	第二节	8 分	下 午	第六节	3 分

续表

上 午	第三节	8 分	下 午	第七节	2 分
上 午	第四节	10 分			
迟到节数：7 节 平均每节迟到时间：7.3 分钟 迟到百分比：100%					

表 2-1-7 是问题行为等级记录表，主要记录行为强度，将行为强度分级量化，以便通过数据来比较干预前后的效果。通常由观察者依据行为的特征设计，可分 3 级、4 级或 5 级，级别越高程度越强。由于问题行为等级记录表是数据量化的呈现方式，比较适合用于统计分析。其缺点是级别所代表的分值设定较模糊，如不确定“偶尔发生”应该是几次。每次设定分值时需要有明确的标准，事后还要对所有观察者的评分进行信度检验。

表 2-1-7　问题行为等级记录表

被观察者：小平		观察者：林老师		观察环境：教室	
目标行为：上课时玩钢铁人(玩具)					
观察日期	目标行为等级				
2018 年 9 月 11 日	1	2	3	4	5
观察时间	经口头提示仍然继续玩钢铁人	经口头提示可不再玩钢铁人达 1 分钟	经口头提示可不再玩钢铁人达 5 分钟	经口头提示可不再玩钢铁人达 10 分钟	经口头提示可不再玩钢铁人
8：30			√		
9：00		√			
10：00			√		
11：00		√			
11：30				√	
12：00		√			

表 2-1-8 是时距记录表，可以让两位观察者同时使用。每个方格代表一个 30 秒的时段，一共是 30 分钟内的 60 个时段。观察者要事先设定 30 秒的信号音，提醒每个时段开始的时间。当目标行为发生时，观察者就在对应的方格中打一个“√”。如果目标行为在时段中没有出现，就空出对应的方格。信号音不要影响个案或班级正常上课。

表 2-1-8　时距记录表

被观察者：小青　　　　观察者：1. 林老师　2. 张老师
观察日期：2020 年 7 月 3 日　　观察时间：9：10～9：40
观察环境：教室
目标行为：拉前方同学的头发

观察者	30秒	30秒	30秒	30秒	30秒	30秒	30秒	30秒	30秒	30秒	30秒	30秒	30秒	30秒	30秒	30秒	30秒	30秒	30秒	30秒
林	√	√		√	√	√			√	√		√	√			√		√		√
张	√		√	√	√		√		√	√		√	√	√		√		√		√

注：打“√”表示目标行为发生
摘要：
发生次数：　　　　发生百分比：
未发生次数：　　　未发生百分比：
持续时间：

表 2-1-9 为简易时距记录表。表中每个方格代表一个 30 秒的时段，一共是 20 分钟内的 40 个时段。当目标行为在时段中发生时，观察者就在对应的方格中的数字下打一个“√”。如果目标行为在时段中没有出现，观察者就空出对应的方格。

表 2-1-9　简易时距记录表

被观察者：航航　　观察者：陈老师 观察时间：10 月 15 日 9：10～9：30，共 20 分钟 目标行为：上课咬指甲										
30 秒/格										小计
1	2	3	4	5 √	6 √	7	8	9 √	10 √	4 次
11	12	13	14	15 √	16	17 √	18	19	20	2 次
21	22	23 √	24 √	25 √	26	27	28	29	30	3 次
31	32	33	34	35	36	37 √	38	39	40	1 次
发生次数(打“√”数)：10 次　发生百分比：25%										

表 2-1-10 是固定时距的时间取样记录表。表中的每个时段都是相等的，当目标行为在时段中发生时，即在“发生”一栏打“√”，未发生不做任何标记。最后，统计目标行为的发生次数与发生百分比。

表 2-1-10　时间取样记录表(固定时距)

被观察者：欣欣　　观察者：叶老师 观察日期：2019 年 12 月 5 日 目标行为：撞头自伤行为					
序号	观察时间	发生	序号	观察时间	发生
1	10：00	√	6	10：25	√
2	10：05	√	7	10：30	
3	10：10	√	8	10：35	√
4	10：15		9	10：40	√
5	10：20	√	10	10：45	
发生次数：7 次　发生百分比：70% 记录方法：在观察时刻若目标行为发生，即在“发生”一栏打“√”。					

表 2-1-11 是时间取样记录表中的不固定时距记录表。表中的时段是不等的，有长有短，没有固定规律。在每一个时段里，只要发生了目标行为就在相应的位置打“√”，没有发生就不做标记。最后，对发生的次数、发生的百分比做统计。

表 2-1-11 时间取样记录表(不固定时距)

被观察者：贝贝　　观察者：金老师
观察日期：2019 年 12 月 8 日　　观察环境：操场
目标行为：推人

序号	观察时间	发生	统计
1	10：10	√	发生次数：7 次 发生百分比：70%
2	10：13	√	
3	10：18	√	
4	10：22	√	
5	10：25		
6	10：30	√	
7	10：38	√	
8	10：40		
9	10：43	√	
10	10：50		

注：若在观察时目标行为发生，即在“发生”栏打“√”；若未发生就不做标记。

表 2-1-12 是成果记录表的范例：作业成绩记录表。这一张表按日期来记录学生每天做作业所花的时间以及作业的正确率和错误率情况。这种记录表不需要教师或家长在学生做作业时做记录，只要在批改作业时做记录就可以。这种方法比较省时简便，既可以由教师操作，也可以由家长、同学或学生自己来操作。

表 2-1-12 作业表现记录表

学生姓名：小梁　　记录者：胡老师
记录时间：2020 年 8 月 5 日至 8 月 20 日
作业名称：二位数进位加法

续表

日期	做作业所花的时间/分钟	作业数/题		百分比/%		备注
		做对	做错	做对	做错	
8月5日	20	0	50	0	100	基线阶段
8月6日	20	2	48	4	96	基线阶段
8月7日	20	4	46	8	92	基线阶段
8月8日	20	2	48	4	96	基线阶段
8月9日	20	3	47	6	94	基线阶段
8月10日	20	5	45	10	90	基线阶段
8月12日	20	8	42	16	84	强化阶段
8月13日	20	10	40	20	80	强化阶段
8月14日	15	20	30	40	60	强化阶段
8月15日	10	40	10	80	20	强化阶段
8月16日	9	48	2	96	4	强化阶段
8月17日	8	50	0	100	0	强化阶段
8月19日						
8月20日						

除了上述记录方法以外，在实际使用中还有其他记录方法，包括文字叙述，如ABC行为分析法。但并非所有的行为记录工具都依赖纸和笔。事实上，如计步器、计时器、码表、智能手机、平板电脑等方便随身携带、使用便利的产品都可以被当作行为记录工具。

四、检验行为观察记录的信度

（一）行为观察记录信度的影响因素

行为观察记录信度是指行为观察记录所得结果的可靠性，它直接影响行为评量的结果是否准确、可用。影响行为观察记录结果的因素有以下几种。

1. 目标行为界定不恰当

目标行为的界定应清楚、具体，否则容易使观察者难以准确操作、无所适从，最后导致观察结果失真。

2. 观察情境受到干扰

在容易受到干扰的情境中进行观察，或观察的过程受到意外的干扰，则观察结果

也会产生误差。

3. 观察者的条件限制

若观察者心存偏见，又缺乏专业训练，夹杂个人主观因素，易导致观察结果有偏差。

4. 记录方法不正确

表格的设计和选用不科学、记录方法等若不恰当也将导致观察结果产生误差。

5. 儿童的主观因素

例如，儿童不够配合，情绪波动大，身体不适等，均会影响观察结果。

（二）行为观察记录信度的计算方法

为求公信，个案的目标行为记录往往不止一人执行，因而常有记录差异，因此需要校验行为观察记录信度，一般采用以下两种方法。

1. 简略信度检验法

简略信度检验法的计算公式是：

$$\text{一致性百分比}=\frac{\text{较少次数}}{\text{较多次数}}\times 100\%$$

例如，记录孤独症儿童每节课发出怪声的行为次数。在同一观察时间内，根据甲观察者的记录，患者共发出怪声 15 次，而乙观察者的记录结果则是 12 次。按照简略信度检验法的计算公式计算，二者观察结果的一致性百分比约为 88%（12/15×100%＝80%）。如果两位观察者的观察结果完全一样，则二者观察结果的一致性的百分比就为 100%。所得数字越接近 1（100%）则信度越高，观察记录的准确性越高。

但在实际情境中，观察者很难做到随时随地记录，很难获知真实次数。当二人观察误差较大时，就不适合采用简略信度检验法，可采用逐距核对信度检验法。

2. 逐距核对信度检验法

如果采用时距记录表记录，较适合采用此种方式来检验一致性百分比。公式如下：

$$\begin{matrix}\text{一致性}\\\text{百分比}\end{matrix}=\frac{\text{甲、乙记录一致的次数}}{\text{甲、乙记录一致的次数}+\text{甲、乙记录不一致的次数}}\times 100\%$$

逐距核对信度检验法可以计算：①发生次数信度系数；②未发生次数信度系数；③发生与否一致性百分比。以下利用表 2-1-13 提供的行为资料，对逐距核对信度检验法的三种计算方式分别做出说明。

表 2-1-13　观察者甲、乙记录小亚上课讲话次数

观察时距	1	2	3	4	5	6	7	8	9	10	11	12
观察者甲	√	—	√	—	√	√	—	—	√	—	√	—
观察者乙	√	—	—	—	√	√	—	—	√	—	√	—

(1)发生次数信度的计算

检验目标行为发生次数，其信度计算公式如下：

$$\text{发生次数一致性百分比}=\frac{\text{甲、乙记录一致的发生次数}}{\text{甲、乙记录一致的发生次数}+\text{甲、乙记录不一致的发生次数}}\times 100\%$$

发生次数一致性的百分比得数越高，信度就越高，行为资料的可靠性也就越大。

(2)未发生次数信度的计算

检验目标行为未发生次数，其信度计算公式如下：

$$\text{未发生次数一致性百分比}=\frac{\text{甲、乙记录一致的未发生次数}}{\text{甲、乙记录一致的未发生次数}+\text{甲、乙记录不一致的未发生次数}}\times 100\%$$

(3)记录一致性百分比的计算

记录一致性，既包含目标行为发生次数的记录一致性，也包括目标行为未发生次数的记录一致性。如果两位观察者在某一观察小时段内，均记录目标行为未发生，也属于记录一致。因此，在计算记录一致性百分比时，则应采用下列公式：

$$\text{记录一致性百分比}=\frac{O+N}{T}\times 100\%$$

说明：

O 代表观察者甲、乙记录目标行为发生的一致性次数；

N 代表观察者甲、乙记录目标行为未发生的一致性次数；

T 指事先设定的观察小时段数。

以上算式能客观地反映出不同观察者记录结果的一致性水平和信度的高低，是较为合理的行为观察记录信度的检验方法。

五、绘制行为图表

在行为干预技术中用来记录目标行为的基本工具就是图。目标行为的发生情况被记录下来以后就被转移到图上，图是行为发生情况最直接的视觉呈现。图使得行为水平在治疗前、治疗期间和治疗后形象地展现出来，更容易进行比较。

（一）图的组成部分

行为干预技术图的绘制有时间和行为两个变量。图上的每一个数据点都提供两条

信息：行为是何时被记录下来的以及该时间点的行为水平。以下逐一说明。

一张完整的图具有六个组成部分。

1. X 轴和 Y 轴

横轴（X 轴）和纵轴（Y 轴）在轴线的左下角相交。大多数图中，X 轴要比 Y 轴长（图 2-1-2）。

2. X 轴和 Y 轴的意义

X 轴是记录过程中的时间单位，Y 轴记录行为和行为的尺度。在图 2-1-3 中，X 轴代表的是时间“天数”，Y 轴代表的是“学习小时数”。了解了这两项信息，我们就可以了解此图记录的是个案每天的学习小时数。

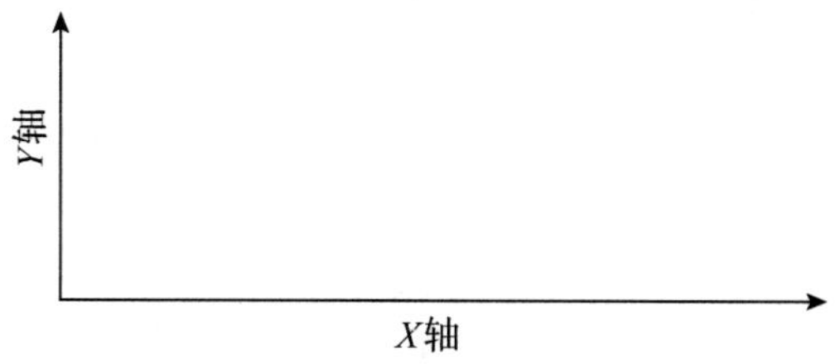

图 2-1-2

图 2-1-3

3. X 轴和 Y 轴上的数字

图 2-1-4 中，X 轴上的数字表示对学习行为进行测量的天数，而 Y 轴上的数字表示学习行为发生的小时数。

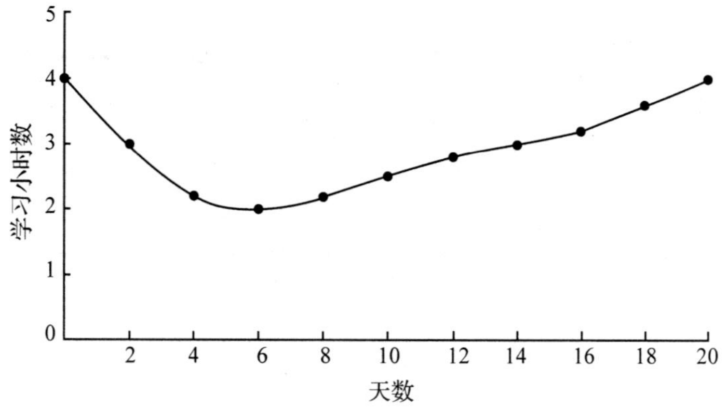

图 2-1-4

4. 数据点

数据必须被正确地描绘在图中，以显示每个具体时间阶段中发生的行为水平。有

关行为水平的信息来自行为记录工具。每个数据点都用一条线与邻近的数据点相连(图 2-1-5)，可显示行为矫正的水平状况。

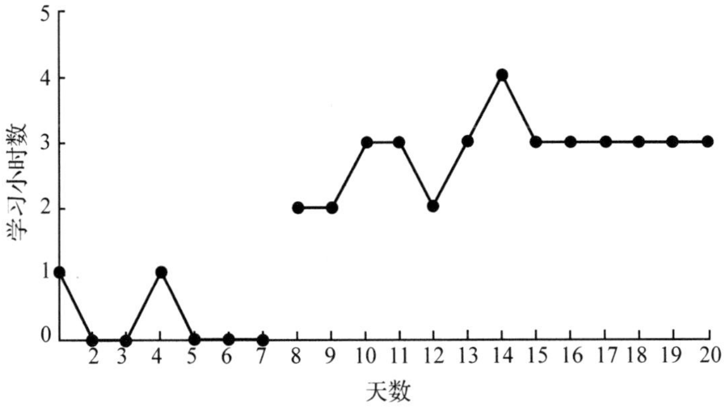

图 2-1-5

5. 阶段线

阶段是指实施同一种矫正或不实施矫正的时间段。阶段线是表示矫正中行为变化的一条曲线。这种变化可以是矫正前后或矫正阶段中的任何一个过程。在图 2-1-6 中，阶段线将基线期(非矫正阶段)与矫正阶段区别开来，这就使我们能够更容易地看到不同阶段中行为水平的差异。

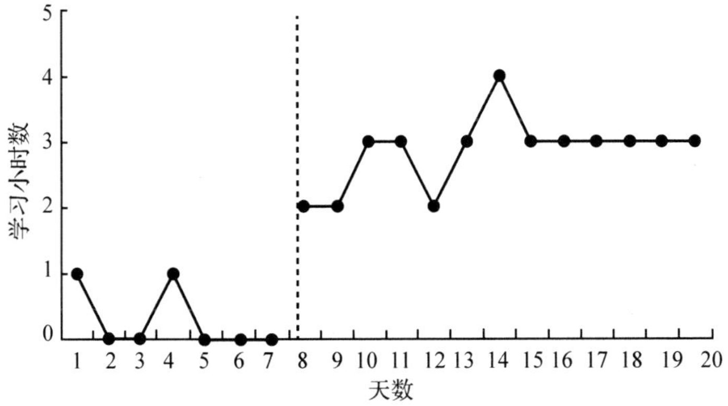

图 2-1-6

6. 阶段名称

图 2-1-7 上方标识的是两个阶段的名称。大多数图都至少有两个阶段：非矫正阶段和矫正阶段。图 2-1-7 上方的“行为契约”是指对个案使用的促进学习的具体矫正方法。非矫正阶段或矫正阶段都有可能不止一个。

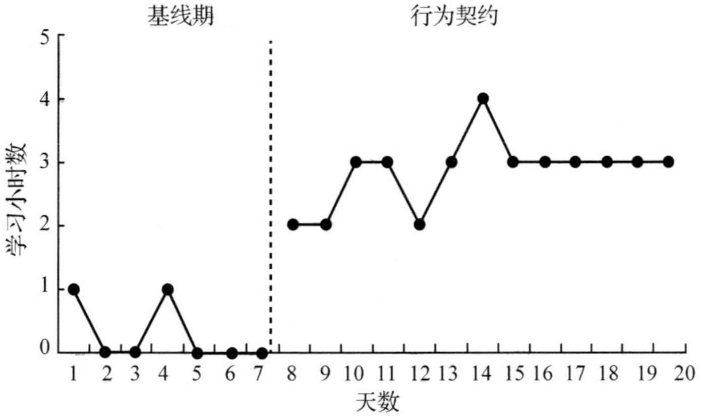

图 2-1-7

（二）依据数据绘图

行为数据是通过对行为的直接观察，采用数据表或其他工具记录的。它可以被量化成图表。例如，表 2-1-14 是一张为期两周的行为记录频率数据表，图 2-1-8 是根据这张数据表绘制的图。

图的 X 轴与 Y 轴所绘制的位置点需与数据表所代表的意义相对应，如行为频率与天数相对应的位置。判读图 2-1-8 可以立即确定矫正阶段的行为频率低于基线期的行为频率。如果只看数据表就需要仔细读数，才能辨别出两个阶段中行为的差异。

表 2-1-14　频率数据表

天数	1	2	3	4	5	6	7	8	9	10	11	12	总次数
1	√	√	√	√	√	√	√	√					8
2	√	√	√	√	√	√	√	√					8
3	√	√	√	√	√	√	√						7
4	√	√	√	√	√	√	√						7
5	√	√	√	√	√	√	√	√	√				9
6	√	√	√	√	√	√	√						7
7	√	√	√	√	√								5
8	√	√	√	√	√								5
9	√	√	√	√									4
10	√	√	√	√									4
11	√	√	√										3

续表

天数	1	2	3	4	5	6	7	8	9	10	11	12	总次数
12	√	√	√										3
13	√	√											2
14	√	√											2

注：第 6 天是基线期的最后 1 天，第 7 天是矫正阶段的第 1 天。

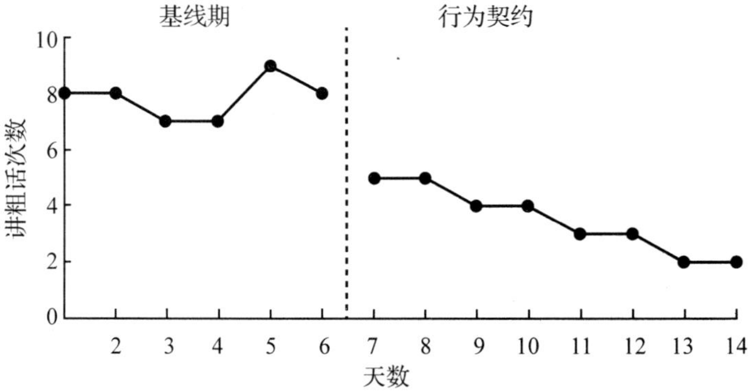

图 2-1-8　频率图

表 2-1-15 是每天的锻炼时间记录表，表 2-1-16 是依据表 2-1-15 进行的总结。图 2-1-9 的基线期为第 1～7 天，从第 8 天开始是矫正阶段。该图尚未完成，请同学们完成剩余的部分。

表 2-1-15　锻炼时间记录表

天数	开始	结束	开始	结束	开始	结束	总分钟数
1							0
2	7：00	7：15					15
3							0
4							0
5	7：10	7：25					15
6							0
7							0
8	7：00	7：15					15
9	7：30	8：00					30

续表

天数	开始	结束	开始	结束	开始	结束	总分钟数
10	7：30	8：00					30
11	6：30	6：45					15
12	6：45	7：15					30
13							0
14	7：00	7：30					30
15	6：30	6：45	7：00	7：30			45
16	6：45	7：15					30
17	6：30	7：15					45
18	7：00	7：30	7：45	8：00			45
19							0
20	6：45	7：15	7：30	8：00			60

注：基线期在第 7 天结束，从第 8 天起个案开始了行为契约中的矫正。

表 2-1-16　锻炼时间总结表

天数	1	2	3	4	5	6	7	8	9	10	11	12	13	14	15	16	17	18	19	20
持续时间（分钟）	0	15	0	0	15	0	0	15	30	30	15	30	0	30	45	30	45	45	0	60

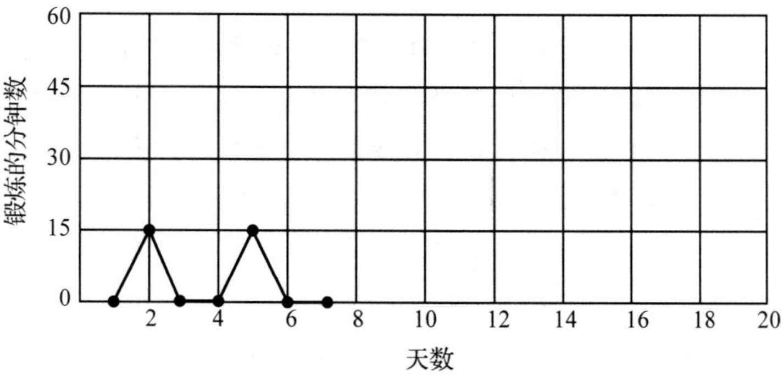

图 2-1-9　锻炼时间记录图

| 拓展阅读 |

行为评估的方法

行为评估的方法分直接评估与间接评估。直接评估有观察法和标准化测验；间接评估有访谈法、问卷调查和使用检核表。直接评估所获得的信息较为客观，能反映个案行为的真实情况；间接评估常会受到参与者主观意识的影响，所获得的信息往往经过了参与者个人的解释和加工。因此，评估时建议以直接评估为主，以间接评估为辅。

一、直接评估

(一)观察法

任务二重点介绍了观察法，此处不赘述。

(二)标准化测验

标准化测验是所有评估方法中信效度较高的，它通过专家学者以科学的方式建立常模、反复验证，常用于智力、认知能力或学业成就的评估，其主要判断依据是同龄人的常模，能为解释个案问题行为的发生原因提供参考。例如智力水平80的儿童上课无法专心听讲，常借机捉弄同学，考试成绩不及格，因此在判断问题行为的原因时，可以解释为智力低下。但智力测验这类标准化测验的结果很难与行为本身相关联，仅能作为客观分析的辅助工具。

二、间接评估

(一)访谈法

访谈法可以视为对观察法的验证。将观察结果直接或间接地与访谈结果做比对，某些内容可能会被证实或否定。访谈的对象可以是个案本人或其父母、师长、其他重要他人等。访谈前应列出访谈内容，若访谈对象为父母、教师则可以进一步了解他们曾经采取的矫正方式及效果如何等，这些信息有助于对问题行为进行分析和判断。

(二)问卷调查

问卷有自拟问卷及检核问卷两种。前者是干预者为对个案行为进行深入了解而拟订的，当检核问卷满足不了要求时就可自行设计问卷。前者较有针对性，方便使用者从问卷中得到答案，而后者无法覆盖所有个案状况，但其较为规范。

（三）使用检核表

检核表相对于标准化评估工具在使用上较为容易，一般采用 3 级至 5 级选项，由个案父母或教师来回答，能够快速了解个案行为发生的频率、强度、持续时间等。我国常用的检核表有阿肯巴克儿童行为量表、康奈氏儿童行为量表、拉特儿童行为问卷等。

▶任务三 干预研究设计

倒返实验设计　多重基线实验设计　逐变标准设计

任务情境

案例：卡卡的攻击行为

卡卡是一名 4 岁的发展性障碍儿童，具有一些攻击行为，如踩同学的脚、踢人。在基线期对卡卡的目标行为进行观察并通过功能分析得出结论：他想要某种物品而得不到时，就会发生攻击行为。

任务：依据案例进行适当的干预研究设计，并说明理由。

任务描述

开展行为干预包括三个方面，即观察、测量和评估个体当前可观察到的行为模式，这三个方面的内容实际上也回答了应该如何开展行为干预这一问题。接下来，我们一起来学习行为干预的实验设计方法，以及在这个过程中应当注意的问题。

一、行为干预的三个阶段

在临床实践中，行为干预通常需要经过三个阶段：一是行为评估阶段，在这个阶段干预者需要对矫正的问题行为进行仔细的评估；二是制订行为干预计划阶段，在这个阶段干预者根据评估阶段所获得的与行为有关的信息制订适当的行为干预计划；三是行为干预实施阶段，在这个阶段干预者根据所制订的计划实施行为干预。

（一）基线期

在实施干预措施之前，先对目标行为进行一段时间的观测，掌握目标行为的发生

状况，这一阶段被称为基线期，实验设计中通常用 A 表示。在此期间所测量的目标行为表现称为基线数据(简称行为的基数)。建立基线期的主要目的有三个：一是将实施干预措施前个案的行为表现作为基础，以便与实施干预措施后的行为表现相比较，确定二者间是否存在关系，这是建立基线期最首要的目的。二是对目标行为进行客观、全面的观察与描述。这样做不仅可以系统地了解行为本身的发生状况，还能够掌握行为发生的背景因素、行为发生前的环境事件以及行为发生后的结果，有助于分析行为，以便制定有针对性的干预措施。三是在逐变标准设计中，基线数据可以为设定初始所要强化的行为标准提供参考，具体参见本任务后面逐变标准设计的内容。

关于基线期要持续多久目前并没有一个一致的结论。实际上，基线期没有一个固定的时间期限。从理论上讲，较多的测量总是要比较少的测量所得的数据更为可靠，但是实际操作起来，不能一直持续对基线的测量，毕竟基线期只是实验的开始，最终要对行为采取干预措施。而且基线期最为重要的目的是了解行为的发生状况，过多的测量会导致浪费时间，所以基线期的测量到行为达到稳定的状态即可。但是在实践中，基线期最少包括三次观察以获得三个数据点。

行为的稳定状态是指在一段时间内所测量的行为的值呈现极小的变化，这被认为是行为的稳定状态，可以从水平稳定和趋势稳定两个方面衡量，即行为经过一系列观测呈现出持续一致的水平或趋势。如果目标行为是要建立的新行为，在基线期目标行为是不可能出现的，所以无论基线期设定为多长时间，都是在反复测量一个不存在的行为，基数为零。显然，没有必要重复测量不存在的行为。另外，对于一些行为，反复测量还可能产生练习效应。例如，反复测量个体穿衣服的行为基数，会让个体对穿衣服产生练习效应，如此便不能够代表基线期行为的真实表现。

（二）处理期

处理期也称为干预期，是指根据所收集的行为的基线数据，采取有效的措施对目标行为进行干预的阶段，实验设计中通常用 B 表示。行为表现稳定在比较差的情况下，此时便是介入干预措施的时期。行为在基线期如果表现得不稳定，并且行为表现的数值并没有落在较小或较大的范围内，那么就难以预测和推断目标行为变化的趋势。在这种情况下，我们应该暂缓引入实验处理。因为行为在此期间受到环境等因素的影响，所以一定要先移除或控制这些影响因素。越早控制无关因素，行为表现就越有可能趋向于稳定，而后才能进入干预期。

干预者在行为表现平稳前引入干预措施会产生混乱。倘若行为发生改变，将难以判断这是由引入的干预措施导致的，还是由那些没有被移除和控制的无关因素引起的。倘若行为没有发生改变，将难以确定这是因为干预措施没有效果还是受到了其他因素

的影响。因此，在行为表现趋于平稳时引入干预措施是最佳时机。然而，在实践中，有些问题行为较为严重，从而无法等到行为表现趋于平稳时才引入干预措施。对这些行为的干预具有迫切性，如攻击行为、自伤行为等会给他人或自己带来危险的行为。在这种情况下，应该先引入干预措施，以观察和测量行为是否能向好的方向发展。有时干预过程中会出现现实中难以控制的环境因素，例如在课堂环境中，同伴的关注就是较难撤除的环境因素，尤其在特殊学校的课堂中，同伴可能是各种障碍类型的儿童。面对这种困境时，干预者可以变换实验情境，或者变换实验设计，如采用交替处理设计，或者将环境因素一起纳入实验处理加以分析。

干预期的持续时间需要综合考虑行为的基线数据、个案的具体情况等。在此期间，要一直持续对行为进行观察和测量，如果行为朝着好的方向变化，那么可以继续当前的干预。如果目标行为没有随着干预措施的引入而发生变化或是朝着不好的方向改变，又或者是时好时坏，就需要考虑行为是否受到无关因素的干扰。如果干预措施无效，应该停止干预，并分析无效的原因，根据具体情况控制无关变量或调整干预策略。因此，为了尽量避免干预期发生此类情况，基线期的观察和测量就显得尤为重要。

（三）追踪期

在干预措施停止实施后，仍然要对行为进行一段时间的观察和测量，了解目标行为在移除干预措施进入非实验的环境(自然情境)后是否能够保持干预效果，这一时期称为追踪期。追踪期发生在干预期结束后。追踪期可持续1～2周的时间，有些甚至长达1～2年。在追踪期，如果行为在自然情境中能够长期保持干预效果，就可以结束实验了。如果在追踪期，目标行为又回到基线期的状态，应该考虑再次引入实验处理，直到干预效果能够在自然情境中保持为止，稳定而持久的积极变化才是真正有实际价值的。

二、实验设计方法及注意事项

（一）倒返设计（反向设计）

1. 倒返设计的基本类型

倒返设计也称A-B-A-B设计或还原—复制设计。它是应用行为分析法实验设计中最基本、最常用的设计模式。基本类型如下。

(1)A-B设计

A-B设计，是单一个案实验设计中最简单、最基本的设计模式，只有基线期(A)和干预期(B)。由于A-B设计模式容易操作，可以在较短的时间内检验某项干预措施的有效性，所以该模式在实践中很受教师和家长欢迎。A-B设计适用于有明确的时间

限制，或者仅需要了解实施干预措施前后目标行为之间的比较，而无须查明原因的行为干预。

与 A 设计、B 设计只收集一个阶段目标行为的数据，没有可以纵向比较的其他资料相比，A-B 设计改进了二者的不足，可以对实施干预措施前后的数据进行纵向比较，其所得结论也较二者更为可靠。

A-B 设计的基本假设是，如果没有实施干预措施，基线期所观察的目标行为不会发生变化，也就是说，如果可以行为发生改变，那就是由实验处理(干预措施)引起的。这个假设有其不合理性，因为在 A-B 设计中，目标行为可能会受到很多其他因素的影响。例如，A-B 设计将时间作为一个变量进行纵向研究，所以个案的自然成熟是否会影响行为发生改变是需要考虑的一个影响因素。除此之外，行为还可能会受到其他因素的干扰，例如经验、临时事件等，这些问题都是难以控制和预测的。总之，A-B 设计的缺点在于无法有效排除无关变量的干扰，从而无法确定行为的改变是由干预措施引起的，所以从严格意义上说，A-B 设计并不是真正的实验设计。

此外，实践中常用的设计模式还有一些变式。例如 B-A 设计，干预期在前，基线期在后；B_1-B_2 设计，没有基线期，只有干预期，将干预期分为干预初期(B_1)和干预后期(B_2)两个阶段，便于比较干预初期和干预后期两个阶段的行为表现，以评价干预效果。

(2)A-B-A-B 设计

A-B-A-B 设计是倒返设计的经典模式，在 A-B-A 设计之后再次引入实验处理，进入第二个干预期。此设计共包括四个阶段，其模式为：基线期 1—干预期 1—基线期 2—干预期 2，即 A_1-B_1-A_2-B_2 设计。相继观察和测量目标行为在基线期、引入干预措施阶段、撤除干预措施阶段(或者是返回到原来的条件)以及再次引入干预措施阶段的变化情况。如果第一次引入干预措施后，目标行为表现与基线期 1 相比发生反方向变化，而在撤除干预措施后进入第二个基线期时与在基线期 1 所测得的目标行为表现大致接近。再一次引入干预措施后，目标行为又发生反方向变化，并且与干预期 2 的表现相近，则说明行为的改变是由干预措施引起的。

在第二个基本期之后在 B_2 阶段引入干预措施有两方面原因：第一，加强结论的可靠性。A-B-A 设计只是对基线期进行重复，并没有重复干预期，如果能复制干预期，且两次处理获得相同的效果，能够使结论更为可靠。第二，进行单一个案实验设计的目的不仅仅是证明干预措施是否有效，更为重要的目的是改变个体的问题行为，因此要再一次引入干预措施，使实验停止于干预期而非基线期，这比 A-B-A 设计停止在基线期更符合实际生活。

2. 倒返设计的注意事项

如果目标行为是危险的，那么撤除干预措施回到第二个基线期是不道德的。例如儿童的自伤行为经干预后减少，此时撤除干预措施，使其自伤行为回到干预前的水平，从伦理或教育角度来看是绝对不容许的。在实际应用中，通过干预使个体的不良行为发生改变后，如果倒返设计使已改善的行为重新回到原来的水平，是违反教育期望的。所以应用倒返设计时，必须谨慎考虑目标行为的性质，而后再决定倒返设计是否合适。在对行为实施干预措施后，是否能真正地撤除干预措施，使行为回到原来的水平，这一点受到质疑。例如，采用录像示范法结合强化法增加个体使用礼貌用语的行为(包括问好、对不起、谢谢等)后，学习过程和结果已经发生了，就无法撤除已经学习到的行为使其回到干预前的水平。因为经过干预后，即便撤除干预措施，行为表现也不会完全回到干预前的基线水平了。因此，一些不可逆的行为不宜使用倒返设计，可以考虑应用多重基线设计。

3. 倒返设计案例

卡卡是一名 4 岁的发展性障碍儿童，具有一些攻击行为，如踩同学的脚、踢人。由于个案的问题行为具有沟通功能，故而选择功能性沟通训练作为干预措施。研究设计为 A-B-A-B-A-B-A-B 多次倒返模式，其中 A 为基线阶段，B 为功能性沟通训练阶段。结果显示，功能性沟通训练有效地减少了卡卡的攻击行为。如图 2-1-10 所示，在 A_1 阶段，攻击行为平均发生 4 次；第一次引入功能性沟通训练后，行为有效减少；撤除干预措施后，攻击行为增加；第二次引入干预措施后，行为显著减少；再一次撤除干预措施，攻击行为再次增加；从第三次引入干预措施开始直至研究结束，卡卡的攻击行为已经消除。多次倒返更加证明了应用功能性沟通训练对个案的攻击行为的干预有效。

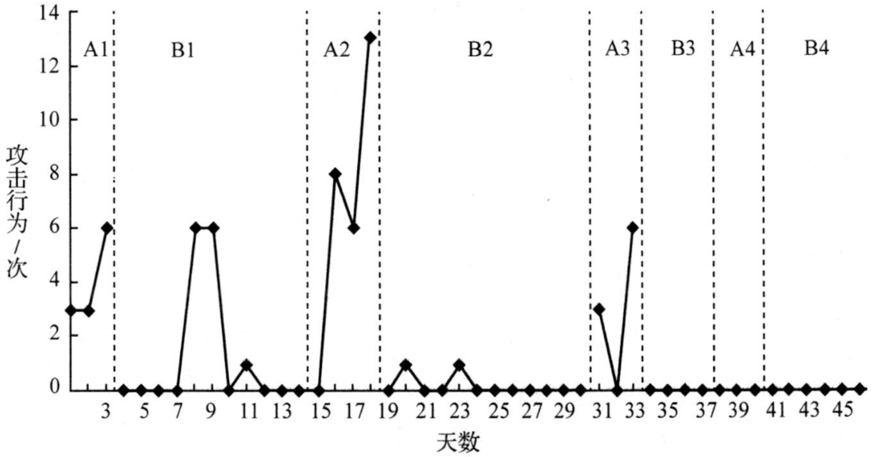

图 2-1-10　倒返设计案例

（二）多重基线设计

所谓多重基线设计，是指在同一行为干预方案中，必须同时建立和测量两项或两项以上的行为基线。这些行为基线可以针对不同的患者，也可以针对不同的目标行为，或者针对不同的实验条件。由于针对性的不同，故多重基线设计可依此分为跨个案多基线设计、跨行为多基线设计和跨情境多基线设计三种不同的实验设计模式。

1. 多重基线设计的类型

(1)跨个案多基线设计

当多个个体在相同的情境下存在相同的问题行为，或者有共同的良好行为需要培养时，为了提高效率，可以将这些个体同时作为研究对象，采取相同的干预措施，以观察和测量他们的行为变化，这种设计模式即为跨个案多基线设计(multiple baseline across subjects design)。跨个案多基线设计是多重基线设计三种模式在特殊教育实践中应用最广泛的一种，因为教师通常要面对多个不同的儿童需要学习相同的技能(如生活自理能力等)，或者需要减少相同的问题行为(如扰乱课堂行为、不顺从行为等)的状况。例如，在同一间教室里针对 2 名孤独症儿童的随意离座行为进行干预。

跨个案多基线设计中的每一个个案都要经历基线期和干预期，但是每个个案基线期的长度不同。在基线期，目标行为达到稳定状态后，第一步先将干预期引入基线期最先达到稳定状态的个案，这里假设个案 1 的行为表现最先达到稳定状态。将实验处理引入个案 1，此时个案 1 进入干预期，其他个案仍然处于基线期。第二步，当个案 1 的行为在其干预期内发生反方向改变并且达到稳定状态后，再将干预措施应用于个案 2(这里假设个案 2 是余下几个个案中表现最为稳定的)。此时，个案 1 仍然处于干预期，个案 2 开始进入干预期，其他个案仍处于基线期。直到个案 2 的行为变化稳定后，再将干预措施应用于个案 3，依此类推。直到每个个案的行为都发生显著变化并且趋于稳定，才结束实验。

如果在介入干预措施后，个案 1 的目标行为发生改变，而其他个案在没有接受干预时，目标行为没有发生改变，则说明干预措施有效。如果在介入干预措施后，其他个案与个案 1 的行为改变方向一致，则说明复制了个案 1 的干预效果，更加证明了干预措施有效。

(2)跨行为多基线设计

当同一个个体在同一情境下有多种问题行为时，同时对个体的不同行为进行干预，以期行为向好的方向变化，这种设计模式为跨行为多基线设计(multiple baseline across behaviors design)。例如，在学校情境中，同时对一名孤独症儿童的拍打桌子、逃离教室、破坏物品行为进行干预。在跨行为多基线设计中，每一个行为都有一个基

线期和一个干预期，但是每一个目标行为基线期的长度不一致。首先，在基线期观察和测量所有行为，直到行为到达平稳状态(以行为 1 为例)，此时将干预措施应用于行为 1，即行为 1 进入干预期，而行为 2、行为 3 仍处于基线期。当行为 1 的变化稳定后，行为 2 进入干预期，此时行为 3 处于基线期，依此类推。对各个目标行为开始实施干预措施的时间是错开的。三个目标行为在时间上依次进入干预期，其处于基线期的时间是依次延长的。

需要注意的是，每一个目标行为都是独立的，介入实验处理时，应使用时间延迟技术，按照基线期的稳定情况依次介入。从理论上讲，只有进入干预期的行为才开始改变，没有被干预的其他目标行为不应该发生改变。如果在对第一个目标行为进行干预时，其他的目标行为在尚未被干预前就随着第一个行为的改变而改变，就应该暂时停止实验，然后查明出现此种情况的原因，控制无关变量，改善实验设计。如果在实施相应的干预措施后，某一个目标行为并未发生变化，那么证明该措施对个体的这个目标行为无效，应另寻其他的有效措施。

(3)跨情境多基线设计

跨情境多基线设计(multiple baseline across settings design)是指在不同的情境下，观察和测量同一个体某项特定行为的变化情况的设计模式。例如，在感觉统合课、自由活动、数学课这三种不同的情境下，对一名智力障碍儿童的自伤行为进行干预。当目标行为在基线期表现稳定时，将干预措施应用于一个情境，其他情境仍然维持基线状态；当行为变化已趋于稳定，在第二个情境中引入干预措施，依此类推。不同的情境可以是时间上的安排，如一天中不同的时段；可以是不同的教学活动安排，如个别教学、小组教学、集体教学、活动教学等；可以是不同的物理环境，如集体教室、康复室、个训室、操场等；可以是行为发生后不同的结果，如注意、要求、无注意等；还可以是与参与人员相关的情境，例如，在同一个训练室，以他人的出现和不出现作为不同的情境因素。

2. 多重基线设计案例

采用跨情境多基线设计对一名 5 岁智力障碍儿童的不顺从行为进行干预，探讨运用功能性沟通能力训练结合社会故事教学对不顺从行为和功能性沟通行为的干预效果。研究在家中进行，设置三个活动情境，分别是吃饭、穿鞋、上厕所，每个活动情境都有基线期和干预期。在基线期，观测不顺从行为和功能性沟通行为，当行为表现稳定后，依次在上述三个情境中引入功能性沟通训练结合社会故事教学。在基线期，第一步，在吃饭情境下，研究者通过社会故事教儿童学会表达“我完成了”或者“请帮我一下”，而后对他提出吃饭的要求。如果他能吃完 10 勺指定食物并且说“我吃完了”，那

么就可以让他离开座位并且给予他关注和奖励。如果在此期间发生问题行为，则忽略问题行为，并且辅助他继续吃饭。在此期间，穿鞋和上厕所的情境仍然处于基线阶段。第二步，当问题行为在吃饭情境中变化稳定后，将干预措施引入穿鞋的情境，具体处理措施同第一步。此时，吃饭情境处于干预期，上厕所的情境处于基线期。第三步，当儿童的不顺从行为在穿鞋情境中减少并表现稳定时，再将干预措施引入上厕所的情境。研究结果表明，经过干预，个案在三种情境下的不顺从行为消失，发生功能性沟通行为的频率增加。如图 2-1-11 所示。

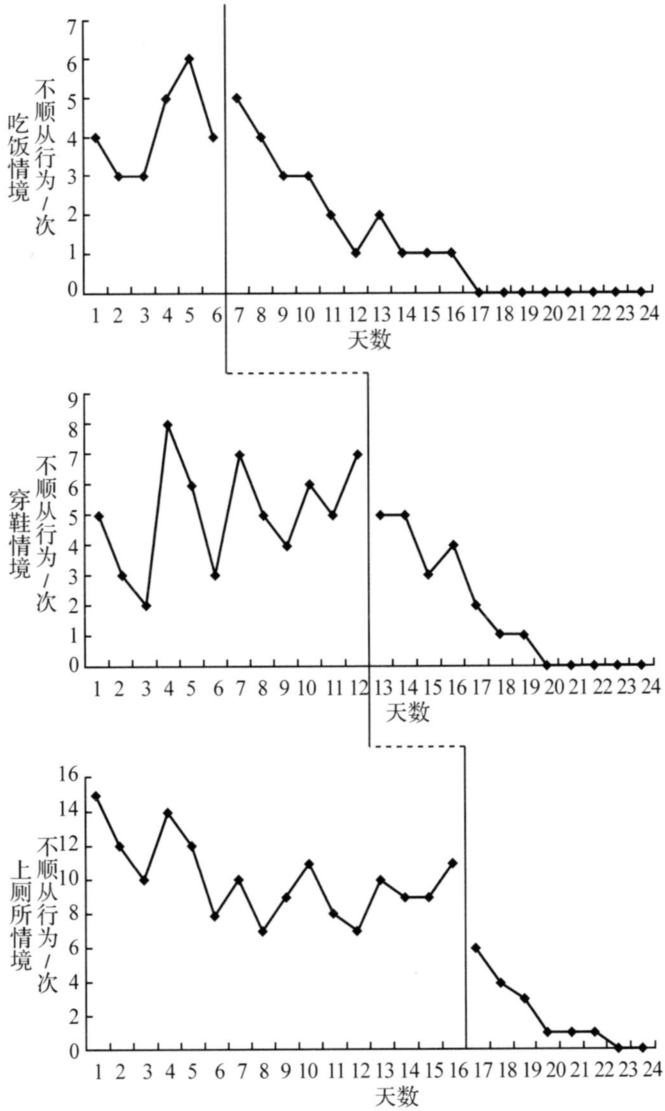

图 2-1-11　多重基线设计案例

（三）逐变标准设计

采用逐变标准设计，应先对所要研究的目标行为进行观察、记录，并建立一项总的行为基线，以评量目标行为的真实情况，然后进入实验处理阶段。在正式介入处理策略之前，需将整个处理阶段分割成若干个小阶段，并事先为每个小阶段制定行为处理的标准(小阶段的终点目标)，进而采取逐步实现小阶段终点目标的方式实施一系列的行为处理。这样，每个小阶段的成就成为下一个小阶段的基线，依序递进，最终完成总的目标。这种设计模式就是逐变标准设计。

逐变标准设计既可用于增进儿童的日常学习、生活技能性行为，也可用于特殊需要儿童的功能性康复训练，还可用于研究和处理儿童及成人的一些不良习惯，诸如儿童的吸吮手指、偏食、贪睡等以及成人的吸烟、酗酒等不良行为。此类习惯一旦养成便容易根深蒂固，绝非一朝一夕就能改正，只能根据生理上的适应原则逐步改善，方能见效。另外，这类行为方便量化，可以被分割为明显的不同档次，便于拟订明显而具体的小阶段的目标。因此，干预此类行为，最好采用逐变标准设计。

1. 逐变标准设计的实施要点

采用逐变标准设计来实施行为干预方案时，干预者应注意下列事项。

第一，对所要研究或处理的目标行为，通过观察、记录后，应建立一项总的行为基线。等基线期的行为表现相当稳定之后，才可进入实验处理阶段并介入处理策略。

第二，在正式进入实验处理阶段之前，应确定好总的终点目标，并根据总的终点目标的难易程度将整个处理阶段分成 4～8 个小阶段；同时还应紧密围绕总的终点目标，为每一个小阶段制定具体的阶段目标(小阶段的终点目标)。每个小阶段的目标宜根据儿童的能力及条件而定，最理想的是儿童略加努力即可达成。

第三，在处理过程中，只有当第一个小阶段的目标达成后，才可进行第二个小阶段的处理；当第二个小阶段的目标实现后，方可继续进行第三个小阶段的处理，以此类推。如果某一小阶段的目标一时无法达成，干预者可根据该阶段的目标尝试重复处理一次；如果延长处理一个小阶段后，仍然无法达成目标，干预者则需考虑降低目标或改变强化策略，待突破难关、解决了问题后，方可进入下一阶段。

第四，处理过程中的各个小阶段持续时间的长短不必完全一致，可视儿童的行为表现而定。但最短也要让目标行为能稳定维持在规定的标准水平上，一般不得少于 3 天或 3 个观察时段。如果在学校或家庭中实施，为了观察及处理上的方便，通常可以确定 1 周为一个小阶段。

2. 逐变标准设计的特点

逐变标准设计的优点表现在三个方面。

第一，该设计不仅可以用来增进良好行为，如提高完成作业的比例，增加专心听讲及和朋友交往的次数，增加偏食儿童的食量等，也可用于减弱不良行为，如减少酗酒、吸烟、讲脏话、乱丢衣服及书籍等行为。

第二，该设计在处理期需划分成小阶段，每个小阶段只处理一项目标行为，目的明显，操作简明。每个小阶段都有一个终点行为，其标准逐步递升，所以儿童不必一开始就承受着很大压力，只要乐于尝试，成功的可能性就大。

第三，该设计不必还原到基线期就能控制有关变量，且适用于塑造行为方案的成效评估。

然而，逐变标准设计也有局限性，主要体现为两点。

一是该设计必须小步骤地递升各阶段的标准，因而达成终点目标所花的时间较长，对一些争取短期时效的个案就不太适用。

二是认定各小阶段的标准达成与否，多依靠主观上的判断，因而若遇到有时达到阶段标准而有时达不到阶段标准的个案，就难以推断实验处理与终点行为之间的相互关系。况且有时在某一小阶段，目标行为，并没有按某一小阶段的标准呈现小幅度的变化，而是突然发生较大的改变，或是根本没有变化。遇到这样的情况就很难推论自变量与因变量的确切因果关系了。

3. 逐变标准设计案例

例如，以一名 6 岁孤独症儿童为个案，探讨同伴运用脚本干预结合视觉提示策略对个案社交行为的干预效果。研究采用逐变标准设计，选取三名同龄的普通儿童作为同伴，与个案一起参与活动，并进行视觉提示。研究设计了三个主题活动。在基线期和干预期，个案和同伴参与过生日和超市购物主题活动。在追踪期，个案和同伴参与去公园活动。研究持续 5 周的时间，每周 4 天，每天 40 分钟，5 分钟为一个干预的序列。首先将脚本分句写在卡片上，在基线期结束后干预期前，分别对该个案及同伴实施 20 分钟的脚本教学。干预期内，在相应的情境下，由同伴向个案呈现相应的视觉提示卡片，以引导个案运用脚本(卡片上的短语或句子)，在干预期逐渐提高标准。第一步的标准：能够在一个干预序列(5 分钟)内应用卡片上的一个相应的脚本。如果个案能够达到要求，则增加一个序列让个案应用相应的脚本。第二步的标准：从在两个序列内分别应用两张视觉提示卡片上的短语或句子开始，再增加两个序列，每个序列分别要求应用相应的脚本。第三步的标准：分别在三个独立的序列内应用每个脚本的短语，然后增加三个序列。个案连续三次达到当前的标准后，则可以进入下一步。经过 5 周的实验，个案在脚本使用率上有了较明显的提升，并且在追踪期较好地维持了积极的干预效果。图 2-1-12 显示了干预的结果。

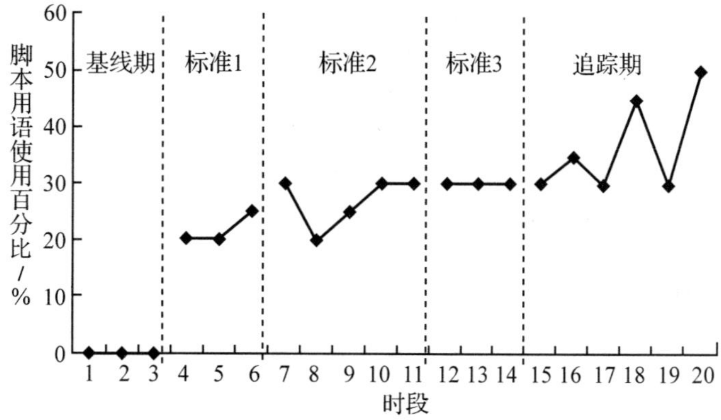

图 2-1-12　逐变标准设计案例

| 拓展阅读 |

实验设计应用

请你根据下述内容采用交替实验设计进行评估行为、制订矫正计划以及实施行为矫正三个阶段的工作。

比较手语和图片交换系统这两种不同的干预方式对两名孤独症儿童要他们所喜欢的物体这一行为的干预有效性。在基线期，给孩子 10～20 秒的时间接触他们所喜欢的物体，然后快速地拿开，并让孩子拿不到，再将物体的图片放在孩子面前。如果孩子能够在 10 秒之内将物体的图片放入干预者的手中，或者用手语比画出物体的名字以及说出物体的名字，就让其接触他们所喜欢的物体。如果不能，那么就拿开这个物体，继续呈现下一个物体。经过三次测定，了解了孩子手语、图片以及口语的掌握水平之后，开始进入快速交替的干预阶段。在干预阶段，交替地进行使用手语以及图片交换系统的训练。每一次训练、每一项喜欢的东西的训练要进行 5～7 次，直到孩子没有兴趣，或所有 10 个或者 12 个他们喜欢的东西全部呈现完毕为止。在实验的最后阶段，每一个孩子都仅仅只接受手语或者图片交换系统的训练，这依赖于在前面的阶段中哪一种方法对孩子的表达更有促进作用。

▶任务四 形成干预方案

方案设计

任务情境

案例：孤独症儿童的自伤行为

3 岁孤独症儿童小雨有频繁撞头的自伤行为，平均每分钟撞头次数达 20 次。运用行为干预方案，使小雨在 4 周的训练期限内，将每分钟撞头的次数自 20 次降至 5 次。

任务：依据案例制作一份完整的矫正日程表。

任务描述

面对儿童的问题行为，应先进行行为评估，确定目标行为，探究该行为产生的原因，选择合适的环境进行观察记录、分析，接着实施干预方案。这一阶段的主要任务包括界定目标行为和终点行为、选择适当的强化物、选用适当的行为改变原理、确定干预设计模式、创设良好的训练环境和安排日程表。

一、界定目标行为和终点行为

目标行为的界定会影响对目标行为的观测，乃至行为基线的建立以及行为改变策略的选择，所以目标行为要准确、客观、有针对性，这样才能提高行为干预的可操作性，有效保障行为干预的顺利实施。终点行为是行为干预的风向标，是矫正对象在行为干预后所期望建立的新行为。这两种行为正是行为干预的一头一尾。从头开始采用科学的干预技术正确而高效地到达终点，是行为干预的关键。

二、选择适当的强化物

每个人都有自己的喜好，那些能够满足个体需要、使个体产生愉快情绪的刺激物能增加行为的发生频率。在行为干预过程中，选择适当的强化物能增强行为干预技术的应用效果，保证行为干预获得成功。

强化物既要有强化价值，又要经济、适用，而且要便于操作。强化物通常有以下三类。

原级强化物，也称无条件强化物或非习得性强化物。这类强化物都是与个体生理

需要直接或间接相关的，如食物性强化物，有糖果、果汁、巧克力、葡萄干、饼干、面包片等；又如操作性强化物，有蜡笔、小木偶、故事书、画册、贴画、积木、洋娃娃等；再如活动性强化物，有划船、郊游、儿童乐园玩耍等；还有持有性强化物，如指甲刀、小梳子、胸花、手套、帽子、围巾等。

次级强化物，又称条件强化物或习得性强化物。这类强化物可能原来并不具备强化功能，但当这类强化物与原级强化物一起使用并发生关联，它们就具备了强化功能，如教师常用的分数、奖状、奖杯、奖牌、奖章、证书或锦旗等。行为干预过程中常用的代币、积分、筹码、红五星、小红花或其他符号性物品，都属此类强化物。

社会性强化物，是在人际关系中表示关怀、赞美、肯定的动作、语言及表情，如注视、微笑、拥抱、拍肩膀、摸头，或者口头的、文字的赞许、表扬、感谢等。

三、选择适当的行为干预原理

行为干预技术的原理源自心理学家华生，斯金纳则奠定了发展基础，而洛瓦斯成功地将应用行为分析用于对孤独症儿童的干预，使得应用行为分析的发展达到了鼎盛。1974 年，行为分析从传统的心理学中分离出来，之后迅速发展，并应用于特殊需要儿童的行为干预。本书模块二“方法与技术”共介绍了十几种常用的行为干预原理，有正强化、负强化、差别强化、惩罚、消退、塑造、渐隐、链锁、泛化、代币、自我控制、刺激控制、系统脱敏、厌恶疗法和生物反馈。

依据个别化教育的理念，应针对不同儿童的不同行为选择一种最适合他们的方法进行干预。

四、确定干预设计模式

在行为干预过程中，干预者会采用实验设计模式对行为干预各个阶段的因素(变量)进行控制，避免个案的个人因素或外在环境的影响，力求干预结果的有效性及正确性。也就是说，从确认个案开始，干预者对个案的目标行为进行数据的收集和记录，将数据绘制成曲线图，再判读曲线图所显示的行为变化的情况，来说明个案行为的改变是由于制订了正确的干预方案。常用的设计模式有倒返设计、多重基线设计和逐变标准设计。

五、创设良好的训练环境

行为心理学向来强调环境对行为的影响，重视二者相互作用的结果。此处的环境包含内在环境及外在环境，其中，内在环境是指个案的个人条件(如年龄、健康、生理与心

理特点等)，外在环境是指个体的生活环境、家庭环境等。20 世纪 70 年代后，生态系统论的提出开始影响行为干预对环境要素的评估。生态系统应当被重新审视并控制，帮助个案改善行为。因此，创设一个良好的训练环境，不仅能够提供足够的有效刺激，有利于促进终点行为尽快出现，而且还能排除不利于出现终点行为的额外刺激和干扰。

六、安排日程表

在确认矫正对象后，越快进入干预程序越好，这样能够尽快协助个案及其家庭摆脱或减轻行为对他们的学习及生活造成的困扰。对干预者而言，合理而周到地安排日程表能进一步明确方案中各个阶段的目标和任务，能有条不紊地严格按照日程表执行各项程序，避免工作上的疏漏，以提高工作质量和工作效率。

一般而言，实施行为干预要经历三个基本阶段：①基线期，重点在于确定问题行为的严重程度，建立行为基线，约需 1 周；②处理期，这是执行方案的核心阶段，重点是根据确定的实验设计模式，运用适当的行为处理策略(包含行为干预原理和强化方式)来处理目标行为，最后达成终点行为，一般持续 2～4 周不等，也许更长；③追踪期，重点是巩固处理期所取得的成果，需要 1 年左右。一份完整的实施方案的日程表，应包含三个基本阶段的全部日程安排。

| 拓展阅读 |

关于幼儿进食问题的行为干预方案设计

一、案例介绍

幼儿小红早上吃饭太慢，起码要 1 小时，导致家长经常上班迟到。家长对此感到非常苦恼。根据上述情况，尝试用行为干预技术对小红的不良行为进行矫正。

二、设计方案

确定终点行为：让小红改掉吃饭太慢的习惯，使她能在规定时间内吃完饭并保证去幼儿园不迟到。

选择强化物：根据小红的喜好选择她喜欢的东西作为强化物(这里选择各种卡通贴纸)。

过程与方法：家长要与小红一起设计方案，并告诉小红这个方案的目的与方法，让她认识到早上吃饭太慢所造成的影响——自己上幼儿园迟到，爸爸妈妈因为上班迟到而被扣工资。

在不影响去幼儿园的时间的情况下，一开始时间不要定得太短，可以定为50分钟。吃饭时可以在小红的面前放一个闹钟，并告诉小红早上吃饭必须在规定的时间内吃完。如果在这一时间内小红能够把饭吃完，就立即奖励她1张贴纸，并给予语言夸奖："你真棒!"在孩子吃饭的时候，家长注意不能在旁边催孩子，不能给孩子压力。

持续几天后，可以适当缩短时间，将时间定为40分钟，告诉小红如果她能在40分钟内吃完饭就奖励她两张贴纸。如果小红在规定时间内吃完，除了立即给予贴纸外，同样也要给予语言夸奖："你真厉害！这么快就吃完了!"

如果持续几天后小红都能在规定时间内吃完饭，就可以继续缩短时间，将时间定在30分钟。这次告诉小红如果她能在规定的时间内吃完饭就奖励她4张贴纸。

继续增加难度将时间定在20分钟，告诉小红如果在这一时间内她能够把饭吃完就奖励她8张贴纸。

逐步撤销强化物贴纸，代之以语言鼓励，同时告诉小红如果她能在20分钟内吃完饭，就可以用她之前得到的贴纸换取自己想要的东西，比如她想要的玩具、故事书等。

在实施的过程中，如果连续几天小红都没有在规定的时间内吃完饭，可以扣除她得到的贴纸作为惩罚，扣除的贴纸数目可以按照比例增加。

▶任务五 干预实施的过程

方案实施

| 任务情境 |

案例：曦曦，用动作表达需求

曦曦是一个3岁的小男孩，被诊断为运动性语言发展落后。干预前，他的基本状况为：舌部的灵活度不够，不能够随意地用舌头舔上下唇；唇部控制力较弱，偶尔会流涎；有一定的认知能力，能提少许很简单的要求，但提大部分要求时都以叠音为主，如"鸭鸭""水水""饼饼"等并配合一些手势，而且大部分的发音不清晰。他的妈妈反映在家他也多用动作来表达自己的需求，使用口语的频率很低。在幼儿园里，老师也发现曦曦不管是在课上还是在课间，需要喝水或上厕所时通常都是自己去，不会像其他小朋友一样主动向老师表达自己的这些需求。

任务：依据个案状况，协助曦曦主动向老师表达自己的需求。

| 任务描述 |

制订好行为干预方案后，就可以进入实施阶段，以下是几项重点工作。

一、准备

行为矫正的对象如果是儿童，基于隐私保护和专业伦理，应先征得个案及其父母或监护人的同意，才能对其进行观察和记录。给予他们明确且具体的终点行为标准和努力方向，同时对工作重点和要求进行一并说明，请家长或监护人充分配合。如果是在学校，应确保所有相关的教师和工作人员都清楚个案是谁、目标行为和终点行为是什么、怎样配合等。

二、订立契约书

为了避免相关法律纠纷，明确双方权利责任，使干预方案收到最大效益，双方最好通过律师订立一份科学、合法、公平、明确的契约书。如果双方都同意契约书的内容，就应该遵守契约条件，履行各自的责任，这样才能达到预期的效果。

三、正确使用强化物

强化物选择得当，对干预方案的实施能发挥最大的作用。反之，强化的选择或使用不当，则可能适得其反。因此，正确使用强化物有以下几点注意事项。

（一）正强化物的使用须及时

正强化物强化的是个案通过学习而获得的好的态度、习惯或技能，因此只能在所期望的行为出现时方能给予。当所期望的良好行为出现时，就要立即给予强化物，因为强化物呈现的时间越晚，越不利于良好行为的培养、维持和巩固，有时还会起消退的作用，甚至使有些不相干的反应而受到不正当的强化。

（二）尽量少用正强化物

每次给予强化物的量应尽可能少，如葡萄干、巧克力球、橘子、苹果等，每次只能给一点；而对于贵重玩具，则只能允许儿童玩一小会儿(如 3～5 分钟)。赞许、表扬等社会性强化物也要适度、具体，防止言过其实，如“你的清洁工作做得真仔细”比“你好棒”具体。所谓“物以稀为贵”，给予的强化物多，不但会降低强化价值，而且也不经济。

（三）辅以社会性强化物

对儿童而言，在训练或治疗初期多半会使用实物类型的强化物，如食物、玩具等，借以强化儿童出现良好的行为。但经过一段时间的训练或治疗之后，应给予儿童更多

的爱心与关怀，辅以适当的次级强化物或社会性强化物，使儿童不依赖食物等原级强化物也能有效反应。

（四）正强化要与目标相匹配

目标应依儿童的实际情况及目标行为的特点而定，而且必须有一定的弹性，遵循先易后难、阶段性达标的原则。开始时标准可适当放低，让儿童有成功的机会；随后逐渐提高标准，儿童的行为反应达到既定的标准后，方可给予强化。

四、严格执行操作程序

行为干预方案是一套科学、严谨的操作程序，尤其是在行为处理阶段，通过操作自变量，并持续观察因变量的变化趋势和变化水平，来达到干预行为的目的。

所谓自变量就是指行为处理策略，包含强化物的选择和使用、行为干预原理的应用和其他与训练相关的辅导措施的使用。因变量指的是目标行为经处理之后，朝着终点行为方向发生的有利变化，如良好行为习惯及生活技能的养成以及认知能力的提高等。可见，严格操作行为处理策略，是实现目标的重要保证。

在有些案例中，尽管操作过程十分严谨，仍很难马上见成效。因此方案的制订要有弹性。干预者在训练过程中应随时审视、经常分析，适当调整行为处理策略、行为干预原理或实验设计模式，以实现目标。

五、科学观察和记录

观察目标行为是收集信息的第一步，在实施行为干预方案的每一个阶段都要做，并将行为记录和保存下来。行为的改变在点滴之间，只有仰赖翔实的记才能发现。资料的准确性和可靠性是目标行为是否达到、行为改变是否成功的关键。

|拓展阅读|

对学生学业行为进行自我控制能力训练的步骤

第一，确定目标行为，并对其进行清晰的界定。

第二，学生或者观察者记录行为，包括频率等，以便为找出问题提供证据。

第三，设定学业或者行为表现的目标，确定达到目标或者没有达到目标的结果分别是什么。

第四，可以教学生采取自我说话的策略对自己完成作业或者回答问题等行为进行自我指导，如学生可以问自己“我的注意力是不是在作业上”。

第五，教学生对自己的行为进行观察和记录，比如教学生问自己“我在10分钟之内完成了多少道题目，有几道题目正确”。如果是学习一篇课文，学生可以问自己“这篇文章主要讲了什么”。

第六，教学生每天进行自我评价以及如何进行自我强化。

如果学生每天能够练习这些步骤，那么学生内化每一步技能的可能性就可增加。

▶任务六 建立个人档案

建立个人档案

任务情境

案例：挑食的平平

平平9岁了，比较固执，凡事不服输。她的动手能力很强，喜欢给自己的芭比娃娃制作各种小物件——围巾及裙子等。让妈妈操心的是平平挑食严重，喜欢吃肉食和各种零食，除了茄子不吃别的蔬菜，水果吃得也很少。平平缺钙，现在才开始换牙，而且个子偏矮。通过咨询心理专家，妈妈决定应用代币制来帮助平平改变不良的饮食习惯。妈妈和平平约定：平平每天吃两种水果可以得到一个代币，每餐吃一小碗蔬菜可以得到一个代币，每餐吃一小碗海产品可以得到一个代币。得到代币之后，平平可以跟妈妈换喜欢的东西，如芭比娃娃等。一个月之后，平平的饮食行为有了较大的改观。平平平均每天能吃两种水果，每周能吃8小碗蔬菜。妈妈一直担心孩子的心情放松了许多。

任务：请你根据案例为平平建立个人档案。

任务描述

对于实施行为干预方案的人来说，随着时间、经验的积累，个案数越来越多，就容易产生疏漏、张冠李戴的情况。但本书始终强调，行为干预的过程是严谨的、科学的，任何一个疏漏或错误的操作，都有可能导致前功尽弃。而且一个个案可能同时采用很多的工具，资料的整理也考验记录者的整合能力，因此个人档案的建立和有效管理非常重要。

一、收集个人基本资料

在建立个人档案时，教师需要将个案的姓名、性别、出生日期、家庭状况、住址、特殊病史、发展状况、个人喜好等关键信息尽量记录翔实，有助于对个案的了解。样例参见表 2-1-17。

值得注意的是，行为干预档案可以置入个别化教育计划，总体原则是记录内容要全、广、细。

表 2-1-17　××个人档案记录表

姓名		出生日期		性别	□男　□女
残疾类别/级		班级		记录者	
观察时间	年　月　日—	年　月　日	环境		
目标行为					
终点行为					
记录工具					
矫正过程					
矫正效果（评估）					

二、使用观察记录表

观察记录表的使用有助于教师对学生的行为表现进行及时记录，为改善学生的问题行为提供依据。观察记录表不局限于一种形式，需要根据教师为学生制订的矫正方案采取不同的观察记录方式。同时，本项目任务二的图表都需加入个人档案。最终个人档案中的观察记录表需要呈现个人基本资料表、对学生干预前的行为记录表以及干预实施表。如果教师对学生的观察是用纸笔进行记录的，教师还需要在每个阶段的观察记录后及时将纸笔材料形成电子档，以利存储。

三、选用工具

利用文字编辑软件对个案的矫正过程进行记录，利用 Excel 对个案的实验数据进行录入与整理，力求记录结果简明扼要，在视觉上整齐清晰且便于使用。

四、善用科技产品

除了纸笔外，现今的智能手机功能强大，体积小，便于随身携带。平板电脑也是一种很好的选择，能拍照、录像甚至绘图。为了方便携带资料，还可以将资料备份在随身硬盘中，随时随地及时处理。

五、保护隐私

保护隐私和尊重肖像权是对个案及其家庭基本的尊重，应在契约中载明案例仅供学术研究用。记录过程中的影音资料在使用时需妥善处理个案的面容及任何可能透漏个案信息的线索。

最后要提醒的是，所有记录表都必须有日期的注记和记录人的签名，以示负责。行为改变研究需要数据的支持，因此做好档案管理，利于数据的搜集，能更好地为后期研究所用。

| 拓展阅读 |

个别化计划

个别化计划是为了照顾残障儿童的个别差异而提出的，是满足残障儿童特殊教育需要的一种教育管理形式。它主要包括个别化教育计划(IEP)、个别化家庭服务计划(IFSP)和个别化转衔服务计划(ITP)。

个别化教育计划是由施测人员以及按规定其他应该参加的人员在对个案进行评估的基础上形成的书面文件，并且要求考虑儿童的发展，保证儿童将从特殊教育中获益并真正享有平等的教育机会，使他们做到生活独立、经济自主，并能充分参与社会生活。制订个别化教育计划的步骤主要包括转介和评估、召开会议、审核和修订等过程。

个别化家庭服务计划是为特殊需要儿童的家庭提供早期干预服务的计划。个别化家庭服务计划在发展过程中也面临一些挑战，主要包括多元文化的冲击、对家庭的评估、基于家庭的干预服务及家庭的参与等。

个别化转衔服务计划是一个以结果为导向的服务计划，它的目标设计充分强调以学生的未来需要为基准。一份个别化转衔服务计划的制订包括准备、具体的文件化及实施三个阶段。

同学们可将行为矫正的个人档案合并到个案的个别化教育计划中。但记录表不能合并，需明确注明存储的位置。

项目总结

儿童的情绪行为问题经常困扰着家长与教师，也影响儿童自身的生活与学习。行为干预技术是目前使用较频繁、效果较佳的一种协助儿童改善不适当行为的方法。本项目从确认矫正对象，到选用适当的观察记录工具，到进行研究设计、形成干预方案，再到实施干预、建立个人档案，介绍了行为干预的一般程序。一个严谨的干预过程考验干预者的观察记录能力、将观察所得数据绘制成图表的转化能力和自身专业素养。值得注意的是，除了专业知识之外，干预者还需具备基本的伦理道德，保护个案的隐私。为了记录、存储及提取的便利，档案建立所选用的软件需普遍易得。干预者需随时代的进步提升自己使用高科技产品的能力。

行为干预技术具有非常高的专业性。使用者可以多加练习，举一反三，协助儿童改善问题行为，建立正向、良好的行为。

思考实践

1. 如何界定目标行为？
2. 行为干预的一般程序有哪些？

项目二　基本的行为干预技术

项目导入

从毕生发展的角度来看，儿童期是人成长最为迅速的时期。因为认知、语言、情绪以及社会性等各方面都在发展，儿童在此过程中可能会习得各种适应或不适应的行为。如果我们不能正确地运用行为干预技术，通过必要的程序去促使儿童建立良好行为，就会让儿童产生社会适应的困难。本项目将对基本的行为干预技术进行介绍。

项目导航

- 项目二 基本的行为干预技术
  - 任务一 正强化原理与技术
    - 强化原理概述
    - 正强化的定义
    - 正强化的实施过程
      - 确定目标行为
      - 正确选择并使用强化物
      - 实施正强化
        - 目标行为发生时要及时给予强化物
        - 给予强化物时要明确描述目标行为
        - 强化物的给予要适量
        - 强化物的给予要提高行为成效
        - 要及时脱离正强化程序
    - 正强化的误用
      - 强化的目标行为为不良行为
      - 强化的实施过程出现了偏差
  - 任务二 负强化原理与技术
    - 负强化的定义
    - 负强化的种类
      - 社会性负强化
      - 自动性负强化
    - 负强化的实施过程
      - 确定目标行为
      - 选用负强化的两个过程
      - 实施负强化
        - 目标行为发生之后要出现刺激物的改变
        - 厌恶刺激的使用要适量适度
        - 优先选用回避过程
        - 应用正强化增强良好行为
    - 负强化的误用
      - 加强了儿童的不良行为
      - 造成了过多逃避或者回避行为
  - 任务三 惩罚原理与技术
    - 惩罚的定义
    - 惩罚的类型
      - 正惩罚
        - 斥责
        - 矫枉过正
      - 负惩罚
        - 隔离
        - 反应代价
    - 惩罚的实施过程
      - 正确选择目标行为
      - 正确选择惩罚物
      - 做好实施前的准备工作
      - 正确实施惩罚
      - 追踪
    - 惩罚的误用
      - 无意中应用了惩罚
      - 滥用多种惩罚方式
  - 任务四 消退原理与技术
    - 消退的定义
    - 消退的实施过程
      - 明确消退的目标行为
      - 确定要建立的良好行为
      - 建立行为基线，做好消退前的准备工作
      - 正确实施消退
      - 消退的追踪观察
    - 消退的误用
      - 无意中消退了应该强化的良好行为
      - 中断消退程序，使不良行为的程度增加
      - 撤除的不是支持不良行为的强化物，导致消退不成功
      - 无意间使用了间歇消退，从而间歇强化了不良行为
  - 任务五 区别强化原理与技术
    - 区别强化的定义
    - 区别强化的类型
      - 低比例行为的区别强化
        - 全时间段的低比例行为区别强化
        - 时间间隔的低比例行为区别强化
        - 空置反应的低比例行为区别强化
      - 不相容行为的区别强化
      - 替代行为的区别强化
      - 其他行为的区别强化
        - 时间间隔的其他行为的区别强化
        - 特定时间点的其他行为的区别强化
    - 区别强化的实施过程
      - 确定目标行为
      - 确定区别强化的程序
      - 根据干预计划实施区别强化
    - 区别强化的误用
      - 忽视了儿童的良好行为
      - 产生了新的不良行为

学习目标

知识目标	1. 了解基本的行为干预技术的相关理论知识； 2. 掌握基本的行为干预技术的操作程序； 3. 掌握基本的行为干预技术操作时的注意事项。
能力目标	1. 能够对采取哪一种行为干预技术做出判断； 2. 能够熟练操作矫正技术的训练程序； 3. 能结合具体案例选择恰当的干预措施和矫正技术。
素养目标	1. 具有合作分享的团队精神，不断对行为干预技术加以调整并使用； 2. 具有爱心、恒心和责任心，并且耐心、细心； 3. 具有在行为干预的过程中体现儿童本位的干预信念。

▸任务一 正强化原理与技术

正强化

任务情境

案例：被“忽视”的婷婷

婷婷，12岁，有中度智力障碍。课堂上，单老师正在上课，婷婷却举起手，向单老师要山楂片吃。单老师没有理睬她，她就开始咬自己，并用头撞桌子。单老师很害怕婷婷会伤害到自己，赶快跑过去，给了她山楂片。以后，当婷婷想要山楂片的时候，婷婷就咬自己或者用头撞桌子。

任务：请问单老师的做法对吗？如何解决单老师遇到的行为强化问题？

任务描述

一、强化原理概述

从日常生活中不难发现，在一定的环境和条件下，人们的行为是能够得以控制或改变的。例如，儿童做出某种行为或反应，随后或同时就得到了某种奖励，那么儿童在以后做出此类行为或反应的频率就会增加。久而久之，儿童的行为被强化成一种习惯。

当儿童表现出某种行为之后获得了某个结果，而这个结果使得行为增加了，心理学将这一过程称为“强化”。在行为矫正学里，强化(reinforcement)指的是“某种行为发生之后，所跟随的结果能够导致将来该行为发生概率增加的过程”。行为的增加通常指的是行为的发生次数多了、持续时间长了或者强度大了。从定义中可以看出，强化实际上是一个过程。在这一过程中，行为所获得的结果与行为的发生频率之间产生了密切的联系，即行为的结果使行为得到了加强。虽然强化原理最初是利用动物的实验结果来阐述的，但是行为强化也描述出一个对人类行为构成影响的自然过程。

首先，根据行为的结果，强化可以分为正强化与负强化。其中，行为的结果是获得强化物的过程称为正强化，而行为的结果是逃避或者回避的过程则称为负强化。在行为矫正学中，正强化与负强化都是很重要的行为矫正技术。其次，根据行为发生之后是否每次都给予强化，强化可以分为连续强化和间歇强化。其中，若行为每次发生

之后都给予强化，那么就是连续强化；如果并不是每次都给予强化而是偶然地给予强化，那么就是间歇强化。连续强化与间歇强化都属于正强化的内容。

二、正强化的定义

正强化(positive reinforcement)，又称积极强化，是指儿童做出某种行为或反应，随后或同时得到某种奖励，从而使行为或反应强度、概率或速度增加的过程。在强化的过程中，对儿童反应产生正强化作用的事物称为正强化物，简称强化物。正强化如果用公式表示，可以记作 $S\text{-}R\text{-}S^{R+}$，其中 S 代表一种情境(situation)或刺激(stimulus)。情境指的是儿童发生行为时的周围环境、生理状态等因素，这些因素可能导致行为的发生或者影响儿童对某些刺激的反应；刺激指的是行为发生之前所发生的事件，即前奏事件(antecedents)或者诱发因素，会引起儿童行为的发生；R 代表某一特定情境所引起的反应(response)，即行为；S^{R+} 代表行为出现后儿童所获得的刺激物。

在正强化的使用中，最重要的条件就是强化物。对于强化物的类型，不同研究者有着不同的分类标准。例如，根据强化的起源或性质，强化物可以分为无条件强化物和条件强化物。无条件强化物也称原级强化物(primary reinforcer)或者非习得性强化物(unlearned reinforcer)，这一类刺激物通常不需要儿童经过特殊的学习就具备强化功能，也就是说刺激物本身就具有天然的强化效果。比如，食物、水、空气都属于无条件强化物，是自然的积极刺激。这些刺激物常常是人类自身愿意去追求和想得到的东西。条件强化物又称为次级强化物(secondary reinforcer)或者习得性强化物(learned reinforcer)。这一类强化物在开始的时候是一类中性刺激物，并不具有强化功能，由于与无条件强化物或者其他条件强化物一起配对使用，才获得了强化功能。因此，它们的强化作用是有条件的，所以被称为条件强化物。

根据强化物的内容，强化物又可分为消费性强化物、活动性强化物、操作性强化物、拥有性强化物和社会性强化物等。

日常生活中，正强化原理被广泛地用来激励人们努力地学习与工作。例如，教师常常采用微笑、点头赞许、口头表扬等方式，让学生多做对社会有意义的事情。另外，正强化也用来帮助人们消除不良的行为。

三、正强化的实施过程

（一）确定目标行为

通常，确定正强化的目标行为是什么，是实施正强化的第一步。需要指出的是，首先，正强化的目标行为应该是良好的行为；其次，这一行为目标应该是具体、明确，

能够达到或实现的。另外，在用正强化进行行为的塑造或矫正时，如果儿童的行为还未能达到目标状态，那么就需要将正强化与其他技术结合起来运用。

（二）正确选择并使用强化物

强化物的选择和使用在行为干预过程中是一件非常重要的事情，有时它甚至会影响到行为干预是否成功。选择什么样的刺激物作为强化物，一般要进行刺激偏好评估(stimulus preference assessment)。这一评估主要想达到三个目的：一是确定儿童所偏好的刺激物；二是确定儿童偏好的这些刺激物的相对偏好价值，即偏好的程度；三是在何种情况下这些刺激物的偏好程度会发生改变。通常，刺激偏好评估可以通过两个步骤来完成：一是收集大量的可作为强化物的刺激物；二是系统地将这些刺激物呈现给儿童，让儿童确定他所偏好的刺激物以及偏好的程度。

（三）实施正强化

当参与正强化计划的儿童对正强化的目标行为、行为发生的情境、强化物等有了一定的理解之后，正强化就可以实施了。具体实施过程要遵循以下原则。

1. 目标行为发生时要及时给予强化物

强化物的及时给予能够帮助儿童建立起行为与强化物之间的联系，促使儿童继续表现出该行为。如果行为发生与强化物给予的时间间隔太长，会在间隔时间内强化儿童所表现出的其他行为，使儿童对强化的目标行为产生错误的理解。可参考虚拟训练。

使用强化物训练视频

2. 给予强化物时要明确描述目标行为

对儿童所表现出的目标行为进行强化时，要向儿童说明为什么他能够得到强化物，促使儿童建立起行为与强化物之间的联结。在现实生活中，教师或干预者过多地使用比较抽象的表扬语，如“你真聪明”“你真好”“你真乖”之类的句子，并不一定能让儿童全然听懂，有时反而会影响他们正常自我意识的发展。

3. 强化物的给予要适量

所给予的强化物要具有多样性，注意强化物的组合与数量，不能给予过多也不能给予过少，以延迟强化物饱厌现象的到来；做到物质性强化物和社会性强化物相结合，尽可能地激发儿童的内在动机，注意强化物本身可能产生的不良影响，从而促使儿童更多地表现出目标行为。

4. 强化物的给予要提高行为成效

强化目的是帮助儿童增加良好行为。在目标行为没有发生时，强化物通常应处于被剥夺的状态，只有在确定的良好行为表现出来之后才有可能给予。在干预过程中不能一味地给予强化物，防止儿童产生外在的功利性的获取强化物的目的，而是要帮助

儿童形成正确的价值观，养成良好的品性。

5. 要及时脱离正强化程序

在干预计划实施的过程中，要对儿童行为出现的情况进行监控。当行为出现的概率明显增加的时候，可以恰当地转入脱离程序。将连续强化转为间歇强化，用环境中存在的自然强化物来替代原有的强化物，让被强化的行为逐渐迁移到自然环境中。

四、正强化的误用

（一）强化的目标行为为不良行为

日常生活中，教师或干预者会常常出现盲目使用强化物的情况，造成对儿童的不良行为进行了强化。比如，明明在课堂上从不主动拿笔写作业，每次总要等教师提示后才动笔。一旦教师不提示，明明就坐着不动。如果教师忘记提示他，他就不能当堂完成教师布置的作业。为此教师总是批评他，但是也总会提示他。

（二）强化的实施过程出现了偏差

对于教师或干预者来说，正强化的实施过程很容易受到环境中不良因素的干扰，造成无意间强化、提前强化、延迟强化、滥用强化物或没有及时撤出强化物等，影响正强化的实施效果。

出现偏差的原因有几个方面：一是无意间强化，即当儿童同时出现良好行为与不良行为时，一并给予了强化；二是对儿童良好行为的认识与判断不准确，使应该被强化的行为没有被强化，不应被强化的行为反而得到了强化；三是无奈强化，即因担心儿童受伤害而无奈强化儿童的行为附带的攻击行为等，或是为了逃避儿童不良行为的烦扰等而选择强化，都会增加儿童不良行为的发生。比如，儿童在商场里不断地大声哭闹要求爸爸妈妈购买玩具，而大人担心儿童在人多的场合哭闹会影响自己的面子，最终妥协为儿童购买玩具。这样，在相似的情形出现时，儿童的哭闹行为就会增加。

| 拓展阅读 |

什么可以作为儿童的强化物？

——关于食物的选用

食物的选用需要注意以下四点。首先是法律和伦理问题。食物作为强化物最有效的时候是个体饥饿的时候，但是人为控制必要的食物摄取是违反法律和伦理的，不能为了

强化的实施而剥夺儿童正常享用食物的权利。其次，很多场合不方便使用食物作为强化物，这时就要考虑其他类型的强化物。家庭是比较适合使用食物作为强化物的地方，而在学校等公众场合就不宜使用食物，一方面由于食物不便于携带，另一方面是出于对社会公德的考虑。再次，使用食物作为强化物，要在不严重干扰正在发生的目标行为的前提下。吃东西是一件耗时耗力的事情，特别是对于儿童来说，这容易分散其注意力，因此需要长时间集中注意力的目标行为，就不适合用食物作为强化物。最后，关注健康问题。儿童喜爱的食物很多都是高糖分、高热量的食物，这些食物的过量摄取会导致很多健康问题，如肥胖、高血压和糖尿病等，因此要注意使用适度。通常情况下，食物作为强化物是配合其他强化物使用的，特别是社会性强化物，如微笑、表扬和赞许等。

▶任务二 负强化原理与技术

负强化

| 任务情境 |

案例：苒苒会打招呼了

苒苒患有脑瘫，内向，胆子小，是奶奶带大的，和奶奶感情很好，上小学后回到父母身边。有一天妈妈带苒苒去自己工作的单位参加联谊活动，发现苒苒就是不敢跟别人打招呼。妈妈看到别的同事的孩子那么乖巧，心里很不是滋味。在以后的几天里，妈妈对苒苒进行了细心的观察，发现她跟熟悉的邻居、同学、小朋友也不怎么打招呼。妈妈问苒苒为什么，苒苒回答说自己不敢。妈妈担心这样下去苒苒的人际交往会受到影响，因此妈妈就规定，如果苒苒碰到熟人没有打招呼，周末就不带她去奶奶家玩，自此苒苒就会跟别人打招呼了。

任务：请分析妈妈的做法，并用负强化的相关知识制订关于苒苒类似行为的解决方案。

任务描述

一、负强化的定义

所谓负强化，指的是当一个行为发生之后，移去或减少某种刺激，那么今后该行为的出现率将会增加的过程。简单地说，当目标行为发出之后，所跟随的是厌恶刺激的移去或者个体的逃避，最终导致目标行为的增加，这就是负强化。

负强化也被称为消极强化。对个体来说，负强化就是在行为发生后撤销刺激或降低刺激强度，以达到增强该行为的目的。之所以个体要做出某些行为让一些刺激移去或减少它们出现的次数，是因为这些刺激令个体感到厌烦。例如，个体到了一个有异味的房间，第一反应通常是打开窗户通风，打开窗户就能够让令人厌恶的气味快速地消除。正强化的“正”指的是行为出现之后某一刺激的呈现，而负强化的“负”则指的是某一种刺激的移去。

在负强化的过程中，强化是通过厌恶刺激的消除、减少或者延缓出现等完成的。这里的厌恶刺激常常被称为负强化物(negative reinforcer)。但实际上，负强化物真正的含义应该是这些厌恶刺激的消除、减少或者延缓出现。只有在行为之后出现这样的结果，负强化才有可能发生。

负强化物的强化作用可以来源于人类对刺激物天生的反应能力，比如对痛的感觉，也可以来源于人类本身的学习。如果负强化物的强化作用不需要个体学习，这一类负强化物可以称为无条件负强化物(unconditioned negative reinforcer)，如电击、噪声、刺眼的灯光、难闻的气味、来自身体的各种压力等。而其他一些有学习历史的刺激物可以称为条件负强化物(conditioned negative reinforcer)。具体来说，这些刺激物之前是一种中性刺激物，由于常常与无条件负强化物或者其他条件负强化物一起出现，因此具有了厌恶性，它们的消除也就具有了负强化的作用。例如，孩子长时间玩游戏而不做作业，父母就不停地大声地叫喊孩子的名字。如果孩子不停止玩游戏，父母就会进一步采用惩罚方式去管教孩子，父母的叫喊声就有可能成为一种条件负强化物。

二、负强化的种类

厌恶刺激的移去或者减少可以通过多种途径完成，主要可以归纳为两类：一是通过其他人的行动达到这一结果，二是个体自身行为产生的直接结果。例如儿童遇到难题，可以通过询问老师和同学来解决，也可以通过自己努力来解决。根据这两种不同的途径可将负强化分为以下两类。

（一）社会性负强化

通过其他人的行动帮助自己去除厌恶刺激形成行为的过程属于负强化中的社会性负强化(social negative reinforcement)。也就是说，这种负强化的过程是通过社会化的方式完成的。例如，让其他人帮忙打开窗户散发异味，这是一种社会性负强化。特殊需要儿童要完成的是如何向其他人求助。

（二）自动性负强化

通过自身行为产生自然结果达到的负强化是自动性负强化(automatic negative reinforcement)。个体自己打开窗户达到散发异味的目的，属于自动性负强化。特殊需要儿童要考虑的是自己是否有能力完成这些活动，从而使自己逃避或回避厌恶刺激。

三、负强化的实施过程

（一）确定目标行为

利用负强化技术对儿童的行为进行矫正，所针对的目标行为一定是良好行为。在制订矫正计划时，要注意分析目标行为是否适用负强化技术。由于要应用到厌恶刺激，要考虑在良好行为发生之前是否可以设置个体厌恶的情境。

（二）选用负强化的两个过程

干预者考虑如何实施负强化时，必须明确负强化的逃避和回避这两个过程，并合理选用其中一个。如果个体表现出目标行为之后出现的结果是厌恶刺激的移去或者减少，那么确保该种情境下个体真实地体验了厌恶刺激。但如果延缓了厌恶刺激的出现或者厌恶刺激没有到来，那么在这个过程中个体实际上并没有真实地体验到厌恶刺激。根据厌恶刺激是否真实存在这一点，负强化的过程可以分为两种(表 2-2-1)：一是逃避过程(escape)，二是回避过程(avoidance)。

表 2-2-1　逃避过程与回避过程的比较

逃避过程	回避过程
被动的过程 厌恶刺激存在 厌恶刺激移去或者减少	主动的过程 厌恶刺激不存在 厌恶刺激没有到来或者延迟到来

（三）实施负强化

在实施负强化的过程中，应该注意以下几点。

1. 目标行为发生之后要出现刺激物的改变

如果选用的是逃避过程，那么应该在行为出现之后马上消除或者减少厌恶刺激；

如果选用的是回避过程，那么应该给予警告信号或者与厌恶刺激有关的信号，当儿童的行为发生改变达到目标要求时，再停止给予厌恶刺激，促使儿童快速建立起目标行为与厌恶刺激变化这一结果之间的联结。

2. 厌恶刺激的使用要适量适度

目标行为发生前后刺激物的出现要有足够明显的变化。在给予厌恶刺激时，不要给儿童造成不必要的人身和心理伤害，否则容易使其产生过多的逃避或者回避行为。

3. 优先选用回避过程

由于逃避过程中厌恶刺激是真实存在的，儿童会实际地体验到厌恶刺激的厌恶性，这会对儿童的心理产生负面的影响。因此，在利用负强化进行行为干预的过程中，应该优先选用回避过程。但如果儿童完全没有信号的概念，就可能需要通过一定的逃避过程来帮助其建立厌恶刺激与信号之间的关系，促使儿童产生良好行为。

4. 应用正强化增强良好行为

当儿童的良好行为出现之后，除了令厌恶刺激出现变化之外，应同时应用正强化来增强良好行为，使儿童表现出良好行为的动机更强。

四、负强化的误用

（一）加强了儿童的不良行为

生活中在儿童出现不良行为之后，教师或干预者采用了负强化，有时会导致儿童不良行为逐步增加。比如，亮亮总是对妈妈的衣物感到很好奇，有时还会拿剪刀“改造”一下妈妈的衣服。有一天，他剪坏了妈妈新买的连衣裙。被妈妈发现后，亮亮就向妈妈哭着求情说“下次再也不敢了”。妈妈见状心软了，没有再追究。以后，亮亮一做错事情，就会声泪俱下地向妈妈求情。但这一习惯并没有真正让亮亮认识到自己的错误，反而会让亮亮不断犯同样的错误。

（二）造成了过多逃避或者回避行为

负强化中厌恶刺激的错误使用，会造成儿童产生过多逃避或者回避行为。儿童受到过度的厌恶刺激后，会对与厌恶刺激相联系的其他中性刺激一起进行回辟。例如，彤彤因为受到教师过于严厉的批评，对教师和他教的语文课都采取了厌恶和回避的态度，从而选择逃课。儿童的离家出走也多是因为不满家庭的教育方式，进而逃避整个家庭环境。

| 拓展阅读 |

影响负强化效果的因素

行为强化的效果受到很多因素的影响，包括行为与强化的使用间隔、反应与结果的一致性、强化物的有效性、个体差异。

行为与强化的使用间隔：如果想让强化的效果增强，则强化应该在行为发生之后立即使用；如果把行为与强化的使用间隔拉长，则行为效果会减弱。

反应与结果的一致性：只有行为发生时强化物匹配出现，行为才会得到加强。

强化物的有效性：通过操作使强化物的有效性增强；反之，通过取消操作使强化物的效果降低。

个体差异：不能设想或假定强化物，不能因为一个特定的刺激对大多数人有效从而推断它一定是某一个人的强化物。

▸任务三 惩罚原理与技术

惩罚

| 任务情境 |

案例：被惯坏的华华

上五年级的华华已经是高高壮壮的了，在家里备受爷爷奶奶的宠爱，养成了爱动手打人的习惯。他仗着自己高大，经常在和同学发生矛盾的时候大打出手，所以同学们都很怕他。王老师发现这个情况之后，就在课间监督他，一旦他打别的同学，就罚他连续深蹲 10 次。没过几天，华华打人的次数就明显减少了。

任务：请问王老师应用的行为干预技术是什么？如何运用惩罚来干预华华的打人行为？

| 任务描述 |

一、惩罚的定义

在日常生活中，惩罚的使用比比皆是，如教师的批评、家长的指责等。惩罚通过

呈现消极刺激物达到弱化或减少某种行为的目的。惩罚发生于错误行为之后，用于对惩罚对象进行惩戒，最终降低该错误行为发生的频率。

在惩罚过程中，使某一行为在未来发生的可能性降低的事件或刺激叫惩罚物，又称厌恶刺激。某刺激是否可以作为惩罚物，是由这个惩罚物是否能对前面的行为产生影响效果来判断的。例如，当一个厌恶刺激减少了它之前的行为发生的次数时，这个厌恶刺激才是这个行为的惩罚物。

二、惩罚的类型

惩罚可以分为正惩罚和负惩罚。

（一）正惩罚

正惩罚是指行为之后跟随着一个刺激(厌恶刺激)的出现，以致这个行为将来可能不再发生。正惩罚的方法有斥责和矫枉过正等。

1. 斥责

斥责是指否定性的语言、姿势和表情，包括不赞同的表情、生气的脸色、选择性地瞪眼、批评、警告和呵斥等。在日常生活中，斥责的出现会使他人感到难过、不舒服，甚至带来心理上的伤害。但合理地使用斥责，可以有效地减少或消除儿童的不良行为。

2. 矫枉过正

矫枉过正是指在问题行为发生后，要求儿童从事与该问题行为有关的费力活动，包括两种形式，即过度补偿和积极练习。过度补偿是指在问题行为发生后，不仅必须消除问题行为对环境造成的影响，还必须把环境恢复到更好的状态。例如，儿童因晃动桌子将桌子弄倒，不仅要将自己弄倒的桌子扶正，而且要把整个教室的桌椅都摆放整齐。积极练习则是指在问题行为发生后，要求儿童对良好行为重复练习较长时间，使其改变问题行为。

（二）负惩罚

负惩罚是指行为之后跟随着一个刺激(喜爱刺激)的消除，以致这个行为将来可能不再发生。负惩罚的方法有隔离和反应代价等。

1. 隔离

隔离是指当儿童表现出不良行为的时候，及时将其从有较多强化刺激的环境转入一个有较少强化刺激的环境中，以减少不良行为的出现。换言之，就是及时停止儿童所从事的有趣的活动，或者把儿童送进隔离室。失去了强化，儿童不良行为的出现就会随之减少。

2. 反应代价

反应代价是指当儿童做出某个不良行为后，剥夺或减少一定数量的强化物，如玩具、代币、食物或者参加喜欢的活动的机会等。例如，如果莉莉吮吸手指，妈妈就不给或者少给代币等。

三、惩罚的实施过程

随着治疗技术的发展和功能性评估的完善，惩罚在行为干预过程中运用得越来越少。有些专业人士甚至呼吁永远不要用惩罚，而另外一些专业人士则倾向于把惩罚作为最后的治疗手段，只针对最难以治疗和最严重的行为。

（一）正确选择目标行为

目标行为应该是具体的行为，满足可观察、可测量的要求，如打自己的头、写错别字等。

（二）正确选择惩罚物

选择惩罚物时要考虑儿童的个别差异，如果施加的厌恶刺激会对儿童的身心造成伤害，则不准使用。确保选择的惩罚物不会成为实际意义上的不良强化物。

（三）做好实施前的准备工作

与儿童进行交流和沟通，说明不良行为出现后的惩罚措施，并与其他实施惩罚的人进行沟通，统一惩罚标准，尽可能地控制不良行为的诱发因素和强化物。

（四）正确实施惩罚

在不良行为发生后立即实施惩罚，间隔时间越短，效果越好，但要减少实施过程中的副作用，避免惩罚过重带来生理或情感伤害。同时，对目标行为进行准确观察和记录，掌握惩罚的效果。

（五）追踪

程序结束后仍要周期性地对行为做出评价。如果不良行为重新出现，则应考虑重新开始行为干预程序。要想让个体不再表现被矫正的不良行为，那么一定要使个体掌握、表现替代不良行为的良好行为，这才是行为干预的最终目的。

四、惩罚的误用

（一）无意中应用了惩罚

在没有清楚事情完整经过的基础上，家长或教师就直接惩罚儿童，会严重伤害儿童的自尊心，使儿童在与人交往中更有挫折感。

（二）滥用多种惩罚方式

有些家长动辄使用惩罚，或滥用多种惩罚方式，容易使儿童形成不正常的心态，如自卑、胆小、逆反等，不利于儿童的健康成长。

| 拓展阅读 |

猴子为什么不吃香蕉？

将5只猴子放在一个笼子中，并在笼子的中间吊上一串香蕉。只要有猴子伸手拿香蕉，实验人员就用高压水枪“教训”所有的猴子，直到没有一只猴子敢动手拿香蕉。实验的下一步是用一只新猴子替换出笼子中的一只猴子。新来的猴子不知道这里的“规矩”，动手去拿香蕉，结果触怒了原来就在笼子中的4只猴子，于是这4只猴子代替人执行了惩罚的任务，直到新猴子服从这里的规矩为止。实验人员如此不断地将最初经历过高压水枪惩罚的猴子替换出来，最后笼子中全是新猴子，没有一只是经过高压水枪惩罚的，但是没有一只猴子敢去碰香蕉。

▶任务四 消退原理与技术

消退

| 任务情境 |

案例：彼得的问题

彼得，一个10岁男孩，性格孤僻，是培智学校的一名寄宿生。几个大学生试图训练彼得说话的能力，并教他参与学校的基本活动。彼得发脾气时，跺脚，踢人，尖叫，抛掷东西，打自己的脸，哭喊。这种暴躁脾气似乎是由一些轻微的挫折激起的。例如，在他产生不正确的口头反应、大学生禁止他乱跑，或者不让他得到强化物的时候，他就大发脾气。

任务：根据该儿童的问题，使用消退程序改变其行为。

任务描述

一、消退的定义

消退现象在日常生活中普遍存在。例如，公园里的白鹅已经习惯了游人的投食。每当游人来到湖边，白鹅就纷纷游向岸边等候游人投向湖中的食物，但有一段时间公园出台了新的管理规定，不允许游人向湖中投食物，否则将面临因投放食物污染水质而被罚款。随之，白鹅渐渐地不再喜欢游向岸边，游人也只能在湖边远远地观赏。事实上，白鹅的这种行为变化正是消退原理的作用。

上述例子说明，只要行为得到强化，哪怕是间歇强化，它就会继续发生。但是，如果行为不再具有强化作用的结果，行为就会停止。当行为因为不再得到强化而停止发生时，我们就说这个行为正在经历消退或者已经消退了。无论是人类的行为还是动物实验都能证明消退原理的作用。在巴甫洛夫的经典条件反射中，在条件反射形成之后，如果仅仅呈现条件刺激，而不再给予无条件刺激，即不再给予强化，狗已经形成的条件反射就会逐渐减退直至消失。在斯金纳的操作条件反射中，如果白鼠触及杠杆却没有食物滚落下来，随后白鼠触及杠杆的行为就会逐渐减少直至消失。这一行为变化的规律就是消退的原理。人们在日常生活中可以利用消退原理对已经形成的不良行为进行矫正。

消退(extinction)，是行为矫正学中的重要概念之一，指的是在某个情境或刺激条件下行为人产生了以前被强化的反应，但反应之后并没有出现之前的强化的结果，那么在行为人下一次遇到类似情境时，该行为的发生率就会降低。简言之，消退就是对以往强化过的行为不再进行强化的过程，通过这一过程可以使得行为的发生率逐渐降低。

二、消退的实施过程

（一）明确消退的目标行为

在消退之前，必须明确要消退的不良行为是什么，以及支持不良行为的强化物是什么。首先，问题行为应该明确、具体，而且一次只能选择一个行为进行消退，不要试图一次将所有的不良行为都消退。其次，在消退过程中，非常重要的一点就是撤除的强化物一定是支持不良行为的强化物，否则将导致消退失败。因此，正确找出支持不良行为的强化物就成为消退能否成功的一个关键。

（二）确定要建立的良好行为

一般将消退和正强化联合起来使用，矫正的效果会更好。因为在消退不良行为

的过程中，极有可能出现可取行为或可取行为的苗头，此时就要找出合适的替代性良好行为，确定替代性良好行为的有效强化物，以便根除不良行为。为了增加良好行为的出现率，以替代不良行为，必须对良好行为予以强化，因此，一定要确保强化物的有效性。

（三）建立行为基线，做好消退前的准备工作

建立行为基线的目的是与消退实施后行为发生的变化做比较，从而验证消退程序对该行为的消退是否有效。为确保消退的开展，在实施消退之前，应将计划告诉儿童，使儿童能明确知道自己的何种行为在被消退，以及表现何种行为可以得到强化，以配合消退的进行。

（四）正确实施消退

消退程序开启后，在撤除对不良行为的强化的同时，要及时对良好的替代行为给予强化，以巩固和提高良好行为的出现率。值得注意的是，在良好的替代行为没有得到巩固之前，不要中断对良好行为的强化，以防止良好行为的消退。即使在对不良行为进行消退时，若儿童出现攻击行为或消极情绪反应，也不要中断程序，要坚持到底，以免间歇强化攻击行为或消极情绪反应，否则不仅消退前功尽弃，可能还会带来更严重的行为后果。另外，还需要警惕不良行为在开始减少之前反而有所增加，这是黎明前的黑暗，坚持度过这个阶段，消退就会取得进展。

（五）消退的追踪观察

一般在消退程序结束后，矫正人员要定期进行追踪观察，避免“自动恢复”现象的发生(“自动恢复”是指脱离程序后消退行为的重现)。观察间隔的时间应由短到长，一旦发现不良行为有反复，应立即再实施消退，最终要实现让替代的良好行为从实验情境进入自然情境。良好行为一旦得到巩固，应考虑逐步撤除强化程序，让良好行为能在自然情境中替代不良行为。

三、消退的误用

消退是一种用于减少不良行为的矫正方法。但如果运用不当，其结果会适得其反。比如，成人对儿童的礼貌行为没有及时给予强化，矫正儿童无理哭闹的行为时撤除的不是不良行为的强化物，从而导致新的不良行为出现等。这些情况都是对消退的误用。

消退的误用，概括地讲包括以下几个方面。

（一）无意中消退了应该强化的良好行为

由于成人的忽视，儿童的良好行为出现时未能得到及时强化，从而导致良好行为减少。比如，学校正在进行文明礼貌教育，要求学生在早晨出门上学时主动说“爸

爸妈妈再见”，放学到家时说“爸爸妈妈，我回来了”。可是有些家长却对孩子的礼貌行为没有积极的或明显的反应，其结果便是孩子的这一习惯难以养成。

因此，对于儿童的一些良好行为，成人要及时给予回应、给予关注。只有对良好行为进行了强化，儿童的好习惯才能得以养成。

（二）中断消退程序，使不良行为的程度增加

中断时机不当，会使消退半途而废。以下两种情况需要加以防范：①在实施消退期间，不良行为在消退之前反而会有所增加，若就此中断消退程序，就会增加不良行为的严重程度，从而达不到减少不良行为的目的；②在替代的良好行为尚未以稳定的频率出现时便中断对良好行为的正强化，将使不良行为重现。因此，在实施消退时，中断时机的选择很重要。只有选择得当，不良行为才能减少，否则将会前功尽弃。

不要因不良行为频率或强度的突然增加而放弃，也不要在良好行为还未稳定出现时就停止强化。

（三）撤除的不是支持不良行为的强化物，导致消退不成功

实施消退，首先要分析不良行为的强化物，然后再撤除强化物以达到减少不良行为的目的。在实际应用中，如果撤除的不是不良行为的强化物，消退就不会成功。消退是为了减少不良行为的发生，但需要具体分析儿童不良行为发生的目的和性质，如果儿童有自伤、自杀或严重损害他人的行为等，就不能采用消退原理置之不理。比如，一个儿童有自伤行为，家长便采取不理睬的办法来消退。但事实上，儿童的自伤行为在父母不关注的情况下并没有减少，反而增多。自伤行为的强化物是儿童的自我感觉而不是父母的态度。因此，在运用消退的时候要分析不良行为的产生原因及其强化物，做到“对症下药”。

（四）无意间使用了间歇消退，从而间歇强化了不良行为

有些儿童在不良行为消退期间会伴有抵触情绪或攻击行为。如果对这些不良行为进行间歇消退，那么可能会对抵触情绪或攻击行为进行间歇强化。比如，一对夫妇采用消退原理来改变女儿爱打断别人讲话的不良习惯。一天有客人到访，孩子又打断大人们的谈话。父母一开始并未理睬，孩子就在一旁大吵大闹。父母没有办法，只好过去和她讲道理(这样做就中断了消退，间歇强化了不良行为)。再出现类似情境时，父母还是试图采用消退原理来改变女儿的不良行为，但这种间歇消退并不能达到减少不良行为的目的。

| 拓展阅读 |

聪明的老人

一位老人在一个小乡村里休养，附近住着一群十分顽皮的孩子，他们天天互相追逐打闹，吵闹声使老人无法好好休息。在屡禁不止的情况下，老人想出了一个办法。

他把孩子们叫到一起，让他们每天早上都在他住所外吵闹，谁的声音越大，谁得到的报酬就越多。一连几天，他每次都根据孩子们吵闹的情况给予不同的奖励。就这样，在孩子们已经习惯于通过吵吵闹闹获取奖励的时候，老人开始逐渐减少所给予的奖励。最后，无论孩子们怎么吵闹，老人一分钱也不给。

结果，孩子们认为他们受到的待遇越来越不公正，再也不到老人所住的房子附近大声吵闹了。老人终于清静了。

▶任务五 区别强化原理与技术

区别强化

| 任务情境 |

案例：爱站起来回答问题的琼琼

王老师任教于一所特殊教育学校。在她的班上有一名叫琼琼的同学，上课非常主动，总是站起来回答问题，每节课 40 分钟能站起来 10 次，平均每 4 分钟站 1 次。虽然回答问题并不是坏事，但是这样减少了其他同学回答问题的机会。不过王老师还是希望琼琼能够回答问题，这样有利于调动班级的气氛，带动其他的同学。

任务：假如你是王老师，你该怎么做？请用区别强化原理设计一个关于琼琼问题行为的解决方案。

| 任务描述 |

一、区别强化的定义

所谓区别强化(differential reinforcement)，指的是采用强化物对某一组行为反应

进行强化，但是对其他行为反应不给予强化。

当用于减少或者消除不良行为时，区别强化包含两部分：一是当个体出现非问题行为或者问题行为以某种比例发生时，给予强化；二是当个体的问题行为超过规定比例时不给予强化。比如，某儿童每天要哭好多次，要巧克力吃。妈妈担心她变得太胖，于是想了一个办法，将巧克力分成几个小块，并按照周数逐渐减少发放的块数。目前，区别强化是使用比较广泛、比较有效的行为干预策略之一。

二、区别强化的类型

有四种区别强化形式常常被用于减少儿童的不良行为，包括低比例行为的区别强化、不相容行为的区别强化、替代行为的区别强化以及其他行为的区别强化（表 2-2-2）。

表 2-2-2　区别强化的类型

类型	低比例行为的区别强化	不相容行为的区别强化	替代行为的区别强化	其他行为的区别强化
概念	个体的不良行为低于规定的比例发生时，就给予正强化	对不能与不良行为同时发生的良好行为给予强化，而当不良行为发生时则不给予强化	与不相容行为的区别强化的程序相似，不过所强化的良好行为并不一定与不良行为不相容	只要在这一段特定的时间间隔内不良行为不发生就给予强化
具体形式	1. 全时间段程序 2. 时间间隔程序 3. 空置反应程序			1. 时间间隔程序 (1)固定时间间隔程序 (2)可变时间间隔程序 2. 特定时间点程序 (1)固定时间间隔的特定时间点程序 (2)可变时间间隔的特定时间点程序

（一）低比例行为的区别强化

所谓低比例行为的区别强化（differential reinforcement of low rates），指的是如果个体的不良行为低于规定的比例发生时，就给予正强化。也就是说，只要个体不良行为的出现率没有超出规定，个体就会获得强化物。以后个体的不良行为就会趋向于以低比例的方式发生。

低比例行为的区别强化在实际实施过程中又有三种不同的形式，具体为全时间段

的低比例行为区别强化、时间间隔的低比例行为区别强化以及空置反应的低比例行为区别强化。

1. 全时间段的低比例行为区别强化

全时间段的低比例行为区别强化，指的是在规定的整段时间内，如果反应次数不超过规定的数目就给予强化。比如，教师以一节课为一个时间段，规定儿童在一节课中，未经过教师允许，自己主动站起来回答问题的次数不超过两次，就可以获得强化物。

2. 时间间隔的低比例行为区别强化

时间间隔的低比例行为区别强化，指的是将整段时间划分为几个时间间隔，如果个体在一个时间间隔内的行为没有超过规定的数目就给予强化。否则，个体就无法获得强化物，可等待下一个时间间隔。例如，教师可以将一节课 40 分钟以 10 分钟为单位划分成 4 个时段，从而来执行此程序。

3. 空置反应的低比例行为区别强化

空置反应的低比例行为区别强化，指的是个体的行为必须经过一个特定的时间间隔之后发生才给予强化。如果个体的行为发生在这一时间间隔内，则不给予强化。例如，教师可以规定儿童在前一次未经允许突然站起来的行为发生之后，至少经过 20 分钟再发生该行为，才能获得强化物。

（二）不相容行为的区别强化

不相容行为的区别强化(differential reinforcement of incompatible behavior)，指的是对不能与不良行为同时发生的良好行为给予强化，而当不良行为发生时不给予强化。

所谓不相容行为(incompatible behavior)，通常指的是成对且方向基本相反的行为，减少其中一个行为必然增加另一行为的发生率。比如，兵兵常常爱无故大哭，与大哭不相容的行为可以是唱歌，也可以是与同学开心地交谈等。对于儿童所表现出来的不良行为，与其不相容的行为可以是良好行为，也可以是不良行为。

（三）替代行为的区别强化

替代行为的区别强化(differential reinforcement of alternative behavior)与不相容行为的区别强化的程序相似，只不过干预者所强化的良好行为并不一定与不良行为不相容。

在这个程序中，干预者可以通过让当事人表现一些不良行为的替代行为来占据本来是不良行为发生的时间。比如，让儿童与小朋友开心地做游戏，就可以减少儿童大哭的时间。

（四）其他行为的区别强化

其他行为的区别强化(differential reinforcement of other behavior)，指的是个体在某特定的时间间隔内不发生不良行为就给予强化。在现实生活中，儿童有很多不良行为是需要消除的，如自伤行为、乱发脾气等。由于这一程序中的强化给予与不良行为是否发生有紧密的关系，因此，该程序有时也被称作为零反应的区别强化(differential reinforcement of zero responding)或者训练缺失的区别强化(differential reinforcement of omission training)。在实施过程中，其他行为的区别强化可以分为时间间隔和特定时间点两种程序。

1. 时间间隔的其他行为的区别强化

时间间隔的其他行为的区别强化也可称为时段的其他行为的区别强化。在这一程序中，只要个体在整段的特定时间间隔内没有发生不良行为就给予强化。根据时间间隔是否固定与可变，时间间隔程序还可分为固定时间间隔程序与可变时间间隔程序。

(1)固定时间间隔程序

固定时间间隔程序指的是在确定某个时间间隔之后，连续地进行时间间隔的其他行为的区别强化，即如果在确定的时间间隔内个体没有发生不良行为就给予强化。如果在该时间间隔内个体发生了不良行为，则可以有两种处理方法：第一种是继续进行下一个时间间隔的区别强化程序，第二种是重新计时。在重计的时间间隔内个体如果没有发生不良行为，就仍旧可以给予强化。

(2)可变时间间隔程序

可变时间间隔程序指每次所确定的时间间隔是不同的，个体无法预测时间的变化。如果在这个时间间隔内，个体没有发生不良行为则给予强化。通常，时间间隔是围绕一个平均数发生变化的。

2. 特定时间点的其他行为的区别强化

特定时间点的其他行为的区别强化也可称为时间点的其他行为的区别强化。是否给予强化依赖于个体在某个特定时间点上是否出现不良行为。比如，教师想对孤独症儿童进行注意力训练，如果确定时间间隔为 5 分钟，那么教师可以在 5 分钟结束的时候进行观测，如果此时学生没有出现注意力不集中的情况则给予强化。

三、区别强化的实施过程

通过区别强化对个体的不良行为进行矫正，可以根据以下步骤进行。

（一）确定目标行为

不管采用何种区别强化程序，首先要确定需要干预的不良行为，确保这一目标行

为应是可观察、可测量的，并拟订出行为达到的预期标准。

（二）确定区别强化的程序

根据目标行为的性质、发生情境以及个体差异，选择区别强化的程序类型。干预者要结合干预的目标行为科学分析上述四种区别强化程序的优势和缺点。

（三）根据干预计划实施区别强化

在干预过程中，根据计划规定的内容，观测并记录不良行为发生的情况，对于发生的良好行为实施强化，尽快让个体建立正确的行为联结。

四、区别强化的误用

（一）忽视了儿童的良好行为

区别强化程序针对的是不良行为，如果区别强化程序使用不当，可能会减少儿童的一些良好行为，使得良好行为的发生比例下降。比如，暑假里，有点口吃的小凤和小她 3 岁的弟弟小雨到乡下奶奶家去玩。妈妈叮嘱小凤多帮奶奶干活，多照顾弟弟。小凤到了奶奶家，经常帮奶奶扫地、擦桌子，小雨也偶尔帮助小凤擦擦桌子。奶奶看到小雨干活感到非常意外，高兴地表扬小雨，晚上还炒了小雨爱吃的菜。小凤心里很不平衡，觉得明明是自己做得多，奶奶却表扬了小雨。之后，小凤也很少主动干活了。

（二）产生了新的不良行为

区别强化程序有一定的局限性，若选择不当，就可能导致不良行为的发生次数不断增加，反而使个体养成了另一种不良习惯。例如，教师要求学生在半小时内完成作业，才可得到强化物。有可能学生在前几分钟玩，眼看时间到了就连忙赶作业，这便养成了边写作业边玩的习惯。学生也有可能因时间不够养成敷衍的习惯。

| 拓展阅读 |

莫娜的选择

莫娜以前在一个只有 5 个学生的特殊班级上课。这些学生都存在一定的障碍和特殊教育需要。现在，莫娜在一所普通中学里上学，她所在的班级共有 23 个学生。莫娜的同班同学对她很热情，并帮助她做事情。特别是下课的时候，同学们总爱拉着她，有很多同学围着她。没过多久，莫娜开始出现不良行为。当同学们围着她或者拉着她的手的时候，莫娜开始咬他们。很多同学都至少被咬过一次。

于是，班级开了一个讨论会，大家都想知道莫娜为什么咬他们。没有一个同学认为莫娜不喜欢他们。最后，同学们认为莫娜是不喜欢他们随便带她去做事情，于是决定教莫娜，如果她不喜欢别人带她去什么地方或者同学们靠她太近，她就做出“停止”的手势。同学们示范给她看。他们花了一段时间去教莫娜，当莫娜开始正确地使用这个手势的时候，就不再咬同学们了。

项目总结

行为干预技术是心理干预的手段，经典条件反射和操作条件反射是行为干预的重要理论基础。这些基本原理包括行为强化、行为消退、刺激控制、条件反射、非条件反射等。本项目中的强化、惩罚、消退就是行为学基本原理的应用，了解这些原理的内涵才能更好地设计行为矫正程序。

正强化又称积极强化。它是指儿童做出某种行为或反应，随后或同时得到某种奖励，从而使行为或反应强度、概率或速度增加的过程。负强化主要是让儿童摆脱厌恶刺激，从而增强其良好行为的出现率。负强化也被称为逃避制约或逃避惩罚的反应。差别强化是用来增加期望行为发生频率和减少不期望行为发生频率的程序。在使用差别强化技术时，目标行为应至少出现过。惩罚不是对一个人的伤害，而是在一个行为之后紧随着一个直接结果，让该行为在未来发生的可能性降低的方法。惩罚作为行为矫正法，首先需要考虑道德的问题。

消退也称行为消失，是行为干预的一个基本原理。一个曾经被强化的行为，后续不再被给予强化，那么该行为的发生就会减少直至停止。消退中，必须明确与问题行为相关的强化物。强化物选择得恰当、准确才能产生预期效果。

思考实践

1. 什么是不相容行为的区别强化？
2. 什么是空置反应的低比例行为区别强化？
3. 空置反应的低比例行为区别强化的主要特点是什么？

项目三　行为养成技术

项目导入

上一项目中，我们重点研究了怎样减少或消除当事人已有的不良行为。在此目标下，运用频率最高的方法是强化，通过强化使积极行为出现的次数增加。须注意，积极行为至少出现过。如果期望个体身上从来不出现某种行为，则需要使用其他的方法来促使目标行为的发生。在本项目中，我们将为大家介绍几种建立新行为的方法。

项目导航

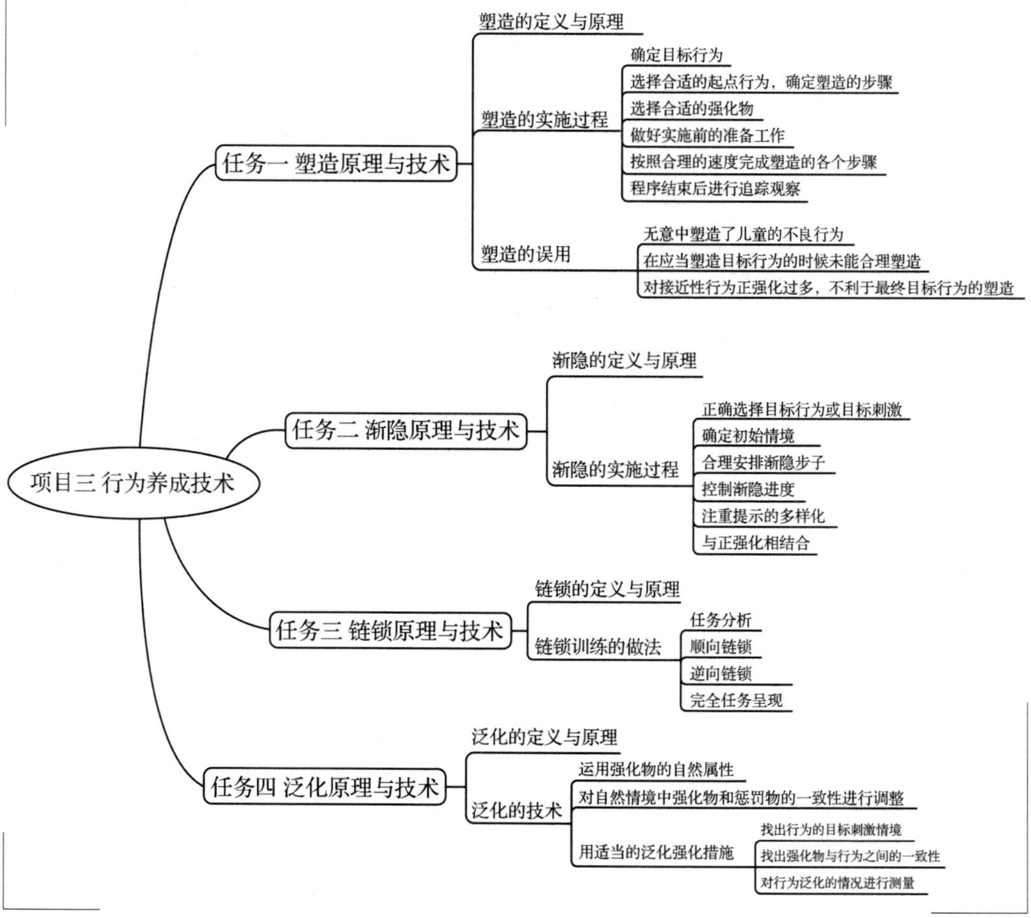
项目三 行为养成技术
任务一 塑造原理与技术
塑造的定义与原理
塑造的实施过程
确定目标行为
选择合适的起点行为，确定塑造的步骤
选择合适的强化物
做好实施前的准备工作
按照合理的速度完成塑造的各个步骤
程序结束后进行追踪观察
塑造的误用
无意中塑造了儿童的不良行为
在应当塑造目标行为的时候未能合理塑造
对接近性行为正强化过多，不利于最终目标行为的塑造
任务二 渐隐原理与技术
渐隐的定义与原理
渐隐的实施过程
正确选择目标行为或目标刺激
确定初始情境
合理安排渐隐步子
控制渐隐进度
注重提示的多样化
与正强化相结合
任务三 链锁原理与技术
链锁的定义与原理
链锁训练的做法
任务分析
顺向链锁
逆向链锁
完全任务呈现
任务四 泛化原理与技术
泛化的定义与原理
泛化的技术
运用强化物的自然属性
对自然情境中强化物和惩罚物的一致性进行调整
用适当的泛化强化措施
找出行为的目标刺激情境
找出强化物与行为之间的一致性
对行为泛化的情况进行测量

学习目标

知识目标	1. 了解行为养成技术的相关理论知识； 2. 掌握行为养成技术的操作程序。
能力目标	1. 能够对问题行为产生的原因进行分析； 2. 能够对当事人的问题行为进行分析并正确选择行为矫正法； 3. 能够结合实际需要，制订合理的行为养成实施方案。
素养目标	1. 具有应用行为养成技术的基本原理及程序进行问题行为干预的专业素养； 2. 具有正确的儿童观、伦理观，知行统一。

▸任务一 塑造原理与技术

塑造

|任务情境|

案例：福利院里想走路的女孩

某儿童福利院里有一个8岁小女孩，名叫小莉，智力迟滞。她不会走路，常常伴有严重的自伤行为。几年前，福利院的工作人员就开始教她走路了，但一直未成功。现在只要护士放开她的手，她就会跌倒在地上。为塑造小莉的行走行为，工作人员设计了一个塑造程序，试图教会她能自行从教室走到餐厅去吃饭。

|任务描述|

强化，是提高积极行为发生频率的一种手段，但需要积极行为至少出现过。如果个体根本不曾有过此类积极行为，而要让个体产生这一积极行为，这种情形下强化就不适用，而需要采用塑造这样一种新的方法。

一、塑造的定义与原理

行为塑造是指在发展个体新行为的过程中，通过逐步增强与目标行为有关的一连串反应，循序渐进地使个体养成训练者所期待的目标行为的整个过程。行为塑造虽是由行为主义学派提出来的，但事实上，塑造一直是人类行为发展过程中被普遍运用的一种方法。例如，在儿童刚学走路时，家长往往会对儿童走一步或两步的反应给予鼓掌、拥抱、亲吻等正强化。当儿童能更稳地走上一两步时，家长就停止对这个行为反应进行强化，而是增加儿童独立行走的距离，即当儿童能走三四步时，才给予强化。这样，渐渐地，儿童独立行走的距离越来越长，直到真正学会走路。此外，海洋公园里训练师训练海豚做出各种表演动作也是对塑造这一原理的应用。

由此可见，塑造是指在建立一个新行为时，可从起点开始对与该行为有关的一系列反应逐个进行强化，并连续强化这些不断接近新行为的一系列反应，使个体建立最

终目标行为的过程，也即通过差别强化达到行为分化的过程。通常，塑造原理又被称为“连续接近法”。

二、塑造的实施过程

（一）确定目标行为

确定目标行为是实施塑造的第一步。所谓目标行为就是人们所期望的最终出现的行为。塑造以目标行为为活动的导向，一切活动都是为接近目标行为而展开的。通常，个体最好能较容易地将目标行为从塑造的情境迁移到自然情境中，以便保持塑造的成果。所以塑造的首要任务是清楚地确定塑造最后要达到的行为标准，一般要求客观、具体、明确、可观察、可记录，以便将目标作为迁移到自然情境中。

（二）选择合适的起点行为，确定塑造的步骤

起点行为是通向终点行为(目标行为)的第一个接近性反应。起点行为通常是儿童能做到或可能随时发生的行为，以便及时进行强化。选择起点行为的重要前提是了解儿童的现有行为水平，然后通过对起点行为的正强化，逐步接近目标行为。选定起点行为之后，以起点行为为开端，列出通向目标行为的连续相似的行为步骤。值得注意的是，起始步骤或连续相似的反应要根据儿童的具体情况确定。塑造的步骤不是一成不变的，是需要根据实际情况进行调整的。

（三）选择合适的强化物

选择适合儿童的强化物，以保证儿童出现最终的目标行为。所以强化物的选择必须满足儿童的兴趣或需要，以产生实际的效果。

（四）做好实施前的准备工作

为保障塑造的顺利实施，在具体实施前应将计划告诉儿童及相关人员，让大家知道实施塑造的目标是什么，在实施过程中要怎样做，以及可以得到什么样的强化物等，以取得大家的共同配合。

（五）按照合理的速度完成塑造的各个步骤

从起点行为开始，根据儿童的反应，对每一个接近性行为进行强化，直到确保该接近性行为能够稳固出现。然后强化下一个接近性行为，并对前一个接近性行为停止强化。一旦下一个接近性行为能够保持，就可以停止对它的强化并开始强化下一个接近性行为。要注意的是，在儿童还没有掌握前一个接近性行为时，不要急于让儿童进行新的接近性行为的练习，这样容易导致前一个接近性行为的消失。程序不能进行得过快但也不能太慢，要具体情况具体对待，总之，要根据儿童的实际情况确定适当的

步骤及练习的次数。

（六）程序结束后进行追踪观察

塑造完成之后，在不断地进行练习和巩固的同时，也要定期进行观察、评估。若发现问题，要及时补救，及时进行新一阶段行为的塑造，直到熟练为止。要尽量使新塑造的行为迁移到自然情境中，让儿童在日常生活、学习和社会适应中应用。

三、塑造的误用

日常生活中，成人可以采用塑造原理让儿童形成良好的行为习惯，但有时也会出现误用而使结果适得其反。塑造被误用的情况主要分为以下几类。

（一）无意中塑造了儿童的不良行为

当儿童刚出现某种行为时就对这种行为给予正强化，容易使儿童的不良行为增多，甚至产生严重的不良行为后果。比如，当一个平时很少受到父母关注的儿童生病时，父母会担心不已，于是他会想各种办法让自己生病，以引起父母的关注。他再次生病时，发现父母并没有像上一次那样较多地关注他，于是他就故意不吃药拖延病情，让父母更多地陪伴和关注他。如此一来，他的不良行为后果就会越来越严重。在这里，正是父母无意中塑造了儿童的这一不良行为。

（二）在应当塑造目标行为的时候未能合理塑造

儿童产生接近期望行为的反应时未能及时得到成人的正强化，从而导致成人未能塑造出最终的目标行为。具体地说，许多家长都希望儿童一开始就能形成他们所期望的良好行为，但有时家长由于一些原因未能及时给予儿童足够的关注，这容易使儿童在产生接近期望行为的反应时未得到及时强化，因而不能适时塑造出期望行为。

（三）对接近性行为正强化过多，不利于最终目标行为的塑造

通常，当儿童产生了某一个接近期望行为的接近性行为后，就应当要求儿童出现更接近期望行为的其他反应。但如果这个时候对接近期望行为的接近性行为给予过多的正强化，反而容易使儿童在这个接近性行为上产生固着，不能继续发展出最终的目标行为。

| 拓展阅读 |

塑造会产生问题行为吗？

塑造是被用作塑造正向行为（期待行为）的方法。通过对塑造原理的研究，有学者认为塑造在某种情况下会制造出问题行为并加以强化。那么哪些问题行为会在塑造过程中产生呢？

一种是炫耀行为，为了获得别人的关注而做出的不恰当的行为。

另一种是自伤行为，如孩子的哭闹。在塑造行为的过程中，家长的关心（强化物）使孩子的哭闹行为得到强化。原本轻微的哭闹，最后可能发展成为更激烈的行为。塑造所带来的影响可能是双面的，认识到这一点，能让我们在塑造良好行为的同时，注意不要强化这个过程所带来的问题行为。

▶任务二 渐隐原理与技术

渐隐

| 任务情境 |

案例：如何让他主动开口

10 岁男孩亮亮是中度智力障碍儿童，语言发展迟缓，掌握词汇少，沟通动机较弱，很少有主动说出物体名称或表达自己要求的行为，但有时会盲目模仿别人的只言片语。

任务：如何使用渐隐原理让亮亮有主动语言？

| 任务描述 |

一、渐隐的定义与原理

渐隐是指逐渐改变控制某一反应的刺激，使改变（或新建立）的刺激仍然可以引起原来的反应，常用来帮助个体学习新的行为。

学习是一种在尝试中不断失败，然后发现正确的方法的过程。渐隐使人们在学习中减少错误而直接获得正确反应，缩短了试误的过程，从而节省了时间。

要使当事人在特定情境下把应有的行为表现出来，其原理是运用一系列控制行为反应的刺激，使当事人在新的情境中仍然能够表现出先前的行为反应。因此，渐隐的本质是控制提示性刺激以确保目标行为在新的情境中仍能得以展现。

需指出的是，渐隐和塑造都涉及“变化”的问题，在这一点上两者是相似的，但两者仍有明显的区别。塑造使当事人的行为朝着目标行为逐步变化，并对变化中的这些近似行为逐一进行强化，使它们逐步接近和成为目标行为。渐隐主要使情境中的提示性刺激发生逐步变化，即淡出，而要求行为保持不变并给予强化，最后在情境刺激达到预期水平时，使原来应有的行为反应仍能保持不变。

二、渐隐的实施过程

（一）正确选择目标行为或目标刺激

在实施渐隐时，可以选择能够引发适当行为的最初刺激，应用多种不同的刺激方式，以产生适当行为。渐隐要求的最终情境和条件应该与目标行为出现的情境和条件尽量接近，这样形成的行为才更具实际意义。

（二）确定初始情境

目标行为频繁出现的情境称为初始情境，初始情境中包含能引起目标行为的诸多因素，如言语、动作、环境等的提示。例如，训练一个孤独症儿童的洗手行为，则需要呈现画有洗手步骤的一连串图片。

（三）合理安排渐隐步子

渐隐步子的安排要适当，一般通过观察和试误设定渐隐步子，根据当事人目标行为在每一个新情境中的具体表现来确定下一个渐隐步子。

在新情境中当事人若表现得漫不经心或不耐烦，则可能是因为步子太小；若出现畏难情绪，则可能是因为步子太大。对这两种情况都应做及时调整，既可以增添或简缩有关的情境，也可以增加或撤去有关的提示。因此，在渐隐过程中调整步子是经常发生的。

（四）控制渐隐进度

如果当事人的反应出现多次错误，则应当退回到前一步，重复前一步的刺激。这种情况的发生，有可能是因为渐隐的速度太快，应返回前一步放慢速度或缩小步子。

（五）注重提示的多样化

提示在渐隐中起着十分重要的作用。它不仅是渐隐中各情境变化的主要因素，还在情境中控制目标行为的发生。渐隐中的提示大体可分为言语的提示、动作的提示和环境的提示。

言语的提示是指言语的暗示和线索，即一个言语行为出现，能引起个体产生期待的行为反应。

动作的提示又称为动作刺激，即他人的某些动作能使个体产生期望行为。

环境的提示也称为环境刺激，即通过环境刺激来引起期待行为的出现。

（六）与正强化相结合

正确的行为反应一旦发生，一定要及时对其进行强化。渐隐的每一步都应该结合运用正强化，但要注意强化物是否恰当。

| 拓展阅读 |

如何区别塑造和渐隐

1. 干预目的不同

塑造的目的是令儿童建立以前不曾有过的新行为，而渐隐的目的是要求儿童将已经具有的行为在变化的情境中展示出来。

2. 干预途径不同

塑造是对围绕目标行为的一系列相似行为逐一进行强化，使已有的行为更趋近或达到，强化的是行为本身。而渐隐则通过安排提示（逐渐减少），使原来的行为仍然能够出现并保持。

总之，塑造中变化的是行为，而渐隐中变化的是情境，这是两者在干预方法上的不同。此外，塑造是为了使一个人形成新的行为反应。渐隐的目的是使一个人已有的行为反应在新的情境中也能够表现出来，促使当事人能够表现出较为稳定的符合要求的行为，之后使这样的情境逐步向越来越接近于常规情境的方向渐隐，最后使当事人在常规情境中也能够表现出应有的良好行为。

▶任务三 链锁原理与技术

链锁

| 任务情境 |

案例：生活适应能力训练

阿尔法，6 岁，轻度智力障碍儿童。在生活中阿尔法办不到的事情，父母总会很自然地帮助他完成，逐渐使阿尔法形成了不愿意动手去做自己应该做的事情的习惯，例如穿袜子、刷牙等。生活适应能力训练是特殊需要儿童教育训练的重要组成部分，它旨在从某一个或某一类适应能力项目入手，提高特殊需要儿童的自我意识和生活自理能力。

任务：试用链锁原理帮助阿尔法解决在生活中遇到的实际问题。

| 任务描述 |

一、链锁的定义与原理

链锁是把要求行为者习得的特定行为分解为一系列刺激—反应链，然后按一定的顺序对每个环节逐一进行训练，使行为者最终掌握整个行为的一种行为矫正方法。

从行为原理角度分析，组成整个行为的各个环节其实是一个刺激—反应链。该链是由刺激和反应组成的序列，其中的每一个反应都是能引发下一个反应的辨别刺激。因此，链锁的各个环节或组成链锁这一复杂行为的各个成分有双重角色，既是对特定行为环节中的刺激做出的反应，又是该链中对后一行为环节起作用的辨别刺激。

运用链锁原理首先需要进行任务拆解，确定要完成的任务的内容和顺序，将一个行为链区分成一个个单一的刺激。当教别人完成一个由两个以上步骤组成的复杂任务时，第一步就是将完成任务所需要的所有行为都区分开，并将它们写下来。下一步就是要区分出任务中每个行为的可辨别刺激。因为完成任务包括对行为链中每个刺激—反应部分进行辨别训练，所以必须进行详细的任务分析，对每个刺激—反应步骤都有正确的理解。

二、链锁训练的做法

（一）任务分析

针对组成行为的一系列刺激—反应链，指导并训练学习者每次从任务链条的开始环节一直做到最后环节，并重复练习直至掌握整个行为，这是任务分析法。进行任务分析有几种方法。方法之一是观察别人如何做这项工作，并记录下每个刺激—反应的步骤。比如，训练者要想教别人如何打篮球，要以先观察自己周围的人是怎样做的。方法之二是训练者可以请教一个擅长这项活动的专家，请他解释这项活动的每一个步骤。方法之三是训练者自己可以亲自从事这项活动并记录下每个反应的顺序。

（二）顺向链锁

按照刺激—反应链(S-R 链)的顺序，从第一个环节开始依次训练，并将前面的环节与所训练的环节联结起来，直到整个刺激—反应链全部掌握。训练时，先教任务的第一个环节，然后教第二个环节，并把第一、第二个环节结合起来练习，再教第三个环节，并把第一、第二、第三个环节结合起来练习，依次类推，直至习得整个行为，这是顺向链锁法(图 2-3-1)。

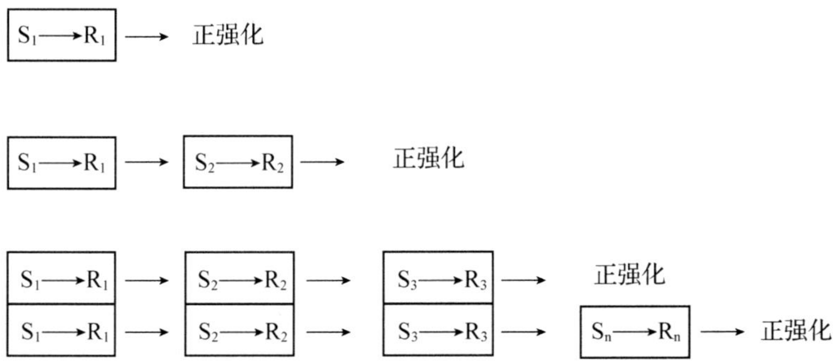

图 2-3-1　顺向链锁

（三）逆向链锁

逆向链锁是一种强有力的训练方法，主要应用于学习者的学习能力非常有限的情况。在进行逆向链锁训练时，首先要运用强化和消退教会学习者行为链中的最后一个行为。从最后一个行为开始，可以让学习者尝试完成行为链。一旦学习者掌握了最后一个行为(学习者在不用强化时就可以做出这种行为)，就可以学习上一个行为。行为链中的最后两个行为不用强化就可完成后，则可学习再上一个行为(图 2-3-2)。

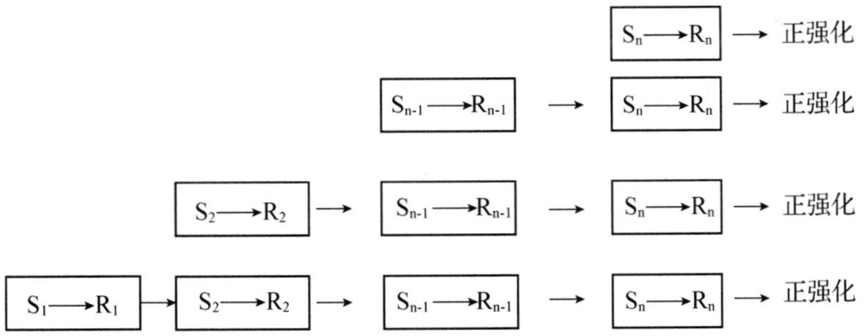

图 2-3-2 逆向链锁

（四）完全任务呈现

顺向链锁和逆向链锁都要将行为链分解为多个刺激—反应步骤，每次只教一个步骤，再将所有的步骤连起来。与此相反，完全任务呈现是将复杂的行为链作为整个单元进行训练，就像它的名称所提示的，每次练习都要完成全部任务。

在应用完全任务呈现法时，要用强化的方法使学习者从头至尾完成整个行为链。在指导学习者完成行为链的时候，躯体强化更为常用。一旦学习者在强化的情况下能够成功地完成全部任务，就要在练习的时候逐渐减少强化，直到学习者不需强化也可以完成这项任务。

| 拓展阅读 |

刺激—反应链

在链锁中，刺激—反应链是由一系列的辨别刺激（SD）和反应（R）组成的。其中一个辨别刺激可能引发一个特定反应，形成一个 S-R 环节，而每一个反应又成为下一个反应的辨别刺激（SD），最终形成一连串的 S-R 环节。

在反应链中，当出现第一个辨别刺激时，就需要评估学习者的反应，并评估学习者完成每个步骤的能力。如果学习者不能做出正确反应，则需要呈现第二个辨别刺激，并评估学习者的反应。如果学习者没有正确反应，则呈现第三个辨别刺激。

每个行为链都包括若干独立的、依次发生的刺激—反应部分，因此，一个行为链通常又称为刺激—反应链（S-R）。链中的每一个行为或反应都产生一种刺激改变。第一个环节的反应是下一个反应的刺激，以此类推从而形成整个刺激—反应链。

▶任务四 泛化原理与技术

泛化

任务情境

案例：孤独症儿童情绪的识别

对于孤独症儿童而言，情绪的识别是一个具有挑战性的领域。他们通常很难鉴别他人的反应和情绪，这也直接影响到他们在社交场合的表现。孤独症儿童的学习时常会陷在一个非常具体或特定的形式中，在变化了的环境中难以根据变化呈现出已经习得的良好技能。

任务：请运用泛化的方法让儿童能够将习得的良好技能灵活运用到生活中。

任务描述

一、泛化的定义与原理

在行为矫正过程中，泛化是指在训练情境之外，所有相似的刺激出现时某种行为都出现，即一系列相似的刺激都对行为产生了刺激控制作用。行为改变的泛化是行为矫正中的一个重要问题。人们用行为矫正的各种方法来发展、增加或保持期望行为时，都希望行为能在训练情境之外的所有相关情境中出现。有研究者用这种方法教智力障碍儿童的家长一些教养孩子的技能。为了促使教养技能泛化到家庭环境中，研究者在当事人家里对其进行训练。当当事人运用教养技能时研究者就给予强化，结果，这些技能成功泛化到了家庭环境中。在教临床心理学研究生治疗技巧时，教授给予指导、示范，然后让学生在模拟治疗情境中通过角色扮演演练这些技巧。每个学生演练时教授都给予反馈，表扬他们做得好的地方，并对需要改进的地方给予进一步的指导，使学生充分掌握治疗技巧。

二、泛化的技术

如何将治疗技巧泛化到实际的临床治疗中呢？

（一）运用强化物的自然属性

强化泛化的方法是训练特定技能，使其可以在相关环境下引起强化物自然出现。如

果不能在训练之外的相关情境对行为进行强化，那么让强化物自然出现是很重要的。

（二）对自然情境中强化物和惩罚物的一致性进行调整

如果所期望的行为能够在训练情境之外的自然情境中得到强化(或者在自然情境中不受惩罚)，这些行为就会在自然情境中出现。当训练者无法在泛化出现时进行强化，自然情境中也没有可以利用的强化物时，可以通过调整相关情境中强化物的一致性来强化泛化的发生。

（三）用适当的泛化强化措施

分析过训练情境之外行为的一致性之后，就可以选择适当的泛化强化措施了。对目标刺激情境的分析能够将多种相关情境纳入训练过程，而且可以在训练时选择一般性刺激，或者选择泛化媒介。最后，训练前对目标刺激情境的分析，可以使泛化出现时马上能被识别出来，并且被强化。对已存在的强化物的属性进行分析，有利于选择最可能得到强化的行为进行训练。

对最可能受到自然强化的行为进行训练，其本身就增加了泛化的可能性。此外，为了强化泛化而对某些强化物和惩罚物的出现进行调节时，必须清楚强化和惩罚是怎样自然发生的。行为矫正之前、之中和之后都应运用强化策略，运用中应遵循以下几个原则。

1. 找出行为的目标刺激情境

行为矫正的目的是使行为泛化到所有的相似情境中，即建立一种新的行为或者加强某种已存在的行为，希望这种行为适时适地(在目标刺激情境中)发生。为了使行为泛化到适宜的情境中，必须在开始训练前就找出目标刺激情境。一旦找到了相关的情境，就可以应用强化泛化的措施增加行为在这些情境中发生的可能性。如果在训练前没有找出目标刺激情境，泛化只能是偶然现象。

2. 找出强化物与行为之间的一致性

一旦找出了相关的强化物，就可以着重训练那些适用于自然情境的行为。如果事先没有进行这方面的分析，所训练的行为可能就不适用于训练情境之外的情境，泛化发生的可能性就会小得多。

3. 对行为泛化的情况进行测量

收集泛化的行为在目标情境中出现的数据，以确定强化泛化的努力是否有效。如果泛化的行为确实已经在有关情境中出现，为了确定泛化的行为是否得以保持，以后还应定期对泛化的行为进行评估。对泛化行为的评估应包含强化自然发生的有关信息，以确定泛化的行为在目标情境中是否得到持续不断的强化。如果评估表明行为还没有泛化到目标情境中，则一定要进一步应用强化泛化的措施，并继续对泛化的行为进行评估，直到有证据表明行为得到了泛化和保持。

拓展阅读

泛化原理

泛化的最终目标是使在训练过程中塑造的行为，能够在不同的情境中发生。那么在泛化原理的操作中，最重要的就是为学习者提供不同的相关环境。例如，教授孤独症儿童与他人打招呼这一行为，就要训练他们在不同场合与多人打招呼从而使这一行为得到泛化。

值得注意的是，在诱导目标行为出现时所提供的训练环境与泛化情境越相似，则目标行为出现的概率越大，即要将训练与具体情境结合起来。例如，我们训练孤独症儿童使用图片表达自己的想法和感受，则要将行为发生的情境设在具体的地点（如洗手间或图书馆等）。

项目总结

本章介绍了四种形成新行为的行为矫正方法，分别为塑造、渐隐、链锁、泛化。

塑造是用来培养一个人目前尚未做出的目标行为的手段，它可以被定义为使个体行为不断接近目标行为直至最终成为这种目标行为的差别强化过程。

渐隐的目的是使当事人在特定情境下把应有的行为表现出来。渐隐的本质就是控制提示性刺激以确保目标行为在新情境中仍能得以展现。

链锁是由刺激和反应组成的序列，其中的每一个反应都是能引发下一个反应的辨别刺激，链中的下一个反应要依赖前一个反应的出现。

泛化是很重要的行为矫正技术。行为在训练情境之外的类似情境中也能出现，而且训练情境中的刺激与目标情境中的刺激越相似，该行为就越容易泛化到目标情境中。

需要注意的是，行为矫正方法解决的是当时当地的问题，这些问题是客观的、可以测量的。但这并不意味着我们可以忽视这一行为的形成过程、发生背景。我们应该通过分析该行为发生的原因及现状，通过全面记录、动态评估来解决现实情境中的问题，在采用具体方法时也要注意每一个方法的使用要求、适用环境，还需要关照到伦理问题。

思考实践

1. 在链锁中什么是完全任务呈现？
2. 泛化与分化之间的区别是什么？

项目四　行为管理技术

项目导入

人的各种行为都受到内在心理机制的影响。行为管理技术是基于行为主义学派理论的行为改变技术。其主要针对生活情境中的操作性行为和外显行为进行干预，达到解决行为问题的目的。行为管理技术有助于个体了解积极的行为方式，认识他人，也认识自己，同时增进个体的社会适应能力，在教育、医学、临床心理学、行为管理等领域得到了广泛应用。

项目导航

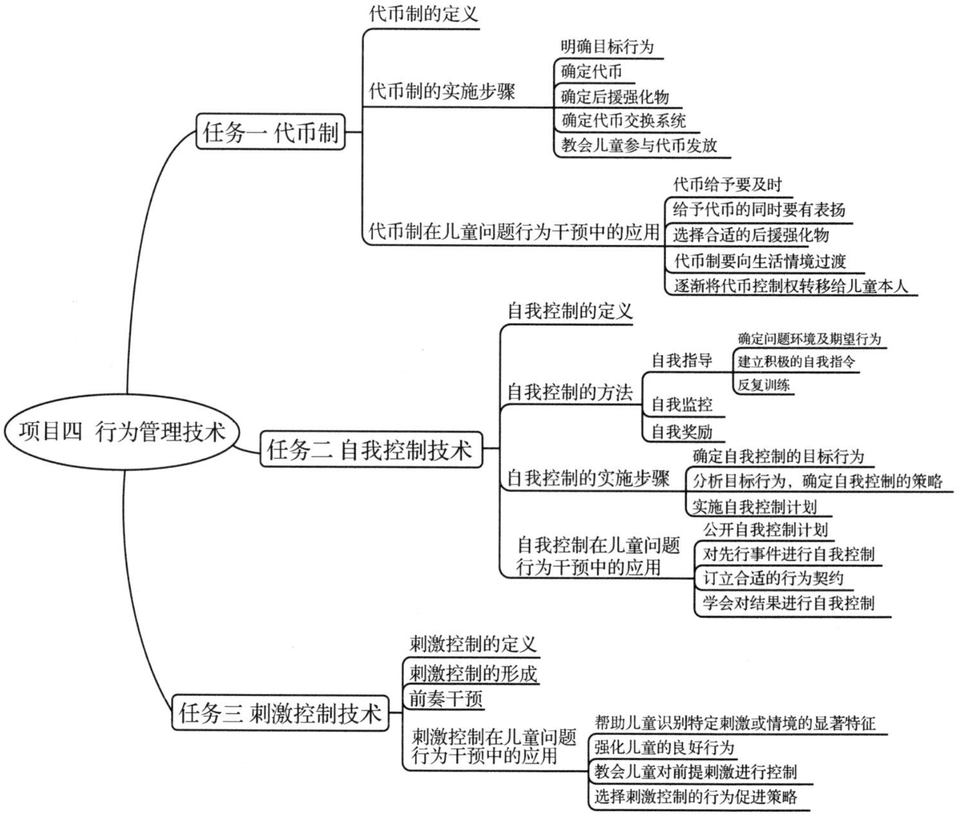
项目四 行为管理技术
任务一 代币制
代币制的定义
代币制的实施步骤
明确目标行为
确定代币
确定后援强化物
确定代币交换系统
教会儿童参与代币发放
代币制在儿童问题行为干预中的应用
代币给予要及时
给予代币的同时要有表扬
选择合适的后援强化物
代币制要向生活情境过渡
逐渐将代币控制权转移给儿童本人
任务二 自我控制技术
自我控制的定义
自我控制的方法
自我指导
确定问题环境及期望行为
建立积极的自我指令
反复训练
自我监控
自我奖励
自我控制的实施步骤
确定自我控制的目标行为
分析目标行为，确定自我控制的策略
实施自我控制计划
自我控制在儿童问题行为干预中的应用
公开自我控制计划
对先行事件进行自我控制
订立合适的行为契约
学会对结果进行自我控制
任务三 刺激控制技术
刺激控制的定义
刺激控制的形成
前奏干预
刺激控制在儿童问题行为干预中的应用
帮助儿童识别特定刺激或情境的显著特征
强化儿童的良好行为
教会儿童对前提刺激进行控制
选择刺激控制的行为促进策略

学习目标

知识目标	1. 熟知代币制的操作要领； 2. 掌握自我控制技术的方法； 3. 理解刺激控制的训练过程。
能力目标	1. 能确定恰当的代币及兑换率； 2. 能指导儿童进行自我控制； 3. 能运用刺激控制技术帮助儿童建立正确的行为。
素养目标	1. 具有应用认知理论分析儿童问题行为的勇于探索的创新精神； 2. 具有应用条件反射理论干预儿童问题行为的意识和态度。

▶任务一 代币制

代币制

| 任务情境 |

案例：不想上学的多多

多多是个 15 岁的男孩，有神经传导性障碍，并具有攻击行为。他拒绝上学，极端地逃避学校，顽固地认为学校没有价值，想去工作赚钱，然后买一辆摩托车。由于没有技能和学历，他整天看电视，幻想着工作和摩托车。父母的责骂，学校教师的警告、批评对他都不起作用。

任务：请分析多多这种行为产生的心理原因，以及教师应该如何解决多多的行为问题。

| 任务描述 |

行为治疗学派认为人类行为是通过许多联结的建立而习得的，而且行为是受环境影响的。代币制(token economies)是在斯金纳的操作条件反射理论，特别是在强化原理的基础上形成并完善起来的一种行为塑造方法。代币制在儿童行为改变中被广泛应用，该方法对特殊需要儿童的行为干预同样具有非常重要的作用。

一、代币制的定义

代币制是一种以代币为强化物塑造良好行为的方法。当个体表现出期望行为时便给予代币，可强化期望行为。相反，若个体表现出不恰当行为便扣除代币，可使不良行为得以消退。

代币其实是一种中介物。在行为改变的过程中，用一种本来不具有增强作用的物体(如筹码、铜币、纸币等)作为表征，让它与具有增强作用的其他刺激物(如食物、玩具等)相联结，从而让这种表征物变成具有增强作用的物品。如果这种增强物经由一定的约定，可以累积并可兑换其他实质性增强物，则被称为代币。针对一组人或个体设计实施的一套专门运用代币增强目标行为的矫正方法称为代币制。可以累积的物品，都可以在代币制中充当中介物，以换取后援强化物，如食物、奖状和日常用品等。代

币制的成效，取决于后援强化物的种类的多寡以及增强力量的大小，所以要慎重选择后援强化物。

二、代币制的实施步骤

面对儿童的问题行为，在决定使用代币制进行干预之前，需要认真规划代币制的实施步骤，以确保对问题行为的矫正效果。

（一）明确目标行为

代币制的实施目的是增加个体的期望行为，因此，实施代币制的第一个步骤是确定在实施过程中需要强化的目标行为。目标行为的确定在很大程度上取决于儿童的特定问题行为、儿童的特点、教师对儿童的期望等。选择目标行为的依据是它们的社会意义及其对儿童的意义。一旦确定了目标行为，就要使儿童明确什么行为是被期待的行为，什么行为是不被期待的行为。

（二）确定代币

代币必须是一些真实存在的实物，以便教师在儿童出现目标行为的时候能立即给予。一般来说，代币是一些能够让教师积累的一种东西，如笑脸徽章、硬币、小贴片等。这类代币只能从教师那里获得，否则代币就不能发挥有效的强化作用。

（三）确定后援强化物

后援强化物是代币所能换取的东西。因为代币配合了后援强化物，所以代币作为条件强化物获得了效果。例如，10 个笑脸徽章可以换取一次游戏机会。在这里，笑脸徽章是代币，而游戏则是该体系中的后援强化物。

后援强化物的种类、强度和价值直接影响其对儿童的作用。一般来说，后援强化物包括：物质性强化物，如零食、玩具或其他物质性的东西；活动性强化物，如游戏、看电视或运动等，或者是享有一些特权。在代币制的实施过程中，使用的后援强化物必须超出儿童的基本需求和权利。例如，选择食物作为后援强化物的时候，应该选择特殊的食物，如巧克力、薯片等，而不能选择日常的基础食物。

（四）确定代币交换系统

后援强化物必须用目标行为挣得的代币购买。因此，每一个后援强化物都必须有一个明确的价格，并确定兑换率。一般来说，小的项目需要少量的代币，如一个笑脸徽章可以换取一块糕点，但是大的项目就需要更多的代币，如看电视可能需要 10 个笑脸徽章甚至更多。

在确定代币兑换系统时，要明确代币兑换的时间和地点。这样在实施过程中，儿童可以在指定的时间到指定的地点兑换后援强化物。在其他时间，儿童是不可以兑换

后援强化物的。

（五）教会儿童参与代币发放

在建立了代币兑换系统后，就要按照事先确定好的系统实施代币制，保证实施的强化效果。在实施过程中，要让儿童严格按照制定的程序参与代币制，例如，规定好什么样的行为可以获得多少代币，以及多少代币能够兑换多少后援强化物等。给予儿童足够的示范，让儿童做好记录、尝试参与，直到他们熟练为止。

代币制的最终目标是使儿童的期望行为增加。当儿童的期望行为在自然情境中出现的次数逐渐增多的时候，就要考虑逐渐取消代币制。在这个过程中，可以通过调整代币兑换率增加后援强化物的价值来增加期望行为出现的次数。例如，可以将 10 个笑脸徽章换取一次游戏机会，提升到 15 个笑脸徽章换取一次游戏机会。同时，可以适时增加社会性强化物，逐渐减少物质性强化物。例如，可以把食物强化物变换为口头夸奖等。

三、代币制在儿童问题行为干预中的应用

（一）代币给予要及时

教师要在儿童出现期望行为之后立即给予代币，这样才能很好地起到强化目标行为的作用。因此，在选择代币时要注意，尽量选择便携式的代币，以便能及时强化期望行为。

（二）给予代币的同时要进行表扬

表扬是社会性强化物。给予代币的同时要加以表扬，一方面可以加强强化效果，另一方面有利于强化物实现从物质性强化物到社会性强化物的过渡。

（三）选择合适的后援强化物

在代币计划的制订过程中，选择恰当的后援强化物，可以使代币和后援强化物两者的关系更加明确，使代币更可能成为条件强化物。例如，对于儿童来说，在课堂上积极回答问题可以换取积分，100 积分可以换取一个自己喜欢的玩具。在这里，玩具这个后援强化物就使得积分这个条件强化物对儿童积极回答问题的行为有很强的强化作用。

（四）代币制要向生活情境过渡

代币制只是一种行为矫正方法，不便适用于日常生活的大部分场合。因此，在儿童结束行为矫正程序前，要逐渐减少代币的使用，选择自然有效的强化方式。例如，利用表扬等来保持期望行为。通过代币制建立了儿童的良好行为后，需要用适当的方式让代币制向生活情境中过渡，同时维持儿童已经建立的良好行为。

（五）逐渐将代币控制权转移给儿童本人

逐步让儿童自己记录自己的行为，让儿童提出哪些行为不需要参与代币制，以及还有哪些行为需要改变，并自己设计出一套可行的代币制计划，最终逐渐取消代币。

| 拓展阅读 |

反应代价与代币制的有机结合

反应代价(response cost)是降低行为发生率的一种技术，是为了使某特定行为不再发生或尽可能少发生，在该行为发生后使行为者失去自己所拥有的部分强化物的一种行为干预方法。其原理是，个体都有持有自己所拥有的强化物的自然心理倾向，一旦在某种情境中因某种特定行为而失去了强化物，以后就会尽可能不在这样的情境中再表现出这样的行为，以免付出自己不愿付出的代价。此后此类行为发生的可能性就会减小。

在现实生活中，有很多行为属于反应代价行为，如在车站、公园等公共场合吸烟、随地吐痰、乱扔杂物等会受到处罚。反应代价与代币制有机结合，有两个较为明显的好处：一是易于实施，对情境中其他人的活动几乎不产生干扰；二是适用面广，能针对多种不良行为，并能较快地产生抑制效果，但要注意儿童对立对抗情绪的产生。

▶任务二 自我控制技术

自我控制

| 任务情境 |

案例：想要减体重的一一

一一，男，14岁，身高1.53米，体重80.5千克，不爱运动，某校七年级随班就读学生。他平时非常爱吃肥肉和甜点，放学后，做的第一件事就是急忙到学校对面的蛋糕店购买蛋挞吃。奶奶觉得他正在长身体，对他的饮食很少控制。一次一一

生病去看医生，医生告诉他肥胖会给身体机能带来一定的影响，于是他开始担心自己的体重了，也想控制自己的饮食。但控制饮食两天后，一一觉得体重减轻了，应该奖励一下自己，就再次暴饮暴食，难以抵制食物的诱惑。他家里有跑步机，但每次他跑几分钟就觉得累了，便停下来坐在沙发上看电视或漫画。最终，他一心想减体重，却不能坚持。

任务：如何应用自我控制的方法帮助一一减体重？

| 任务描述 |

自我控制(self-control)是近年来心理学研究的热点问题。行为主义认为，行为产生的原因在于环境中某些因素的影响，而环境中的这些因素可以通过自我转化成为个体的内在动机，从而使得个体可以对自己的行为进行控制和约束。

一、自我控制的定义

自我控制是指个体根据社会标准或自己的意愿，对自己的行为、情绪和认知活动进行约束和管理。社会标准是指社会的制度。自己的意愿是指自己的需要、偏好和原则。自我控制的具体表现是控制自己做什么和不做什么。无论是儿童还是成人，都能够通过一定的努力控制自己的不良行为。自我控制主要是指个体自己对自己的行为实施指导、监控和奖惩。

二、自我控制的方法

在实际应用中自我控制主要有两个目的：一是个体学会抑制能即刻带来满足感的行为，如打游戏；二是个体通过努力增加某些良好行为，如锻炼身体。在具体的实施过程中，最常用的方法有自我指导、自我监控、自我奖惩三种方法。

（一）自我指导

自我指导是指通过指导个体用正面的、积极的自我对话来代替消极的内部言语，最终达到矫正不良行为的目的。自我指导训练(self-instructional training，SIT)是由美国认知行为治疗家梅钦鲍姆于 20 世纪 70 年代提出的。

在进行自我指导训练时需要注意以下三个问题。

1. 确定问题环境及期望行为

个体的问题行为一般都是在一定的问题情境中出现的，因此需要首先帮助个体找

出问题环境，并分析这个环境中个体存在的一些不良的内部语言，并且确立适应环境的期望行为。例如，在演讲前，对自己说“我准备得不好，不能很好地完成演讲”，这种就是不适应演讲环境的不良的内部语言。受这种语言的影响，个体在演讲过程中就容易出现语言不流畅、忘词等不良行为。那么，在这种演讲环境中，更适合的语言应该是“我会很好地完成演讲的”，这种自我鼓励的内部语言可以更好地帮助个体自信地完成演讲。

2. 建立积极的自我指令

在自我指导训练中，针对问题情境，教师可以帮助儿童建立积极的自我指令，通过这种方式帮助儿童控制问题情境中的行为。例如，在课堂上，儿童想睡觉的时候，可以对自己说“我不能这么做，否则老师会批评我”。这样，儿童的不良行为就会停止。

3. 反复训练

反复训练的过程是帮助个体不断巩固并迅速掌握自我控制技术的一个过程。在对儿童进行自我控制训练时，可以通过模拟情境的方式进行训练。在模拟情境中，教师和儿童通过角色扮演的形式，由教师进行示范和指导，帮助儿童完成任务。然后教师可以以家庭作业的形式，帮助儿童把自我指导技术由模拟情境过渡到自然生活中。

（二）自我监控

在行为改变过程中，除了教师等外部力量的帮助和干预，自我监督和控制也必不可少。因此，在确立目标行为的同时，干预者往往会帮助个体设计自我监督方案来配合使用。自我监督可以使用备忘录或者设计的记录表，在每次目标行为出现后立即记录下来。这样可以使目标行为向着期望的方向改变。一般来说，自我监控要贯穿整个自我控制程序的始终。

在自我监控的过程中，行为的即时性后果与行为的真正后果不一致时，就会出现行为的“即时性后果短路”。干预者要学会分析行为“即时性后果短路”的原因，一般包括：即时的强化物与延缓惩罚的关系，如儿童喜欢玩打火机，但一旦发生火灾就会危及人身安全；即时的小强化与积累的大惩罚的关系，如儿童的贪食会导致肥胖；即时的强化与推迟的强化的关系，如儿童把年初家人给的零花钱一次性花完，或是将压岁钱累计起来买一件自己喜欢的大玩具；即时的小惩罚与延缓的大惩罚的关系，如儿童溜冰时嫌戴头盔、穿护膝麻烦，但可以避免受伤；即时的小惩罚与积累的大强化的关系，如生病了每天吃药比较难受，但治愈后上学不耽误升学考试；即时的小惩罚与积累的大惩罚的关系，如儿童嫌刷牙麻烦，但如果不经常刷牙，就会长蛀牙。

（三）自我奖惩

自我奖惩是在自我控制中，个体对自己的良好行为进行奖励(强化)，对不良行为

进行惩罚的一种方法。自我奖惩包括自我奖励和自我惩罚两种形式，均由个体自主执行。

进行自我奖励，首先，要明确什么行为可以得到强化，即奖励的行为界定。其次，要明确可得到强化的行为每次获得强化物的标准是什么。最后，要明确如果行为达到一定标准之后，在什么时间可以得到强化。在自我惩罚中，需要明确什么样的行为要被惩罚，如何实施以及什么时候实施。

自我奖惩是由个体自己执行的，不管是奖励还是惩罚，都由个体自己掌握，难免会出现过多强化或过轻惩罚的现象，因此，在实施自我奖惩的过程中，要建立必要的监督机制。

三、自我控制的实施步骤

在日常生活中，自我控制技术一般应用于可以明确地意识到自己的问题行为并且具有强烈的改变该行为意愿的个体。开展自我控制计划可以按照以下三个步骤进行。

（一）确定自我控制的目标行为

开展自我控制计划，首先要明确目标行为，也就是需要确定最终的目标行为是什么。在这一过程中，个体需要对自己的行为基线水平有一个正确的认识，这样才可能合理地确定目标行为的水平。

（二）分析目标行为，确定自我控制的策略

在实际操作中，自我控制的方法有多种。在制订干预计划时，需要确定采用什么方法进行行为矫正。采用自我指导策略，就要选择合适的自我指导语以及使用该指导语的时机。采用自我监控策略，就要对自己的行为进行观察、记录。采用自我奖惩策略，就要确定好获得强化或者惩罚的明确情境及标准。

（三）实施自我控制计划

在自我控制计划制订好之后，个体就可以按照计划实施自我控制了。在计划实施过程中，个体需要按照选定的方法对自我行为进行相应的管理、记录、奖惩等。

四、自我控制在儿童问题行为干预中的应用

美国认知行为治疗家梅钦鲍姆在对注意缺陷多动障碍儿童进行研究调查后发现，很多这样的儿童缺乏内部语言的调节，因此自我控制的方法对这些儿童具有帮助作用。

（一）公开自我控制计划

在运用自我控制策略对儿童问题行为进行矫正时，可以借助外在力量帮助儿童实施自我控制，如家人、同学、朋友。首先，在公开自己的自我控制计划后，请家人、

同学、朋友监督，给予一定的提醒和帮助。同伴参与是一种很好的鼓励方式。当事儿童可以找一个同伴，一起参与到计划中。其次，可以改变周围环境，增加环境中的有利因素，例如，贴提示标语等，提示自己坚持自我控制计划。

（二）对先行事件进行自我控制

在儿童不能控制自己行为的时候，教师、家长和干预者可以进行行为的示范与模仿，适当改变环境，减少不良刺激的干扰，或是改变时间引导良好行为的发生，或是改变周围人的态度，增强儿童自我控制的动机等。

（三）订立合适的行为契约

如果儿童愿意，订立行为契约(behavioral contract)也是促进其自我控制的办法。契约可以是儿童与其监护人签订的，也可以是儿童自己与自己签订的。可以以书面的形式对自我控制的内容进行约定，具体包括：契约签订的目的是什么；什么样的行为可以得到强化与惩罚；实施者及实施的形式是什么；如果分阶段实施，各个阶段的实施目标是什么；如何根据情况进行修改或增补什么样的条款等。

（四）学会对结果进行自我控制

在家庭或学校环境中，儿童可以消除影响自我的不良强化物，通过自我记录的方式看到自己的进步，依据目标行为干预的进度进行自我强化。如果儿童没有达到预期的目标，要能够有意识地施以自我惩戒。例如，进行自我家务劳动，提高学习任务量，禁止自己参与某些娱乐活动等。

| 拓展阅读 |

幼儿自我控制的发展特点

维果茨基和鲁利亚将幼儿自我控制的发展分为了三个阶段。①父母言语控制。婴幼儿最开始是以生理为基础对刺激做出反应的，而其情绪的调节需要父母的言语控制。换句话说，这个时期的婴幼儿并不能够依靠自己进行情绪调节，而需要借助父母的言语才能完成情绪调节。②外部言语控制。在这个阶段，幼儿开始能够自觉自发地调节自己的行为，但是还不能完全控制自己，仍需要成人的言语指导。③内部言语控制。到达这个阶段以后，幼儿的外部言语转化为内部言语，将外部言语内化，能够在没有外部言语提醒的情况下独自进行情绪调节。

▸任务三 刺激控制技术

刺激控制

任务情境

案例：会分放餐具的璐璐

璐璐，某培智学校八年级学生。璐璐课余时间在学校餐厅勤工俭学。她经常在洗餐具之后把所有的盘子、杯子、碗及筷子都堆在一起。生活老师决定用社会赞赏而不是用指导语来进行强化，使璐璐能把盘子、杯子、碗和筷子等分放各处，便于餐具分类管理。每次中餐过后，生活老师都准时站在厨房外，当璐璐将所有餐具都堆在一处时就不看她，而当她把东西正确地分放时，就冲她微笑、点头，表示赞赏。几天之后，生活老师发现璐璐几乎没有什么进步。一天中午，秦老师来到厨房，问及生活老师的意图之后，马上说："这不是很容易吗？璐璐，从现在起，你把盘子放在这儿，把杯子放在那儿，把碗放在……"果然，璐璐从此就这样做了。

任务：生活老师干预效果不佳的原因是什么？秦老师的干预方法对你有什么启示？

任务描述

在行为发生时就已经存在的刺激实践、情形或者环境，对行为的结果有直接影响。例如，改进照明，清理桌子上与学习无关的物品，使床尽可能地远离书桌并把床从书桌对面移开（有可能的话，不要把床与书桌放在同一房间内，因为床是对睡觉的一种诱发刺激），可以更好地、更持久地促进学习行为。许多学习不良的儿童有着边学边玩的不良学习习惯，他们的学习物品旁边常有大量的玩具，这样的布局往往是诱惑他们玩的主要因素。为了使新刺激不再成为儿童不专心学习的条件刺激，在新布置的环境中应只放置与学习行为有关的物品。上述两个例子描述了刺激控制(stimulus control)的原理。控制影响学习行为的环境刺激因素，能够促进儿童学习行为在得到强化的环境里发生。

一、刺激控制的定义

刺激控制是通过影响行为发生的刺激对行为进行矫正和治疗的技术，是基于操

作条件作用理论的一种行为改变策略。干预者利用特定刺激或情境来帮助个体发展某种良好行为。不同的刺激对儿童问题行为的作用不同，主要通过刺激辨别训练表现出来。

特定的辨别刺激的出现或排除控制着特殊反应的模式或速度。当个体学会对两个以上刺激中的每个刺激做出分化反应时，他就辨别了两个以上的刺激，即处于刺激控制之下。在任务情境的案例中，璐璐分放餐具的前提是秦老师的出现。璐璐对生活老师和秦老师出现了不同的反应即分化反应。我们说，璐璐处于刺激控制之下。如果由于某个特定的前提或者某个刺激群体中一个刺激的出现，行为出现的可能性增加了，那么我们就说这个行为得到了刺激控制。

例如，红灯亮，停车；绿灯亮，正常通行。行为过程分析如下：

前提　　行为　　后果
绿灯 → 踩油门 → 继续前行避免交通拥堵

前提　　行为　　后果
红灯 → 踩刹车 → 避免交通事故或违章

在这个例子中，踩油门的行为只有在绿灯这个刺激出现时才会出现。

二、刺激控制的形成

刺激控制之所以能够形成，是因为行为只有在特定的前提出现时才能得到强化。例如，在某一环境中，个体的某种行为在发生后总是得到某种刺激物的强化，便会固定下来，而该环境中的刺激物便获得了对这种行为的控制力，即此后每当这个人进入该环境，这些刺激物便会引出其相应的行为。这个在行为得到强化时出现的前提环境就是刺激辨别(stimulus discrimination)。特定的前提出现时行为得到强化的过程就是刺激辨别训练。

例如，在小学里，下课铃声对孩子们的行为形成了刺激控制。只要下课铃声响起，孩子们就离开座位，到教室外玩耍。这个行为得到了游戏的强化。如果在下课铃声响起前离开教室，这个行为就不会得到强化，甚至会得到惩罚。在这个过程中，下课铃声就是离开教室行为的辨别刺激，因为离开教室的行为是在下课铃响之后这个时间点得到强化的。

由此可以看出，刺激控制的形成过程实际就是刺激辨别训练的一个过程。这一过程包括两个步骤：第一，当辨别刺激出现时，行为得到强化；第二，当辨别刺激以外的任何刺激出现时，行为得不到强化。刺激经过了刺激辨别训练，就产生了辨别性刺激(discriminative stimulus)。它具有信号的功能，能够抑制或促进儿童行为的发生。

在有些情况下，使行为得到强化或者削弱的前提刺激是相当具体的。但是在另一些情况下，前提刺激的范围比较广。当行为的刺激控制范围比较大，即行为发生在多种刺激下的时候，我们就说发生了刺激泛化。例如，一个对桃子毛过敏的人，也不能触碰无毛的油桃。这就是一种泛化现象。

三、前奏干预

前奏干预是指通过对行为发生前的刺激进行控制处理来干预行为的方法。如果个体知道在什么刺激条件下将无法得到强化物以及在什么刺激条件下能够获得强化物，那么个体就能够将自己的行为与某一特定的刺激条件联系起来。干预者可以根据这一原理来操纵前奏刺激，从而达到影响个体行为的目的。

例如，一些小学生放学之后喜欢在旧书摊旁看连环画，因而忘了做作业和回家吃饭。一种简便的矫正方法是让学生在学校做作业，推迟他的放学时间。另外，改变活动的时间还可以消除单调感，以减少问题行为的发生，这对于从事流水线生产的职工来讲显得尤为重要。

前奏干预可以通过对物理或社会环境某些方面的控制，促进期望行为的发生。

首先，呈现期望行为的辨别刺激，减少不期望行为的线索。期望行为没有出现的一个重要原因是辨别刺激没有在当下的环境中出现。例如，妈妈说不要吃不健康的食物，那么就要在儿童周围呈现健康食品，收走不健康食品。这样，孩子食用健康食品的可能性才会增加。

其次，降低期望行为的反应难度，增加不期望行为的反应难度。如果两种行为具有同等的强化效果，那么反应难度小的行为就比反应难度大的行为更容易发生。

四、刺激控制在儿童问题行为干预中的应用

（一）帮助儿童识别特定刺激或情境的显著特征

教师可以帮助儿童分析期望行为出现的情境，让儿童明白期望行为与特定刺激的联系。区分清楚这一刺激，可以促使儿童期望行为的出现。如涛涛在学校骂人就会受到教师的严厉批评，而在家里骂人会受到奶奶的纵容。这就会导致涛涛在学校不会骂人，而在小区楼下玩耍的时候经常会辱骂别的小朋友。

（二）强化儿童的良好行为

当儿童对特定刺激或情境产生特定反应时即可受到正强化。当儿童对特定刺激表现出恰当行为时要及时给予强化物，建立特定刺激与期望行为的联系，增加期望行为的出现率。若个体对其他刺激或情境也产生特定反应则得不到正强化，甚至受到惩罚。

降低问题行为的强化价值，提高良好行为的强化价值，儿童问题行为的发生率就会降低。

（三）教会儿童对前提刺激进行控制

通过反复练习使辨别刺激和期望行为之间建立联系，同时，教会儿童对前提刺激进行控制，如消除促进问题行为发生的刺激，提高问题行为发生的难度，提供促进良好行为发生的刺激，降低良好行为发生的难度等。例如，把儿童房间中的零食拿走，将学习计划表张贴在房间比较醒目的位置，可以减少儿童做作业的分心行为。

（四）选择刺激控制的行为促进策略

适当的刺激能够促进儿童表现出良好行为。一是言语指导，为了控制行为而呈现言语刺激，包括口头指导和书面指导，如教会儿童“饭前便后要洗手”等，用言语指导间接地维持良好行为。言语指导要遵循以下基本原则：应该适合不同年龄儿童的理解能力，应该将复杂的言语指导分成若干简明易懂的小步子；用愉快和礼貌的方式来表达，避免使用强迫命令式的语言；在指导的内容方面，应该通过讨论与儿童达成一定程度的共识；在言语指导后，应该始终如一地执行言语指导的内容。二是身体引导，通过身体接触使得个体表现出目标行为，但要注意确定儿童对于身体接触不觉得难受或紧张，并在身体引导前获得本人和监护人的许可。儿童在身体引导下成功表现出目标行为后应立即给予强化，从简单的行为到复杂的行为，最终使儿童行为的刺激在指导中突出呈现。三是情境诱导，有意识地应用情境和场所来控制行为，如重新安排周围事物，把活动转移到新的地点，重新进行人员定位，改变活动的时间等。

| 拓展阅读 |

刺激控制的促进和转移

刺激控制的促进和转移是用于对一种特殊的行为建立合适的刺激控制的方法。促进，是用来增加个体在适宜的时间里表现出正确行为的一种形式，如棒球训练。

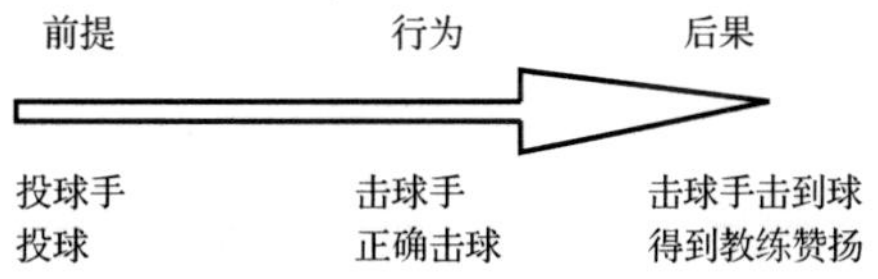

在这个过程中，当球过来的时候，教练加以提醒或者指导，就是一种促进(刺激帮助，如言语指导、动作辅助等)，使击球手做出正确击球动作，从而击到球。一旦击球手可以正确击球了，教练就会逐渐减少刺激帮助，这就是渐消的过程。促进和渐消的目的是在没有促进帮助的情况下使正确行为发生。促进，使正确行为发生，建立刺激控制；渐消，使刺激控制转移到自然环境中。

项目总结

代币制是用代币对个体行为进行强化的一套行为管理方式。其优点是及时强化，促进儿童自我观察，阻止儿童饱厌现象的发生。自我控制主要是指个体自己对自己的行为实施指导、监控和奖励。自我控制的方法有逐步改变行为标准，提高或降低行为难度等。干预者要关注行为的即时性后果与行为的真正后果不一致的“即时性后果短路”的原因。刺激控制有两类方法：第一类方法是刺激辨别训练反其道而行之，减少儿童问题行为的发生，如降低问题行为的强化价值，提高良好行为的强化价值；第二类方法是对前提刺激进行控制，如消除问题行为发生的刺激，提高问题行为发生的难度，降低良好行为发生的难度等，应用刺激控制来培养儿童各方面的良好行为。

思考实践

1. 言语指导的基本原则有哪些？
2. 情境诱导的基本方法是什么？
3. 什么是自我奖惩？

项目五　临床行为干预技术

项目导入

临床是指直接接触患者或来访者，对患者或来访者实施观察。临床行为干预技术是将丰富多样的行为干预理论与方法付诸临床实践，对患者或来访者实施准确、科学的心理咨询或行为矫正的技术。目前较为常见的临床行为干预技术有系统脱敏原理与技术、厌恶疗法原理与技术、生物反馈原理与技术。

项目导航

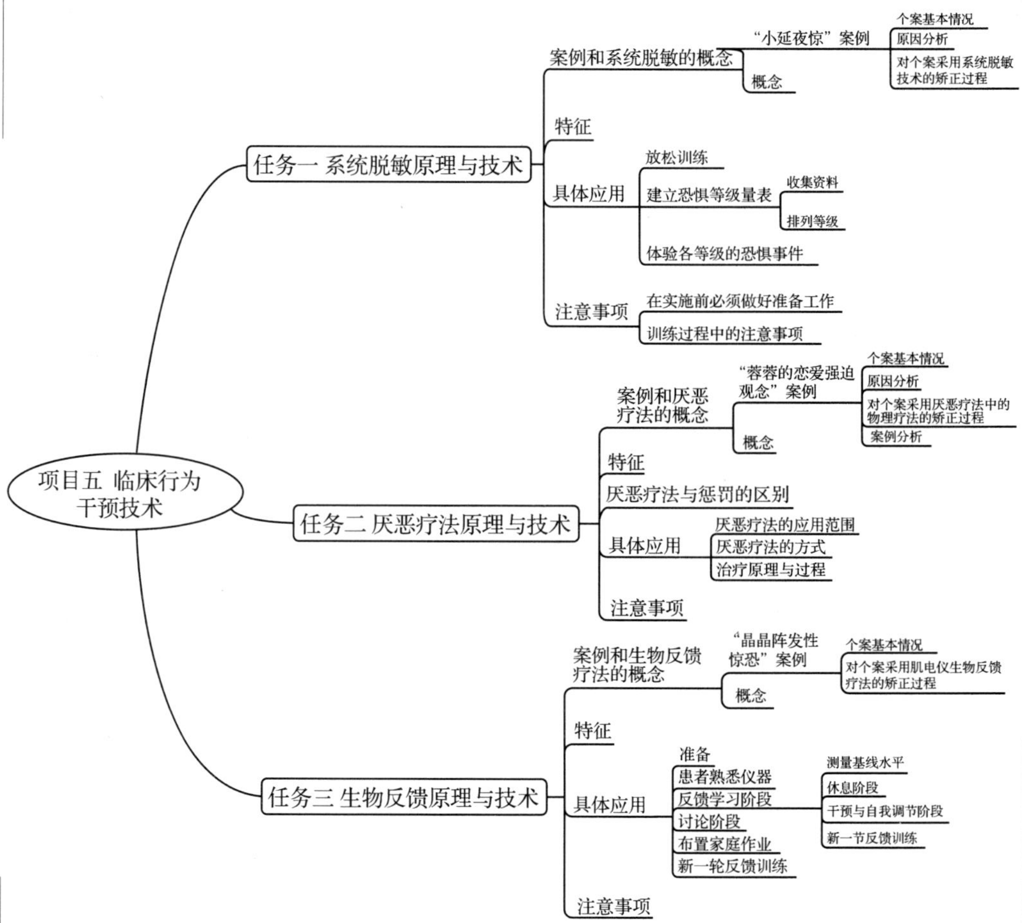
项目五 临床行为干预技术
任务一 系统脱敏原理与技术
案例和系统脱敏的概念
“小延夜惊”案例
个案基本情况
原因分析
对个案采用系统脱敏技术的矫正过程
概念
特征
具体应用
放松训练
建立恐惧等级量表
收集资料
排列等级
体验各等级的恐惧事件
注意事项
在实施前必须做好准备工作
训练过程中的注意事项
任务二 厌恶疗法原理与技术
案例和厌恶疗法的概念
“蓉蓉的恋爱强迫观念”案例
个案基本情况
原因分析
对个案采用厌恶疗法中的物理疗法的矫正过程
案例分析
概念
特征
厌恶疗法与惩罚的区别
具体应用
厌恶疗法的应用范围
厌恶疗法的方式
治疗原理与过程
注意事项
任务三 生物反馈原理与技术
案例和生物反馈疗法的概念
“晶晶阵发性惊恐”案例
个案基本情况
对个案采用肌电仪生物反馈疗法的矫正过程
概念
特征
具体应用
准备
患者熟悉仪器
反馈学习阶段
测量基线水平
休息阶段
干预与自我调节阶段
新一节反馈训练
讨论阶段
布置家庭作业
新一轮反馈训练
注意事项

学习目标

知识目标	1. 熟练掌握系统脱敏原理与技术； 2. 掌握厌恶疗法原理与技术； 3. 理解生物反馈原理与技术。
能力目标	1. 能针对具体问题行为和患者的特征选择恰当的临床行为干预技术； 2. 能为某一问题行为建立操作性强的等级量表； 3. 能利用系统脱敏法、厌恶疗法、生物反馈疗法干预特殊需要儿童常见的问题行为。
素养目标	1. 具有德法兼修的职业意识； 2. 具有区别系统脱敏法、厌恶疗法、生物反馈疗法的意识； 3. 具备与患者建立良好合作关系的态度与诚信服务的品格。

▶任务一 系统脱敏原理与技术

系统脱敏

任务情境

案例：小延夜惊

情绪障碍儿童小延，8岁，女。在某晚入睡后不久，小延突然尖声大叫，声调十分凄厉。其母闻声而来，见其端坐床上，呼吸急促，面色苍白，双目直视，正在高声尖叫，甚为恐怖。其母大声呼唤其名，但患儿毫无反应，口中不断喃喃自语，对其母的安抚、哭泣毫不理睬，数分钟后突然倒下入睡。次日她对头天晚上发生的事情茫然不知，其母对此甚为焦虑。患儿自尊心很强，情绪波动较大，尤其是见到男教师之后，通常就会情绪不稳。家族中无癫痫及精神病史。

患儿家长经询问教师后得知：小延夜惊发作前，曾在上体育课时因不专心做游戏，被教师送进隔离室隔离过4分钟，因此推测小延夜惊发作是由于被送进隔离室而产生了恐惧。

任务：请用系统脱敏原理与技术，为小延制订干预方案。

任务描述

生理学告诉我们，人的恐惧情绪和生理变化密切相关。在恐惧状态下，个体的心跳加快，血压升高，皮肤电反应显著，呼吸也急剧加快。这些生理变化受自主神经系统的支配，因而个体一旦接触到焦虑刺激，就容易表现异常。行为治疗专家实验后得知，若想矫治患者的恐惧反应，可以让患者先接触较为微弱的刺激，在适应这种微弱刺激后再接触较强一级的刺激，最后使患者遇到焦虑刺激可以自然地避免明显的生理变化，这就是系统脱敏原理的具体运用。

一、案例和系统脱敏的概念

（一）“小延夜惊”案例

1. 个案基本情况

见任务情境中的案例。

2. 原因分析

见任务情境中的案例。

3. 对个案采用系统脱敏技术的矫正过程

(1)基线阶段

在康复中心观察 1 周，记录观察的结果，并绘制基线表(表 2-5-1)。

表 2-5-1 小延夜惊行为时间取样记录表

被观察者：小延	观察者：张兵	问题行为：夜惊					
观察日期	发生	未发生	备注	观察日期	发生	未发生	备注
8月5日	√			8月8日	√		
8月6日		—		8月9日	√		
8月7日	√						
发生次数：行为发生的百分比为 80%。 记录方法：如行为发生，则在“发生”一栏打“√”，未发生则填“—”。							

(2)确定目标行为

通过矫正使小延的夜惊行为由每周 5 次下降至 1 次甚至没有。

(3)引入想象脱敏技术进行矫正

①经过分析，列出小延焦虑等级表，见表 2-5-2。

②在教师的引导下对其进行训练，充分地让其体验刺激，不断消除焦虑感。

③当其 6 次中有 5 次不感觉焦虑与紧张，即可进入下一个训练阶段。

④抚慰哭闹的小延，当小延配合时，立即给予表扬。

⑤维持阶段。跟踪观察 1 周，小延的行为没有反复，夜惊行为渐渐消失。

表 2-5-2 小延焦虑等级表

等级	事件	体验
10	进入隔离室。	从最小焦虑端开始，逐步要求小延体验焦虑情境。当小延完成了对等级量表中最后情境的体验时，她对该事物的焦虑感也就消失了。
9	站在隔离室门外等候。	
8	离隔离室有 1 米远。	
7	从 3 米远处走向隔离室。	
6	从大楼的前门走向有隔离室处。	
5	听别人说隔离室。	

续表

序号	事件	体验
4	上体育课的路上，几乎站不稳，像要生病一样。	
3	听别人说上体育课。	
2	当教师说上体育课。	
1	当喜欢的教师说上体育课。	

（二）概念

系统脱敏是指在安逸而充分放松的心境下，安排患者逐渐地接近所惧怕的事物，或逐渐地提高患者所恐惧的有关刺激的强度，让患者对所惧怕事物的敏感性逐渐减轻，甚至消失。

沃尔普认为降低患者对焦虑刺激的敏感性有两种方法。其一，逐渐改变刺激的特性，如形状、颜色、大小等。将引起患者焦虑的刺激作为制约刺激，然后设计几种在某一特性上略异于该刺激的刺激物。其二，逐渐改变通往焦虑刺激的距离，即让患者由远而近地接触焦虑刺激。每一步骤必须要等到不再引发明显的生理变化时才可以向前推进。

二、特征

系统脱敏可以对焦虑症、恐惧症进行有效治疗。系统脱敏具有三个明显的特征步骤。第一：受助者学会一种放松技术。第二：治疗师和患者一起建立一个恐惧或焦虑事件的等级量表。第三：患者在治疗师描述恐惧或焦虑层次的时候，练习放松技术。

三、具体应用

（一）放松训练

放松训练法通常有四种，分别是肌肉放松法、腹式呼吸法、注意力集中训练法和行为放松训练法。各种形式的放松的程序基本是一样的，即放松和紧张交替进行。下面以肌肉放松为例介绍放松训练。

肌肉放松训练按照全部放松和渐进放松可分为同时放松全部肌肉和逐个放松身上的肌肉群两种形式；按放松—诱导方式又可分为直接放松和间接放松两种形式。最常用的是“逐个放松身上的肌肉群”与“紧张—放松”相结合的循序渐进放松法。具体的实施程序如下。

环境要求：房间安静整洁，光线柔和，隔音良好。

声音要求：治疗师本人用语言指导患者放松，说话声音应低沉、柔和。

准备工作：让患者靠在沙发上，尽量坐得舒适，并闭上眼睛。

（然后，告诉患者）“我现在教你如何使自己放松。为了做到这一点，我将让你先紧张，然后放松你身上的肌肉群，先紧张后放松的意图在于让你体验什么是放松的感觉，因为只有知道了什么是紧张的感觉，你才能更容易体验什么是放松的感觉，从而学会如何保持这种感觉。现在，我先让你体验一下肌肉放松的感觉。”

（治疗师用手握住患者的手腕，同时告诉患者）“请用力弯曲你的前臂，与我的握力形成对抗。请用力收回你的前臂，同时体验肌肉紧张的感觉。”（大约停 10 秒）“好，请你放松，不再用力，尽量放松，体验感觉上的差异。”（停 5 秒）“这就是让你紧张、放松的基本用意。下面我将让你逐个紧张和放松你身上的主要肌肉群，从放松双手开始，然后是双臂、双脚、下肢，最后是头部和躯干。”（停一下）

“然后我请你……”

（第一步）“深深地吸进一口气，保持一会儿。”（大约停 10 秒）“好，请慢慢地把气呼出来，慢慢地把气呼出来。”（停一会儿）“现在我们再做一次。请你深深地吸进一口气，保持一会儿。”（大约停 10 秒）“好，请慢慢地把气呼出来，慢慢地把气呼出来。”（停一会儿）

（第二步）“现在，伸出你的前臂，握紧拳头，用力握，注意你手上的紧张感觉。”（大约停 10 秒）“好，现在请你放松，彻底地放松你的双手，体验放松后的感觉。你可能感觉到放松或者温暖，这些都是放松的标志，请你注意这些感觉。”（停一会儿）“我们现在再做一次。”（同上）

（第三步）“现在，请弯曲你的双臂，用力弯曲，紧张双臂的肌肉，保持一会儿，感觉双臂肌肉的紧张。”（大约停 10 秒）“好，放松，彻底地放松你的双臂，体验放松后的感觉，注意这些感觉。”（停一会儿）“我们现在再做一次。”（同上）

（第四步）“现在，我们开始练习如何放松双脚。”（停 5 秒）“好，紧张你的双脚，用脚趾抓紧地面，用力抓，保持一会儿。”（大约停 10 秒）“好，放松，彻底地放松你的双脚。”（停一会儿）“我们现在再做一次。”（同上）

（第五步）“现在，我们放松小腿部位的肌肉。”（停 5 秒）“请你将脚尖用力向上翘，脚跟向下向后紧压地面，绷紧小腿上的肌肉，保持一会儿。”（大约停 10 秒）“好，放松，彻底地放松。”（停一会儿）“我们现在再做一次。”（同上）

（第六步）“现在，请注意大腿肌肉。”（停 5 秒）“请用脚跟向下紧压地面，紧张大腿肌肉，保持一会儿。”“好，放松，彻底地放松。”（停一会儿）“我们现在再做一次。”（同上）

（第七步）“现在，我们注意头部肌肉。”（停 5 秒）“请先紧张额头的肌肉，收紧额头，保持一会儿。”（大约停 10 秒）“好，放松，彻底地放松。”（停一会儿）“现在，请紧闭双眼，用力紧闭，保持一会儿。”（大约停 10 秒）“好，放松，彻底地放松。”（停一会儿）“请转动你的眼球。从上到左，到下，到右，加快速度。好，现在朝反方向转动你的眼球，加快速度。好，停下来，放松，彻底地放松。”（停一会儿）“现在，咬紧你的牙齿，用力咬紧，保持一会儿。”（大约停 10 秒）“好，放松，彻底地放松。”（停一会儿）“现在，用舌头顶住上颚，用力上顶，保持一会儿。”（大约停 10 秒）“好，放松，彻底地放松。”（停一会儿）“现在，请用力把头向后靠，紧靠沙发，用力，保持一会儿。”（大约停 10 秒）“好，放松，彻底地放松。”（停一会儿）“现在，收紧你的下巴，向内收紧，用力，保持一会儿。”（大约停 10 秒）“好，放松，彻底地放松。”（停一会儿）“我们现在再做一次。”（同上）

（第八步）“现在，请注意躯干的肌肉群。”（停 5 秒）“好，请你往后扩展你的双肩，用力往后扩展，保持一会儿。”（大约停 10 秒）“好，放松，彻底地放松。”（停一会儿）“我们现在再做一次。”（同上）

（第九步）“现在，向上提起你的双肩，尽量使双肩接近你的耳垂，用力上提双肩，保持一会儿。”（大约停 10 秒）“好，放松，彻底地放松。”（停一会儿）“我们现在再做一次。”（同上）

（第十步）“现在，向内合紧你的双肩，用力合紧你的双肩，保持一会儿。”（大约停 10 秒）“好，放松，彻底地放松。”（停一会儿）“我们现在再做一次。”（同上）

（第十一步）“现在，请抬起你的双脚，向上抬起双脚，弯曲你的腰，用力弯曲腰部，保持一会儿。”（大约停 10 秒）“好，放松，彻底地放松。”（停一会儿）“我们现在再做一次。”（同上）

（第十二步）“现在紧张臀部肌肉，上提会阴，用力上提，保持一会儿。”（大约停 10 秒）“好，放松，彻底地放松。”（停一会儿）“我们现在再做一次。”（同上）

（休息 2 分钟，再从头做一遍）

（结束部分）“这就是整个放松过程。现在，感受你身上的肌肉群，从下向上，使每一组肌肉群都处于放松状态。首先，（慢）你的脚趾，你的脚，你的小腿，你的大腿，你的臀部，你的腰部，你的胸部，你的双手，你的双臂，你的脖子，你的下巴，你的眼睛，最后，你的额头，全部都处于放松状态。”（大约 10 秒）“请注意放松时温暖、愉快的感觉，将这种状态保持一两分钟。然后，我将从‘一’数到‘五’，当我数到‘五’时，请你睁开眼睛，感到平静安详、精神焕发。‘一’，感到平静；‘二’，感到平静安详；‘三’，感到精神焕发；‘四’，感到非常精神焕发；‘五’，请睁开眼睛。”

（二）建立恐惧等级量表

恐惧等级量表是将患者有关某一方面病症(如怕考试、怕说话等)的一连串刺激，按照其引发恐惧的强弱程度排列成等级或层次的一种表示方式。建立恐惧等级量表是系统脱敏的一项重点工作，也是难点所在。等级量表是系统脱敏的关键，它直接影响脱敏的成败。在排列强弱等级时，通常将最强的刺激排在最上端，然后依照个体所感受到的恐惧程度由强到弱依次排列下去。

1. 收集资料

(1)收集和整理患者的生活史资料

可通过访问、观察以及心理测验等方式收集与整理和患者有关的早年家庭生活史、教育背景、现有的社会关系等方面的信息，从而进行深刻的分析。

(2)建立恐惧等级量表(五点量表)

这项量表被称为恐惧等级量表，在行为改变技术中应用较广。患者依据自己害怕的程度，在这个五点量表上逐一作答，从而找出自己最害怕的事物。

指导语：这份量表上所列出的项目，都是一些曾经引起你恐惧的项目，现在请你按照你害怕的程度，逐一在适当的等级上打“√”。表 2-5-3 内的项目可以增加或减少。

表 2-5-3　恐惧等级量表

恐惧项目	完全不恐惧	有点恐惧	感到恐惧	相当恐惧	非常恐惧
噪声	1	2	3	4	5
独自一人	1	2	3	4	5
有人去世	1	2	3	4	5
过马路	1	2	3	4	5
在公众面前说话	1	2	3	4	5

(3)有关量表的应用

国外比较流行的“威罗比问卷”是用来诊断患者由人际关系障碍造成的焦虑情况的量表，共 25 个问题，要求患者根据自己的实际情况在 5 个等级上选答。用此量表测得的分数越低，表示症状越轻。问题答案无对错之分。每一个题目后均列出 0～4 个代码，代表不同的感受程度。0——完全不是，从来不，完全没有。1——有些是，有时候，有一些。2——中等。3——经常是，许多。4——繁多，全然地。

范例：

①如果你必须在一群陌生人的面前表演或讲话，你会焦虑吗？(0，1，2，3，4)

②当你从很高的地方下来时，尽管不会有真正的危险，你会害怕下来吗？(0，1，2，3，4)

2. 排列等级

通过对上述资料的收集分析，排列出等级，最小的等级排在最下面，最大的等级排在最上面，从下往上进行。如表 2-5-4 是为一个害怕乘拥挤电梯的患者所设计的等级量表。

表 2-5-4 情境体验等级量表

等级	情境体验
9	电梯很拥挤，挤得人紧靠在电梯壁上
8	电梯中有 9 人
7	电梯中有 7 人
6	电梯中有 4 人
5	电梯中有 2 人
4	站在电梯门外等候电梯到来
3	从 7 米远处走向电梯
2	从大楼的门走向安有电梯处
1	走向底端有电梯的大楼

（三）体验各等级的恐惧事件

在实施这一步时，治疗师首先让患者进行肌肉放松训练；当患者达到放松状态时，治疗师开始描述最轻等级的恐惧事件，通常这只会让患者产生轻微的恐惧感。患者在想象事件时进行肌肉放松。

当患者在想象恐惧事件的同时还能保持肌肉放松时，治疗师便开始进入下一个等级的恐惧事件。治疗师描述程度稍重的事件或真实呈现程度稍重的事件，让患者在想象或目睹该事件的同时进行肌肉放松。在患者适应上一个等级的事件后，治疗师逐步呈现强度更大的事件，直到患者能够在肌肉放松的状态下适应全部等级的恐惧事件。

系统脱敏法实施成功的关键在于让患者一步一步地通过引发恐惧的各等级刺激，使患者逐步暴露在更高一层的恐惧刺激里，并能轻松适应。

四、注意事项

（一）在实施前必须做好准备工作

患者应受过充分的肌肉放松训练，能随心所欲地放松全身肌肉。所有能引发恐惧的刺激已分级，形成一个恐惧等级表。患者对情境能形成清晰的表象。如不能形成表

象，在治疗前应给予训练，使其形成表象。

（二）训练过程中的注意事项

非常小心地呈现有关刺激或引导患者想象有关刺激，在每一阶段要能让患者产生最低程度的恐惧。如果患者面对的刺激强度变化太快，或者面对刺激不能放松，那就很难收到效果，且可能产生反作用，加剧患者的恐惧。

在患者感到焦虑前不给予任何强化，因为此时如果给予强化可能会阻碍患者说出自己所体验到的焦虑。在患者成功地通过全部的等级后，可以对患者的良好行为给予适当的正强化。所有程序结束后，应对患者做一段时期的追踪观察。若患者对某事物的恐惧有复发迹象，应及时采取对策。

| 拓展阅读 |

应用系统脱敏法治愈一个恐高症患者

患者，男，26 岁，中学教师，怕上高楼，上楼后有一种想从高楼上跳下去的恐惧感。患者个性较内向，不善言谈，工作负责。起因是患者给学生补课较疲劳，某日在四楼办公室工作，偶然抬头向窗外望去，突然感到自己身处高楼之上，如果从窗口跳出去，则后果不堪设想。自此，这一想法长期影响着他，以致他无意识地把自己的椅子挪离窗口。这种想跳出去的恐惧心理常使他心情不能平静，时常惊恐不已，不敢登高上楼。

治疗师诊断该患者患的是高空恐惧症，计划采用系统脱敏法予以矫正，并设计了一套家庭登楼训练活动。

第一周，要求患者每天至少登上二楼一次，并站着向窗外看，此时他会产生明显的惊恐反应，心跳加快、出汗等，但不允许他逃避，并指导其通过深呼吸来放松自己，直到心情平静下来。要求患者下楼后即写登楼日记，记录上楼后所经历的自我放松的时间和情况，以平复心情。经过一周的治疗后，患者已不再害怕上二楼，但高于二楼就不行了。

第二周，治疗师重新规定患者的活动，要求他每天上三楼一次，以后每隔三四天再加一层楼，同样运用松弛疗法来克服紧张情绪，如此逐渐增加高度。8 周后，治疗师终于成功消除了患者的高空恐惧症，使之恢复正常生活。

▶任务二
厌恶疗法原理与技术

厌恶疗法

任务情境

案例：蓉蓉的恋爱强迫观念

蓉蓉，13岁，女中学生。两年来她一见男性就产生可能要与他谈恋爱、结婚的想法。虽然明知不可能，但她无法控制这种想法，严重影响生活和学习。另外，她每到商店或只从商店门口经过，就会产生被售货员说少付了钱的念头，明知不会少付钱，但亦无法控制，以致怕去商店。

体格检查发现该女孩身躯高大，发育较早，似十七八岁的少女，神经系统无异常。

任务：请用厌恶疗法原理与技术，为蓉蓉制订干预方案。

任务描述

厌恶疗法基于这样一种假设，即如果在一个行为之后给予惩罚或者消极强化物，那么就会降低该行为发生的频率。将患者不受社会欢迎的行为和惩罚性的厌恶刺激结合几次后，患者就会对该行为产生厌恶感和恐惧感。当患者将要实施这一不良行为时，患者便会产生厌恶体验。为了避免这种厌恶体验，患者只能放弃或终止原有的不良行为。

一、案例和厌恶疗法的概念

（一）“蓉蓉的恋爱强迫观念”案例

1. 个案基本情况

见任务情境中的案例。

2. 原因分析

由案例可知，当事人患的是强迫症，即见到男性及商店就会产生明知不对的思想和顾虑，并且不能自控，只能采取逃避的方法，这常使她自己感到十分苦恼。

3. 对个案采用厌恶疗法中的物理疗法的矫正过程

(1)治疗方法

治疗师首先对她的病情进行了详细的分析和解释，在此基础上，决定采用一般厌恶疗法中的物理疗法进行治疗。具体方法是，预先在患者左手腕上套一个橡皮圈，当见到男性或经过商店出现上述强迫性思想(强迫观念)时，就让患者用力拉弹橡皮圈，务必要有痛感，并计算所弹次数，直到强迫性思想消失为止，每日做记录。

(2)结果

第1周，患者每天出现上述强迫性思想3～6次，在最初3天每次拉弹橡皮圈30～50次，以后3天每次拉弹橡皮圈3～5次；第2周，每天出现强迫性思想2次，每次拉弹橡皮圈2～5次；第3～8周，每天出现1次强迫性思想，拉弹橡皮圈5～10次即消失；从第9周的第3天开始，强迫性思想不再出现，脱掉橡皮圈，偶有轻微强迫想法，但能很快自控。其后，追踪观察3个月，强迫观念未再出现。患者已复学了，能正常学习，成绩很好。

4. 案例分析

案例中当事人患的是强迫症。患者的强迫观念有些是由负强化建立起来的，而有些则是由正强化建立起来的。不良强化物是她的强迫观念的释放。治疗师采用厌恶疗法，引入的一个厌恶刺激是让患者用橡皮圈自弹手腕至疼痛。每当患者出现强迫观念并想释放它时，厌恶刺激就配对出现。这样，患者最终将不良的观念释放，使不良行为逐渐减弱，以至消失。

（二）概念

厌恶疗法是利用对抗性条件作用原理进行治疗的行为疗法之一。当患者出现不良行为时，施以厌恶刺激，使其产生厌恶的生理或心理反应，并在治疗过程中反复实施，使得不良行为同厌恶反应建立条件反射，而逃避厌恶刺激的行为对不良行为具有抵制作用，借此达到矫正不良行为的目的。

这种方法又叫“厌恶刺激疗法”“厌恶制约法”或“对抗性条件反射法”。根据厌恶刺激物的性质，厌恶疗法又可以划分为物理疗法、化学疗法和想象疗法三类。

二、特征

厌恶疗法的基本程序是确定靶症状、选用厌恶刺激、施加厌恶刺激。其中厌恶刺激的选择是治疗是否有效的关键。厌恶刺激尽管多种多样，但它必须满足以下四个条件：第一，能够被用于所指定的时间；第二，根据治疗的需要，在强度和持续时间上能够被调节；第三，能够被应用于多种临床心理障碍；第四，不能对患者或

者实施者造成危险。常用的厌恶刺激可分为三种类型，即物理刺激、化学刺激和想象刺激。

厌恶疗法的特点是治疗期较短，效果较好。在厌恶疗法中，用作厌恶刺激的一般是可随身携带的袖珍电刺激盒，或可套在手腕上并随时可自弹致痛的橡皮圈，也可以用巨响声、恶臭、烟熏、针刺等作为厌恶刺激。

三、厌恶疗法与惩罚的区别

厌恶疗法与惩罚都需要运用厌恶刺激，因此惩罚会产生的弊端以及使用时应注意的事项同样适用于厌恶疗法。两者虽然相像，但却有着本质的区别。

第一，两者的理论基础不同。厌恶疗法中的厌恶刺激要和不良行为或不良习惯等几乎同时出现。由于两者的反复联结，使厌恶刺激成为不良行为的条件刺激，因此，其整个过程建立在应答性条件反射的基础上。而惩罚是当个体表现出不良行为后再给予厌恶刺激，以此来消退不良行为的方法，所以它是建立在操作条件反射基础上的。因此，两者的理论基础是不一样的。

第二，在厌恶疗法中，治疗师指导患者产生伴有惩罚的不良行为，故其不良行为是被动的，而在惩罚中不良行为是主动的。

第三，厌恶疗法的主要效果是弱化不良行为所得到的强化作用，而惩罚是直接惩罚个体的不良行为。

四、具体应用

（一）厌恶疗法的应用范围

厌恶疗法的应用范围很广，既可以用来治疗精神病或消除情绪障碍，也可以用来消除不良习惯。其应用范围可分为以下三类：①治疗成人与儿童的精神病或消除情绪障碍；②可用来戒除成人的一些不良习惯，如吸烟、酗酒等；③可用来戒除儿童的一些不良习惯，如吸吮手指、食异物等。

（二）厌恶疗法的方式

厌恶疗法通常采用三种方式。①电击厌恶疗法。将患者习惯性的不良行为反应与电击连在一起，一旦这一行为反应在想象中出现就予以电击。每次治疗时间为 20～30 分钟，反复电击多次。治疗次数可从每日 6 次到每两个星期 1 次，电击强度的选择应征得患者的同意。②药物厌恶疗法。在患者出现贪恋的刺激时，让其服用呕吐药，产生呕吐反应，从而使该行为反应逐渐消失。药物厌恶疗法多用于矫治与吃有关的行为障碍，如酗酒、饮食过度等，其缺点是耗时太长，且易弄脏环境。③想象厌恶疗法。

将治疗师口头描述的某些厌恶情境与患者想象中的刺激联系在一起，从而使患者产生厌恶反应，以达到治疗目的。此法操作简便，适用范围广，矫治各种行为障碍疗效较好。

学校管理中常用的厌恶疗法是暂停技术，即学生的不良行为出现之后，马上将其隔离或者不让他活动。

（三）治疗原理与过程

以酗酒者的治疗为例：

酒味(CS)——想饮酒(CR)

受电击(UCS)——因皮肉疼痛而产生厌恶感(UCR)

酒味＋电击——对酒味产生厌恶感及恐惧感

酒精(CS)——厌恶而逃避(CR)

或：

配对｛酒精——想饮酒；电击——厌恶、恐惧｝——产生逃避反应

使用物理疗法的程序是，每当酗酒者闻到酒味或喝一口酒时，即在其腿上施加短暂而轻微的电击，连续几天后，最终使酗酒者闻到酒味就产生厌恶感。也可以使用化学疗法，即用难吃的戒酒药取代电击，每当酗酒者想喝酒时，就给他服用一种会让他恶心的药。药效产生前，给酗酒者喝一口酒，让恶心感紧随酒的味道和气味出现。酒和恶心感多次的重复联合出现，将使酒具有导致恶心的特征。

五、注意事项

使用厌恶疗法必须征得患者的同意，因为厌恶疗法会给患者带来不愉快的体验。

运用厌恶疗法进行治疗时，厌恶刺激应达到足够强度，即刺激要确保让患者感到痛苦，尤其是生理上的厌恶反应，其持续时间为直到不良行为消失为止。如果厌恶刺激不足以转移注意力，或不足以与不良行为相对抗，那么就很难产生治疗效果。

使用电击厌恶疗法时，电击的强度应能够引起患者的痛感，但不能超出其忍受的范围。电击的强度要根据不同的患者和治疗的进展随时进行调节。在电击强度的选择上，患者可以自行决定。

在使用厌恶疗法的同时应努力帮助患者建立辨别性条件反射。不同的患者有时候应有不同的厌恶刺激。如果说一种不良行为是由焦虑导致的，我们应先治疗焦虑，然后再矫治不良行为。如果不遵守这一原则，可能导致“替代症状”的产生。

| 拓展阅读 |

内隐去敏法

内隐去敏法是指通过想象厌恶刺激来矫治不良行为的方法，也就是想象厌恶疗法，是厌恶疗法的一种变式。虽然不良强化物是想象的，但是厌恶刺激仍是真实呈现的。治疗师口头描述某些厌恶情境，要求患者将这些厌恶情境与不良行为的相关刺激或情境联系在一起，从而产生厌恶反应，以达到治疗目的。

例如治疗偷窥癖患者。当患者产生偷窥念头时，治疗师就让他想象被抓住时旁观者厌恶与鄙视的表情，或想象一个高大的警察正手执警棍和手铐盯着他，甚至他被判刑的场面，想象自己身败名裂、无地自容、羞愧难忍等，从而达到减少与控制不良行为的效果。

▶任务三 生物反馈原理与技术

反馈原理

| 任务情境 |

案例：晶晶阵发性惊恐

中学生晶晶，女，18岁，头痛头晕、失眠、心烦意乱一年多。半年前，有一次突感呼吸困难，心慌心悸，感到极度恐惧，于是大声尖叫，抱头乱窜，浑身战栗，大汗淋漓，持续十多分钟后渐渐瘫软。此后有多次类似发作，每次持续十多分钟，程度较首次发作轻，多为突然觉得心悸、胸闷，出现濒死感、窒息感和自我失控感。

患者自诉性急气躁，容易激动，有一点事就会心烦意乱，甚至头痛头晕，很少有心情平静的时候。患者没有安全感，时时刻刻都在提心吊胆，总担心有什么不幸将会来临，经常失眠，且多梦。家长反映晶晶脾气大，整日双眉紧锁，坐立不安，常诉胸痛。

经医院多种检查排除了心脏问题，晶晶被诊断为神经衰弱，服药未见好转。

任务：请用生物反馈原理与技术，为晶晶同学制订干预方案。

任务描述

随着医学科技的发展，用生物反馈仪帮助儿童进行全身的放松训练，比用纯言语指导的放松训练效果更佳。用生物反馈疗法可以使儿童的生理性焦虑水平全面降低，并且能使儿童产生相应的良好心理效应，以此来治疗紧张、焦虑等症状。此方法对年龄较大的儿童效果较好。

一、案例和生物反馈疗法的概念

（一）“晶晶阵发性惊恐”案例

1. 个案基本情况

见任务情境中的案例。

2. 对个案采用肌电生物反馈疗法的矫正过程

(1)第一次治疗

治疗师在向患者介绍肌电生物反馈仪的性能后，首先将电极安放在她的手臂上。要求患者交替用劲和放松，然后看反馈仪上指针的变化。通过反复训练，她对治疗仪器产生了兴趣，激发了她接受生物反馈训练的动机。

然后，治疗师将电极改放在患者额部，此时肌电持续在 15V 左右波动。治疗师告诉她，这个数字意味着她目前处于一种极度紧张的状态。但通过学习放松，这个数字是可以改变的，当额部肌电降低后她将会感觉到轻松和平静。

第一次治疗结束后布置家庭作业，让患者练习放松，仔细体会紧张和放松的区别。练习程序如下：先咬紧牙关，然后放松，反复练习，仔细体会紧张和放松的主观感觉。然后练习皱眉再舒展，仔细品味两者的不同感受。

(2)第二次治疗

进入治疗室后让患者休息 5 分钟，再将电极安放在其前额，测量基线水平。患者 1 分钟内平均额部肌电为 13.8V。治疗师将预置值设在 13V，用语言引导，让患者闭目放松。治疗结束时患者能将肌电控制在 13V 以下。

家庭作业为患者按照自己的体会，结合治疗师的指导语在家里练习放松。

(3)第三次治疗

稍事休息后测量额部肌电的基线水平为 13V。预置值设为 11.5V，训练成功。家庭作业同前。

(4)跟进治疗

连续治疗 4 天之后，患者感觉到焦虑有所缓解，在药物的帮助下可维持 6～7 小时的睡眠。

(5)反馈治疗

为了巩固疗效，反馈治疗改为 2～3 天 1 次，其余时间在家里反复练习。在近一个月的治疗中，患者未有惊恐发作，焦虑症状明显缓解。为巩固疗效，患者每周仍做一次反馈治疗，共持续 3 个多月。

（二）概念

生物反馈疗法，采用电子仪器准确测定神经、肌肉的正常和异常活动状态，如肌电、皮肤电、皮肤温度、血管容积、心率、血压和脑电等，并有选择地把这些信息放大成视觉和听觉信号，然后反馈给患者。治疗师的任务是通过一系列训练和治疗，帮助患者逐步了解原来并不为他所感知的机体状况的变化过程，通过学习与控制仪器所提供的外部反馈信号，从而让患者学会自我调节，达到治疗和预防特定疾病的目的。例如常见的紧张性头痛(tension headache)主要由前额两侧或枕、颞部肌肉持续收缩所致，则选定前额肌电反馈放松训练效果较好。

二、特征

生物反馈疗法的理论假设是人的自主神经和非自主神经并没有严格的界限，通过训练，人的自主神经能够建立操作条件反射，从而改变其功能状况。也就是说，人的心理活动可以通过生理指标反映出来。根据这些生理指标的反馈，人可以进行内部调节，从而使生理和心理活动都朝良性的方向变化。

生物反馈技术最早可追溯至巴甫洛夫做的条件反射的实验。到 20 世纪 60 年代，生物反馈技术发展成为一种自我调节技术。生物反馈疗法认为，如果某种临床心理问题与一些人体的生理活动有因果关系，那么通过调节这些生理活动就能解决这种临床心理问题或消除临床症状。

自主神经系统与操作条件反射的关系是生物反馈疗法的直接原理。通过操作条件反射，人在一定范围内拥有对部分内脏活动(如心率、血压、皮肤温度、肌电等)的控制能力，通过对内脏活动的协调，保持系统稳态，达到预防疾病的目的。

三、具体应用

临床常用的生物反馈仪一般有肌电生物反馈仪、皮肤温度反馈仪、脑电生物反馈仪等。肌电反馈技术是较成功、较普遍的一种生物反馈技术。目前生物反馈仪较多地用于由个体过度紧张导致的心理功能障碍和各种身心疾病。生物反馈疗法的操作步骤如下。

（一）准备

首先找一个安静、光线柔和、温度适宜的环境。患者穿宽松的衣服，坐时双腿不要交叉，呼吸要缓慢、自然、均匀。然后将所需数据线连接到电脑和患者的身体部位，并测试仪器是否可用及是否灵敏。在这个阶段治疗师还应与患者建立良好的治疗关系。

（二）患者熟悉仪器

在正式治疗之前须让患者了解生物反馈仪的性能和作用，熟悉仪器的灵敏性及其指标、数据代表的意义。通过治疗师的暗示或放松训练，降低患者的生理指标，从而使患者了解自己在松弛状态下的生理、心理变化，使患者意识到这些变化是自己主观参与的结果。让患者了解到自己在一般情况下、松弛情况下和不同紧张情况下自身的各种生理指标的变化，从而掌握控制自己的方法，使某些生理指标保持在一个相对正常的水平。

（三）反馈学习阶段

1. 测量基线水平

在治疗师进行暗示或干预之前，应先测出患者在训练之前的有关生理指标作为治疗的基线水平，以便和干预后的数据做比较。

2. 休息阶段

一般先休息几分钟，再实施干预。

3. 干预与自我调节阶段

在治疗的初始阶段，一般由治疗师进行干预。几次训练后，治疗师要求患者通过仪器的反馈信号学会自我控制。治疗师要将数据所反映出来的患者进步的信息及时反馈给患者，并反复强调主动参与的重要性，以及疗效是在人机互动的学习与自我调节的过程中产生的。

4. 新一节反馈训练

每小节之间休息一会儿，具体时间长度依患者情况而定。适当休息后，继续下一小节的反馈训练，直到到达基线值的下降状态为止。

（四）讨论阶段

在治疗结束后，患者需要做几次肢体屈伸运动，进行必要的身体放松训练。治疗师与患者讨论治疗中的体验及疗效，鼓励患者树立战胜疾病的勇气和信心。

（五）布置家庭作业

生物反馈疗法需要患者将借助生物反馈习得的调整模式在家里加以训练，每日 2 次，早晚各 1 次。在没有仪器帮助的情况下，患者应学会自我放松。

（六）新一轮反馈训练

当患者再次面对治疗师时，治疗师要全面了解患者的家庭作业完成情况，并根据患者的反馈情况，从上述的第三步骤开始新一轮的治疗。

四、注意事项

生物反馈训练不能代替药物。在治疗严重疾病时不宜过早停药，应继续服药，尤其是严重高血压、糖尿病等。仪器的操作者需要经过专业训练，以保证结果的可靠性和科学性。治疗前，患者必须提供临床心理医生出具的关于神经系统、疾病性质、病残情况及可能恢复的程度的评估报告，并经心理咨询后方可投入治疗。治疗师向患者说明仪器监测和反馈只是初步进行自我训练的手段，并不是治疗的全过程。治疗的关键是患者的自我训练和按时完成家庭作业。

如果训练几次后，指标仍无明显变化，除了要检查患者的理解程度、自己的操作技术外，治疗师还要对仪器做必要检查。生物反馈疗法并不是速成的，需要长期的训练，因此要求患者要有耐心和训练时间。在治疗的初始阶段，治疗双方都可能会低估疗效。治疗时患者应心态平稳，不阻抗，按指导要求逐步对照反馈信号，体验自己的意念和身体感觉，以达到预期的治疗目的。随着认知因素逐渐被重视，在生物反馈疗法中可以配合认知治疗的策略，引进认知治疗的作用。在训练过程中出现头晕、头痛、恶心、血压升高、失眠、幻觉、妄想等症状的患者和有自伤倾向的患者不宜采用生物反馈疗法。必须明确地让患者懂得生物反馈疗法的治疗意义是通过生理指标的反馈进行自我调节，千万不能让患者错误地以为仪器本身可以提供直接的治疗。

| 拓展阅读 |

肌电生物反馈仪

肌电生物反馈仪是基于肌电生物反馈的机理结合一定强度的低频脉冲对肌肉进行电刺激，使肌肉紧张或松弛，来训练和改善肌肉功能，帮助病人重建并恢复肌肉正常运动功能的一种医疗器械。

肌电生物反馈仪在医学领域得到了广泛的应用，在慢性头痛、骨科康复、脑卒中后遗症康复、尿失禁等治疗中均取得了进展。

肌电生物反馈仪主要由硬件和软件两部分组成。硬件主要负责肌电信号采集和电刺激。软件部分则根据反馈的可靠生物肌电信号，计算出该生物肌电信号的有效值，然后根据生物肌电信号有效值的大小和时间，决定输出肌电刺激信号的强度与频率等。

项目总结

临床行为干预技术是为患者或来访者实施准确而有效的行为干预的技术。本项目主要介绍了系统脱敏原理与技术、厌恶疗法原理与技术、生物反馈原理与技术，给出了具体案例以及操作步骤。治疗师要结合具体问题，有效利用这些原理与技术，与患者或来访者建立融洽且目标一致的治疗关系，科学细致地实施治疗过程，最终达到行为干预目标。

思考实践

1. 请说一说你对系统脱敏原理与技术中的等级量表的认识。
2. 什么是厌恶刺激？
3. 生物反馈原理与技术中的“反馈”要反馈什么？

模块三　综合实践

项目一　危机行为干预技术的应用

项目导入

在特殊需要儿童的教育教学或干预训练过程中，教师可能会遇到一些特别严重且具有危险性的问题行为，如自伤、攻击等。这些危机行为会影响到特殊需要儿童本身的学习或活动。另外，以危及他人或自己的方式破坏物品，会影响到教师的正常教学工作，甚至危及特殊需要儿童的生命安全。因此，当特殊需要儿童出现危机行为时，教师应该第一时间进行干预，在平时的教育或管理中也要预防危机行为的发生，确保特殊需要儿童的安全。

项目导航

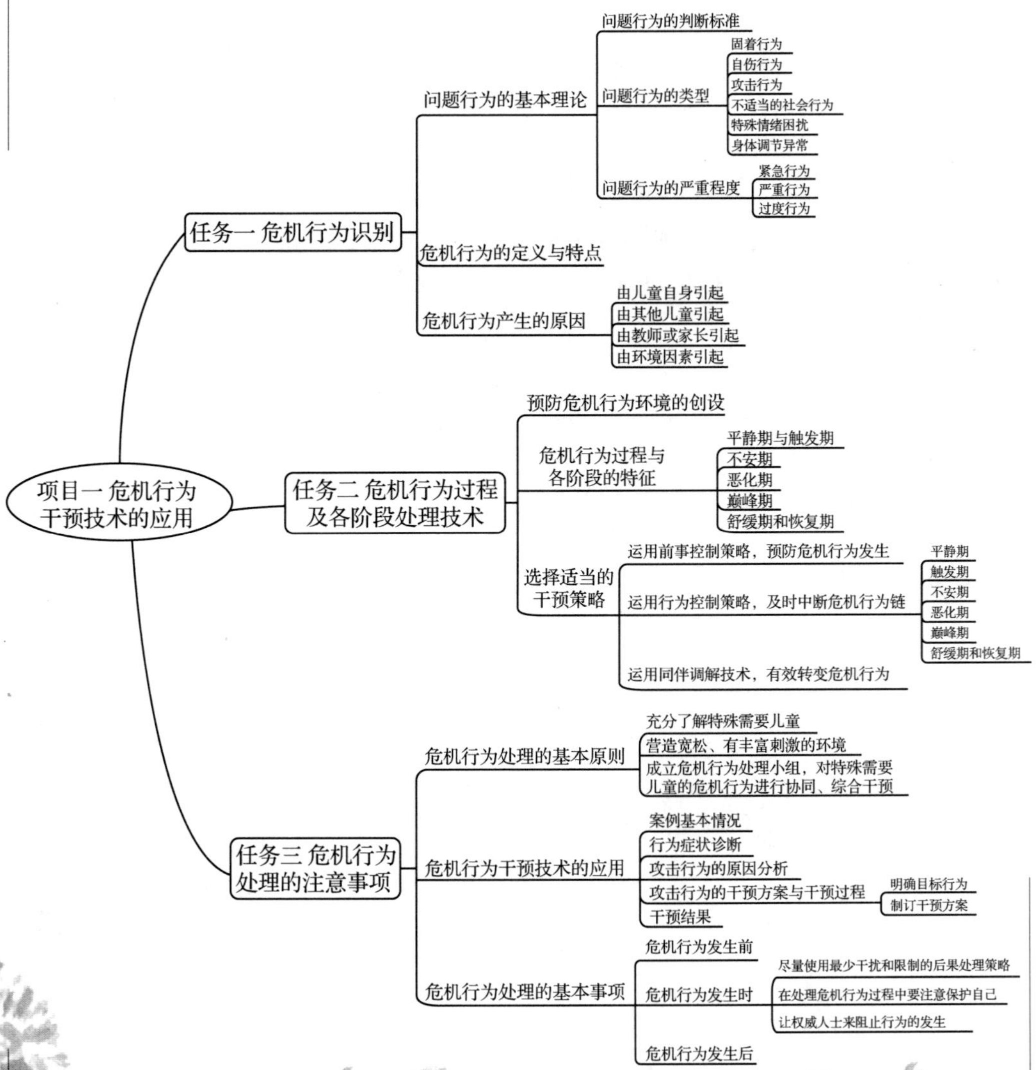
项目一 危机行为干预技术的应用
任务一 危机行为识别
问题行为的基本理论
问题行为的判断标准
问题行为的类型
固着行为
自伤行为
攻击行为
不适当的社会行为
特殊情绪困扰
身体调节异常
问题行为的严重程度
紧急行为
严重行为
过度行为
危机行为的定义与特点
危机行为产生的原因
由儿童自身引起
由其他儿童引起
由教师或家长引起
由环境因素引起
任务二 危机行为过程及各阶段处理技术
预防危机行为环境的创设
危机行为过程与各阶段的特征
平静期与触发期
不安期
恶化期
巅峰期
舒缓期和恢复期
选择适当的干预策略
运用前事控制策略，预防危机行为发生
运用行为控制策略，及时中断危机行为链
平静期
触发期
不安期
恶化期
巅峰期
舒缓期和恢复期
运用同伴调解技术，有效转变危机行为
任务三 危机行为处理的注意事项
危机行为处理的基本原则
充分了解特殊需要儿童
营造宽松、有丰富刺激的环境
成立危机行为处理小组，对特殊需要儿童的危机行为进行协同、综合干预
危机行为干预技术的应用
案例基本情况
行为症状诊断
攻击行为的原因分析
攻击行为的干预方案与干预过程
明确目标行为
制订干预方案
干预结果
危机行为处理的基本事项
危机行为发生前
危机行为发生时
尽量使用最少干扰和限制的后果处理策略
在处理危机行为过程中要注意保护自己
让权威人士来阻止行为的发生
危机行为发生后

学习目标

知识目标	1. 熟知危机行为的特点和表现； 2. 掌握危机行为的周期与各阶段的特征； 3. 理解危机行为处理的注意事项。
能力目标	1. 能分析特殊需要儿童危机行为产生的原因； 2. 选择适当的干预技术对特殊需要儿童的危机行为进行干预； 3. 能指导特殊需要儿童自己处理危机行为。
素养目标	1. 具有处理特殊需要儿童危机行为的职业敏感性和职业道德； 2. 具有以特殊需要儿童为本的技术至善的价值取向。

▶任务一 危机行为识别

危机行为

| 任务情境 |

案例：半颗扣子

在某特殊教育学校的个训课上，李老师正准备给小涵(6 岁，发育迟缓)做口语训练，发现小涵的上衣湿了一片，原来小涵一直都有咬衣服的习惯。接着李老师又发现小涵衣服上的纽扣只剩下一半了，于是李老师要求小涵张开嘴巴，发现另外的半颗扣子在小涵的嘴里。李老师赶紧让小涵把扣子吐出来。

任务：试分析特殊儿童危机行为的特点及表现。

| 任务描述 |

在日常生活中，儿童会表现出很多的行为来适应周围的生活环境，有的是被社会认可的，有的是不被社会认可的。其中儿童表现出的不被社会认可的行为，我们称之为问题行为。目前，儿童在生活中表现出来的问题行为及如何干预这些问题行为是儿童家长、教师比较关注的问题。情况紧急、行为后果严重的危机行为更是引起了教师或专业人士的关注，并且需要专业的干预。

一、问题行为的基本理论

（一）问题行为的判断标准

特殊需要儿童由于自身的生理缺陷或适应能力不足，容易出现各种问题行为。我们该如何确认儿童的问题行为呢？一般从以下四个标准来判断。

一是该行为本身是否符合行为者的年龄、性别和发展程度。二是该行为是否发生在合适的时间、地点和情境中。三是行为者所处的文化环境如何，以及他身边的人对该行为的看法如何。四是该行为对行为者本人和他所处的环境而言是不是适度的，是否会对自己或他人造成伤害，是否会给自己和他人造成困扰。

（二）问题行为的类型

梅耶(Meyer)和伊万斯(Evans)将儿童的问题行为分为固着行为、自伤行为、攻击行为、不适当的社会行为、特殊情绪困扰、身体调节异常六类。

1. 固着行为

固着行为，也称为刻板行为、固执行为、强迫行为、自我刺激行为，强调行为的固定性和执着性，指长时间重复某些特定的行为，但仅具有少许或不明显的社会意义，且妨碍个体本身的学习、与他人的互动以及日常生活。重度智力障碍儿童、孤独症谱系障碍儿童及感官障碍儿童容易出现固着行为。具体的表现为：动作的固着行为，如习惯性地含手、磨牙、摇晃身体的一部分、旋转物品等；口语的固着行为，如尖叫、发出异常的声音、说异常的语言；强迫性的收集行为，如收集纸屑、收集包装袋、收集超市购物发票；不当的恋物行为，如携带被子、玩偶；固定形式而抗拒改变的行为，如反复听同一首歌、坐固定的位置、坚持固定流程。

2. 自伤行为

自伤行为，也称为自我攻击、自我毁伤、自我破坏、自虐等。从广义上来讲，任何伤害自己身体或健康的行为(如抠喉引发呕吐反应)都是自伤行为；从狭义上来讲，自伤是指个体蓄意或无意识地重复各种行为(如撞头、打脸等)伤害自己，导致自己身体受损(如流血、破皮)。重度智力障碍儿童经常会出现自伤行为。自伤行为的表现有：打自己，如撞头、打脸、打头；咬、吸吮身体部位，如咬嘴唇、手指、手，吸吮身体部分等；拔、抓、扭、挤、戳、抠、搓、刺、拉、扯身体部位，如拔、抓头发；吞吐空气，如过度换气、屏住呼吸。

3. 攻击行为

攻击行为，是指对他人施加暴力的行为，如踢打、抓咬、推拉、抢夺、破坏、扔东西等，会造成他人身体损伤或财物损毁。例如，有些特殊需要儿童会表现出：对他人身体的攻击，如打人、推人、咬人等行为；口语攻击和对物品的攻击，如大声叫骂、破坏东西等行为；抗拒和不顺从行为，这类行为属于被动攻击行为，是用来控制和反抗外界的一种行为。

4. 不适当的社会行为

不适当的社会行为，也称为反社会行为，指个体表现出的违反社会规范和不合礼仪的行为。这类行为侵犯他人的基本权益或是与他人的互动不适当，因而降低了他人对个体的接受度。具体的行为表现为：口语和动作的干扰、逃学或旷课、说谎、欺骗、

偷窃、活动过多、在公共场合脱衣服或大小便、不适当的社交行为，如对他人不适当的触碰。这种问题行为在注意缺陷多动障碍儿童身上比较常见。

5. 特殊情绪困扰

特殊情绪困扰有很多种类型，例如，忧郁症、焦虑症、创伤和压力相关异常、强迫症和相关异常、物质相关和成瘾异常、身体症状和相关异常、性别苦恼症和其他精神障碍、动作异常等都属于特殊情绪困扰的范畴。

6. 身体调节异常

身体调节异常，是指个体表现的问题行为主要源于身体在调节日常生活所需摄取或代谢的物上，产生了失调的现象，包括：喂食和饮食异常，如暴饮暴食、异食癖、不特定的饮食异常等；排泄异常，如遗粪症、遗尿症、其他特定及不特定的排泄异常等；睡眠—清醒异常，如失眠症、嗜睡症、猝睡症、呼吸及有关睡眠异常、异睡症等。这些行为都属于身体调节异常。

（三）问题行为的严重程度

梅耶和伊万斯根据行为后果的严重程度，将问题行为按优先处理顺序分为紧急行为、严重行为和过度行为。

1. 紧急行为

紧急行为是需立即处理的问题行为，如果不马上处理，这些行为有可能会危及生命或有碍健康，如有些特殊需要儿童表现出的自伤行为。

2. 严重行为

符合以下任何一项标准的问题行为都是严重行为。①行为干扰教学，即影响个体本身或他人的学习及活动；②如果不处理，行为会日趋严重；③以危及他人或自己的方式破坏物品；④行为会阻碍或干扰个体与他人的社会关系。

3. 过度行为

过度行为是指达到偏差标准的不适当行为。一般来说，人都会出现过度行为，如果没有造成严重的后果，不需要马上处理。但是过度行为如果有以下特征则可能会发展为严重行为或紧急行为，是需要处理的。①如果不加以处理，行为不会改善，甚至会恶化；②行为会让物品受损；③会造成周遭人对个体的负面评价，妨碍社会对个体的接纳度；④行为在某段时间可能会带来问题。

二、危机行为的定义与特点

危机行为是指处于紧急行为状态或严重行为状态的问题行为，其特征是危及生命

或健康，严重干扰他人与秩序。例如，一些特别严重的攻击行为、自我伤害或伤害他人行为、暴力行为、破坏行为等都属于危机行为。不适当的社会行为、特殊情绪困扰和身体调节异常，如果干预不当也有可能发展成危机行为。

三、危机行为产生的原因

儿童危机行为可以由儿童自身引起，由其他儿童引起，由教师或家长引起，由环境因素(家庭、学校或康复机构、社区等方面)等引起。

（一）由儿童自身引起

生理因素方面。孤独症谱系障碍儿童和注意缺陷多动障碍儿童之所以会出现危机行为，可能受遗传因素的影响；儿童的脑部损伤也会引起危机行为；儿童体内出现有毒物质、营养不良或营养过剩等也有可能引起危机行为；神经系统功能性失调容易使儿童出现情绪或者学业问题，进而引起危机行为。

心理因素方面。儿童因自身的缺陷，容易出现心理发展不成熟、自控能力差、承受挫折能力低等心理问题，容易在受到批评或者面对生活中的意外变故时出现攻击行为、自伤行为、怨恨情绪等，进而可能出现危机行为。

（二）由其他儿童引起

从其他儿童的角度来说，有可能是其他儿童的某些行为或语言激发了危机行为。例如，儿童在活动中与同伴发生冲突，或者当儿童正专注做某件事情时受到了其他同学的干扰等，也会引起儿童的危机行为。

（三）由教师或家长引起

从教师的角度来说，教师设计的教学内容不符合儿童的接受能力，容易使儿童在上课时感到无助，做作业时出现错误，进而易产生危机行为。另外，学校环境或教室环境的变化，也有可能使儿童出现危机行为。

从家长的角度来说，家长错误的教养方式、错误的强化方式等都有可能导致儿童出现危机行为。

（四）由环境因素引起

从环境的角度来说，家庭环境、学校或康复中心环境及社区环境方面存在不安全因素，加上儿童防御意识薄弱、自我保护能力差，可能会引起危机行为。另外，儿童经常玩的各种游乐设施等也可能存在安全隐患，从而引起儿童的危机行为。

| 拓展阅读 |

易于陷入危机者的指标

有12项特征和指标，可以帮助我们指认易于陷入危机者。

1. 无法维持有意义的人际关系，如喜孤独者。

2. 有心理疾病史，曾出现一次或多次精神异常，且在停止用药时病况会不稳定。

3. 经常感到压力过大，而不知所措。

4. 似乎无法向社会支持系统寻求帮助，如家庭、朋友或社团。

5. 过去经历重大危机事件，且该事件并未被妥善处理。

6. 似乎持续固着于无效的因应方式，并难以从失败经验中学习成长。

7. 展现出低自尊。

8. 容易生气，性情暴躁。

9. 经常长时间地处于伤心、无望、焦躁易怒状态，出现睡眠障碍或食欲的改变。

10. 曾经历过不幸的婚姻和性关系。

11. 具有物质滥用的习惯，包括酗酒和赌博。

12. 具有非常不稳定的工作经历，不是长期失业，就是每份工作都做不久。

▶任务二 危机行为过程及各阶段处理技术

危机行为处理技术

| 任务情境 |

案例：《菲菲生气了》

任务：请阅读绘本《菲菲生气了》，谈谈危机行为的周期及各阶段的特征。

任务描述

一、预防危机行为环境的创设

应对危机行为最好的方法是充分准备，尽可能为特殊需要儿童创设一个能够预防危机行为的环境。

第一，要充分了解特殊需要儿童。了解儿童的障碍类型、障碍程度、个人独特的表达方式、生活背景，以及问题行为出现的周期、频率和强度等。

第二，充分了解特殊需要儿童所处的学习和生活环境，并对这些环境做出危机等级评分，考虑环境中的哪些因素可能会导致儿童出现危机行为；同时要考虑当儿童出现危机行为时，环境中的哪些资源可以使用，哪些资源会给儿童带来安全隐患。

第三，要在充分了解特殊需要儿童的基础上，创造一个让他们愉快学习和生活的环境。在这个环境中，教师之间、教师和家长之间要建立良好的关系，彼此相互了解和信任。

第四，除了营造良好的学习和生活环境之外，特殊需要儿童的教师还要为经常出现危机行为的儿童制定一套危机行为处理的机制，在儿童的危机行为出现时能够及时正确地处理。

第五，教师要学习并掌握一套危机行为处理技术，以备不时之需。

二、危机行为过程与各阶段的特征

儿童的危机行为可能会随时出现，即便设立了预防机制，也不能完全避免儿童出现危机行为。一般来说，当儿童出现危机行为时，教师必须掌握儿童当时的心理状态。儿童在行为失控时，会经历不同阶段，分别是平静期、触发期、不安期、恶化期、巅峰期、舒缓期和恢复期。危机行为在不同的阶段有不同的表现，具体如下。

（一）平静期与触发期

在平静期，儿童的情绪稳定，可以正常参与各种活动，并在活动中表现出投入、主动及合作的行为。这时候教师应该密切关注周围环境的变化，尽可能地给予儿童包容的环境、更多的活动机会，满足儿童的个人需要，避免同伴之间的冲突，避免发生压力事件等。一旦以上因素发生变化，儿童的危机行为可能会一触即发。

（二）不安期

在这个时期，儿童会表现出不安的情绪，行为逐渐变得无目的。例如，儿童可能会双手乱动或敲打桌面，还会骚扰同学，说话变得没有逻辑性，甚至会大喊大叫，或不愿与别人对话。儿童的注意力一会儿集中在课堂或活动中，一会儿又游离于课堂或

活动之外。

（三）恶化期

在这个时期，儿童的情绪更容易受到外界环境中的人、事、物的影响，其行为愈趋外显及不当，例如，可能表现为不断辩驳，不服从教师指令甚至与教师对抗，会大哭大叫或拒绝学习任务，甚至还会对别人进行语言或身体攻击。

（四）巅峰期

在这个时期，儿童的情绪会全面爆发，陷入失控状态，仿佛自己就是一座喷发的火山，出现破坏物品、自残、尖叫、冲离现场等行为表现。

（五）舒缓期和恢复期

舒缓期是指儿童的情绪到了趋于稳定的阶段。经过歇斯底里地发泄后，儿童在这个时期会感觉十分疲倦，只想独处，但自我保卫意识仍强，可能还伴随着哭泣及小幅度的踢、撕、推搡等动作。

到了恢复期，儿童的情绪会更加稳定，开始控制自己的态度并能够配合教师的要求对事件进行评判。

三、选择适当的干预策略

当儿童的危机行为发生时，教师要及时处理，避免造成严重的后果。干预策略有以下几种。

（一）运用前事控制策略，预防危机行为发生

从保护儿童的角度来说，最好的干预策略是预防危机行为的出现。虽然儿童出现危机行为的原因有很多，但有经验的教师知道，特殊的危机行为在课前或活动前就会出现苗头，而不完全是由课堂或活动所致。因此，在危机行为发生之前，运用前事控制策略，采取一系列预防性机制，可以在一定程度上避免或减少危机行为的发生。

前事控制策略有调整情境因素、调整课程或工作相关因素、控制或缓和背景因素以及反应中断等。

调整情境因素，是指调整那些容易引起危机行为的人、时、地、物和活动等，以预防儿童出现危机行为。例如，有的儿童看到身边有人就要进行攻击，那么可以调整座位，让其独坐或坐在教师旁边，预防攻击行为的发生；有的儿童存在视觉或听觉过于敏感的问题，看到或听到某刺激就分心，从而产生危机行为，因此，尽可能让环境中不出现这类视觉和听觉刺激，有效预防危机行为的发生。

调整课程或工作相关因素，提供符合儿童能力、兴趣与需求的课程和活动。比如，调整作业的内容、难度、数量及完成作业需要的时间长度、材料、方式等，预防儿童因课程难而出现危机行为。例如，如果作业的内容太多，教师可让学生少量多次完成。

如果完成方式太难，教师可允许学生用适合其操作能力的方式完成。例如，把儿童讨厌的作业或工作穿插在其喜欢的作业或工作中，将儿童觉得难的作业或工作穿插在简单的作业或工作中，将儿童觉得陌生的作业或工作穿插在其较熟悉的作业或工作中，将儿童刚学会的作业或工作穿插在其精熟的作业或工作中。

控制或缓和背景因素。在预防儿童危机行为时，若背景因素能被控制，就去控制背景因素；如果不能控制，则应采取缓和背景因素的策略，预防危机行为的发生。例如，某学生没吃早餐，到学校后被安排整理玩具，因而出现大声喊叫、哭闹的问题行为，在这里，没有吃早餐就是背景因素，所以教师可要求该学生在家里吃完早餐再来学校。又如，某特殊教育学校在火车站附近，某孤独症学生对某列车进站的鸣笛声产生了刻板印象——每天上午 10 点 23 分某列车会鸣笛进站，该学生必须要在 10 点 23 分听到火车鸣笛的声音。当火车晚点进站时，他就会情绪波动，出现问题行为。火车是否晚点，是很难控制的背景因素，但是，教师可以找来火车鸣笛的音频，在接近 10 点 23 分的时候，播放给该学生听，预防其出现问题行为。

反应中断。有些危机行为发生之前会有预兆，这时候教师可以使用反应中断策略打断行为链锁，预防危机行为的出现。例如，当某学生出现伤人或自伤行为时，教师可采用语言制止的方式来阻止危机行为的发生。

（二）运用行为控制策略，及时中断危机行为链

这种策略要结合危机行为的阶段性特征来使用。

1. 平静期

教师要在全面了解学生的基础上，对学生做科学的评估，特别要关注他们的问题行为史及处理的方式，在此基础上做出个别化矫正计划。教师在平时的教学及班级管理中，要多关注学生的行为表现，如学生对周围环境的应对方式、在人际交往中的行为表现等。教师在上课时要告知学生课堂内容或课程规划，尽量避免课程变动引起学生的不安。教师在上课时多使用强化策略，给予学生希望，激励学生参与课堂教学。

2. 触发期

教师要预设学生将遇到的困难，并预先提示或协助他完成任务。教师要通过提问了解他想达到的目的，并提供更多的选择机会，引导他解决问题。

3. 不安期

(1)让儿童帮忙做一些活动性工作，转移他的注意力

这样做的目的是在儿童出现不安情绪时，给予他一个新的刺激使其注意力从当前情境中移开，从而中断危机行为的发生。例如，请儿童帮忙拿一些教具，或者帮忙取一个东西等。

(2)秉持宽容的态度，调整对儿童的要求

一旦儿童开始显示不安情绪时，教师就要尽快调整策略，尝试使用积极有效的沟通方式来了解儿童当下存在的问题和需求，并尝试与他协商解决这些问题。实践证明，当教师对儿童的要求降低了，儿童会相应地释放不安和紧张情绪。如果此时教师容许儿童在自己的角落做自己喜欢做的事，玩自己喜欢的画片等，也会及时中断儿童的不安情绪或危机行为，进一步促进其身心的放松。

(3)走到儿童身边，继续进行课堂活动

这也是实践教学中教师经常使用的策略。教师这样做的目的是向儿童传达一种信息——虽然我在讲课，但是我也在关注你。在平静的气氛中，教师不露声色地中断学生的问题行为。这种方式有时候又称为“接近控制”。

4. 恶化期

在这个阶段，教师必须保持冷静，抱着尊重儿童的态度来处理儿童的危机行为。

首先，教师应当尊重儿童的当下感受，包容儿童当下的行为表现。其次，教师应在保证儿童安全的情况下，让儿童发泄情绪，并等待其平静下来。最后，当儿童情绪平静下来后，教师应教给儿童正确的行为方式。例如，当儿童生气摔水杯时，教师可以说：“老师知道你是因为很生气，所以才会摔水杯，但是水杯是我们用来喝水的呀，不能摔。你可以去宣泄室宣泄。”

在教给儿童正确的行为方式时，可以教给儿童替代技能、应对及容忍技能和休闲技能、情况辨识技能和自我管理技能等一般适应技能。此外，儿童在盛怒之下，可能会对教师产生敌意，不愿意听取教师的建议。但如果教师跟别人谈话，他很可能愿意听听教师会说些什么。

5. 巅峰期

此时干预者应尽可能地保持镇定，不要慌张或高声喊叫，更不要出言威胁或恐吓儿童。常用的方法包括：隔离或带走失控的儿童，将其他儿童带出事故现场，通过身体约束来阻止行为的延续，必要时向其他教师或者警方求助。在身体约束期间，干预者必须熟悉不同情况下的处理步骤，必须避免造成伤害，随时注意观察儿童的呼吸、脸色是否异常等，一旦觉察异常应立即停止约束，并寻求医护人员的帮助。另外，支持的教师最少有两位。一旦身体约束运用不当，不但不能制止问题行为，反而会造成逆反或对抗性行为。因此，身体约束必须慎用。

6. 舒缓期和恢复期

虽然已过巅峰期，但在舒缓期和恢复期教师仍要小心翼翼。此阶段最好的办法是暂时对儿童不多提要求，隔离该儿童，尽可能给他足够的时间平复情绪。教师可让儿童安静地坐下来，让其深呼吸并放松身体，不提刚才发生的事情，而是

引导他多想想开心的事情，也可让其做自己喜欢的事情。例如，绘一幅画，做简单的手工，玩游戏等。待儿童平静下来，进入了恢复期，可以和他一起分析、讨论先前的危机行为。教师在检讨的时候可利用儿童异常行为检讨表做简单记录，以作为日后的参考。讨论中，除了要让儿童知道问题所在，以及他必须承担的后果和责任外，更重要的是与儿童一起找出合理的解决方法。

（三）运用同伴调解技术，有效转变危机行为

同伴调解是指让部分儿童志愿者接受培训，使他们学习如何调解同伴之间的冲突，并帮助同伴找到一个合理解决冲突的途径。

同伴调解有两个主要目标：一是给儿童提供一个与同伴公开讨论他们的感受的机会；二是在儿童与他人发生冲突之前，能够有效防止冲突扩大化。值得注意的是，此策略对同伴调解员的要求较高，因此使用此策略时要精心挑选同伴调解员，尽量选择认知水平较高、社交技能较好、热心、耐心的同学来担任同伴调解员。然后再教给同伴调解员干预儿童危机行为的一些策略和方法。例如，同伴调解员让冲突双方做出承诺，即他们要听取对方的观点，并真诚有力地解决问题。同伴调解员帮助双方定义问题，并了解他们有什么感受。同伴调解员重复问题，确保每一个人都理解发生了什么事情，以及每一个人有什么感受。同伴调解员请双方讨论并寻求对双方都公平的方式来解决冲突。双方达成一致后，要写一份契约并签字。当找到合适的同伴后，教师的压力会在一定程度上减小，能够有更多的时间用于教学，也给了儿童更广阔的空间去解决自己的问题。

▶任务三 危机行为处理的注意事项

危机行为处理的注意事项

| 任务情境 |

案例：失控的小敏

生活数学课上，崔老师正在上课，只听见教室最后一排的小敏同学突然尖叫起来。然后小敏把桌上的书都丢到地上，把桌子也推倒在地，边叫边打自己的脸。崔老师赶快去握住小敏同学的手，把她带离了教室。

任务：处理儿童的危机行为时，应该注意哪些问题？

任务描述

一、危机行为处理的基本原则

（一）充分了解特殊需要儿童

充分了解干预对象是最基本的前提，因此，必须通过全面的调查、访谈及日常观察等了解儿童后，才能进行分析、评估及制订后续的干预计划。

（二）营造宽松、有丰富刺激的环境

要在充分了解儿童的基础上，为他创造一个愉快、宽松且具有丰富刺激的学习和生活环境。教师之间、教师和家长之间要良好沟通，相互了解和信任，为儿童营造宽松的心理环境。

（三）成立危机行为处理小组，对特殊需要儿童的危机行为进行协同、综合干预

整合学校人力资源，尽可能成立由班主任、康复教师、医生或者有医学背景的教师、问题行为处理专家等不同专业或学科背景的人士组成的危机行为处理小组，在儿童出现危机行为时，进行协同、综合处理。在危机行为处理小组中，最好有一位或多位男教师。相对而言，男教师的力气较大，可以在儿童出现危机行为时避免伤害。同时，小组成员须随时沟通，明确每个人的分工与职责。

二、危机行为干预技术的应用

（一）案例基本情况

莨莨，9 岁，男，孤独症患者。在三年级上学期，莨莨突然一改乖巧可爱的形象，变得很爱大发脾气。刚开始出现这种行为的时候，莨莨每次都大叫，发出“啊啊啊”的声音。一旦有人制止，他叫得就会更加厉害。这样的现象每天都要出现好几次。没过多久，他就开始不明原因地打人。为此，同学们经常与其发生冲突，周围邻居也不再愿意接近他。

（二）行为症状诊断

经过初步评量，并结合莨莨的行为表现，干预团队综合分析，将其诊断为有攻击行为倾向。

（三）攻击行为的原因分析

仔细地观察莨莨的日常表现，发现他出现攻击行为的原因有两个方面。一是妈妈更换工作，最近很少关注莨莨的学习。这对他来说是一个很大的改变，他对此不太适应；二是他获得了教师和同学的关注。如果教师和同学离莨莨较近，而且看着他，莨莨出现大叫和拍打行为的概率就比较高；如果教师和同学距离莨莨较远，莨莨就不容

易发脾气。周围人越是和他说话，则越容易引发他的问题行为。

（四）攻击行为的干预方案与干预过程

1. 明确目标行为

经过教师和家长沟通，经过一周的基线观察，将目标行为拟订为“发飙”行为减少直至不发生。

2. 制订干预方案

依据莨莨平日的表现，如果别人离他近，他就会想跟这个人玩；如果离得远，他就想不到与这个人玩。这个学期莨莨出现大叫甚至拍打人的行为，与他的妈妈更换工作有关。妈妈更换工作之后变得忙碌了，减少了对他的关注，所以莨莨需要找人与他玩，需要别人的关注。基于上述解释和推测，干预者尝试制订了针对莨莨行为的干预方案，分别从行为发生前、行为发生时、行为发生后三个角度进行全方位的应对，具体矫正策略如下。

(1)第一阶段(第 1～2 周)：教莨莨行为规则，引导莨莨表现出良好行为

主要做法是：干预者和授课教师合作，在班级范围内，通过生活适应课和社会交往主题活动课，明确一些行为规则。例如，要求莨莨“上课安静，有事举手叫老师”。考虑到莨莨的语言理解能力较落后，教师可以制作相关图片，结合图片进行讲解，让莨莨学会什么是“上课安静”，什么是“有事举手叫老师”“不能随意吐口水”“不能打同学”等，并把图片贴在黑板上。

(2)第二阶段(第 3～5 周)：开展沟通能力训练，教莨莨正确表达自己的需求

主要做法是：莨莨大叫、拍打人的行为明显是一种表达自己意愿的行为，因此，教师可以从教莨莨学会正确表达自己的需求入手，循序渐进地教莨莨进行口语表达。例如，先教莨莨用“老师”“阿姨”等称谓词来代替大叫。当他有自己的需要时，先学会正确与人打招呼，即使不能完全发出正确的语音，也可以用眼睛看着老师或阿姨，或是用手指着对方，或是指着与需要匹配的图片等。当他想要跟老师玩的时候，比如叫了“老师”，老师就要积极关注他。如果他叫的是“阿姨”，则提醒一下他：“是老师。”除了教莨莨一些称谓词之外，教师可以教简单的句子，如教莨莨学说“拍拍手”，来代替他用手拍打同学和老师的行为，并在课余时间主动教他说“拍拍手”。最终，让其建立主动打招呼的行为，以满足自身的需求。

(3)第三阶段(第 6～7 周)：正确采用消退法，增强替代行为

当莨莨出现大叫、拍打人的行为时，教师要采取消退法。但是，当他一旦与同学有眼神的接触，教师就要积极询问他的需求，并及时给予鼓励，并进一步强化行为规范，如“上课要安静，下课玩游戏”等。久而久之，他的问题行为就会失效。

（五）干预结果

采取这些措施后，效果很明显。一个月后，莨莨的问题行为就减少了。他不再大叫了，也很少拍打同学和老师了，还会通过说“拍拍手”来要求玩击掌游戏。

三、危机行为处理的基本事项

在处理儿童危机行为时，可以按危机行为发生的时间顺序来进行处理，具体内容如下。

（一）危机行为发生前

要充分了解儿童。教师可以尝试做一份问题行为调查表，在儿童入学时请家长如实填写。教师可以借此了解儿童的基本情况，也可以对儿童可能出现的行为进行预测，并做好心理准备。针对有问题行为的儿童，整合学校教师资源，成立危机行为处理小组。不同专业和学科背景的小组人员为危机行为的预防及处理提供不同的方案与见解。危机行为处理小组人员构成见上文。

（二）危机行为发生时

1. 尽量使用最少干扰和限制的后果处理策略

使用最少干扰和限制的后果处理策略，意味着尽可能采取非厌恶或正向的处理策略。动辄惩罚反而会对错误行为起强化作用，无意中助长了问题行为，而且会导致儿童为逃避惩罚而产生新的问题行为。不要过分夸大问题行为的严重性，应尽可能与儿童沟通，为儿童提供参与选择的机会。尽可能利用自然的结果，使危机行为能够在自然环境中消退或减少。

2. 在处理危机行为过程中要注意保护自己

在组织小组成员共同处理特殊儿童危机行为过程中，要注意适当保护自己。例如，在处理孤独症孩子的攻击行为问题时，应尽量躲避学生的正面攻击。

3. 让权威人士来阻止危机行为的发生

可以让与儿童最亲近的教师或权威人士来阻止危机行为的发生。使用这种方法之前，必须充分了解儿童，而且权威人士确实具有权威性，否则会起反作用。

（三）危机行为发生后

理想的矫正不但要改正儿童的问题行为，而且要塑造和发展儿童新的良好行为。因此，应将每一次危机处理的过程和结果详细地记录下来，并进行追踪观察，以便下次处理时参考。儿童危机行为发生后，还要及时和家长取得联系，告知家长该儿童在学校发生危机行为的过程及教师团队的处理方式，增加家长对孩子危机行为及处理方式的了解，在一定程度上避免孩子在家庭中也出现类似的危机行为。

项目总结

危机行为是指在个体身上发生的紧急行为和严重行为，具有危及生命和严重干扰他人与秩序的特征。在教育教学中，危机行为会对儿童的成长、学习和生活带来严重的后果。因此，教师要注意识别危机行为，了解危机行为过程及各阶段处理技术，在进行危机行为处理时也要注意基本事项，做到尽可能避免危机行为的发生。当危机行为发生时，教师要根据周期和各阶段的特点，选择适当的干预技术进行干预。

思考实践

1. 简述前事控制策略的种类。
2. 什么是同伴调解？

项目二　青春期问题行为的干预

项目导入

青春期是个体自我意识和性意识快速发展的时期，也是建立正确的自我认同和独立的自我意识的阶段。从儿童阶段进入少年阶段，儿童会随着生理的成熟而产生心理的变化。他们开始越来越关注自己，常常拿自己与周围人比较。面对这种情况，教师或家长一方面应要求儿童接纳自己；另一方面教会他们友善和谐地与人相处，通过别人的评价和帮助，真切地感受人与人之间的关爱，化解内心的矛盾，形成健全的人格。

项目导航

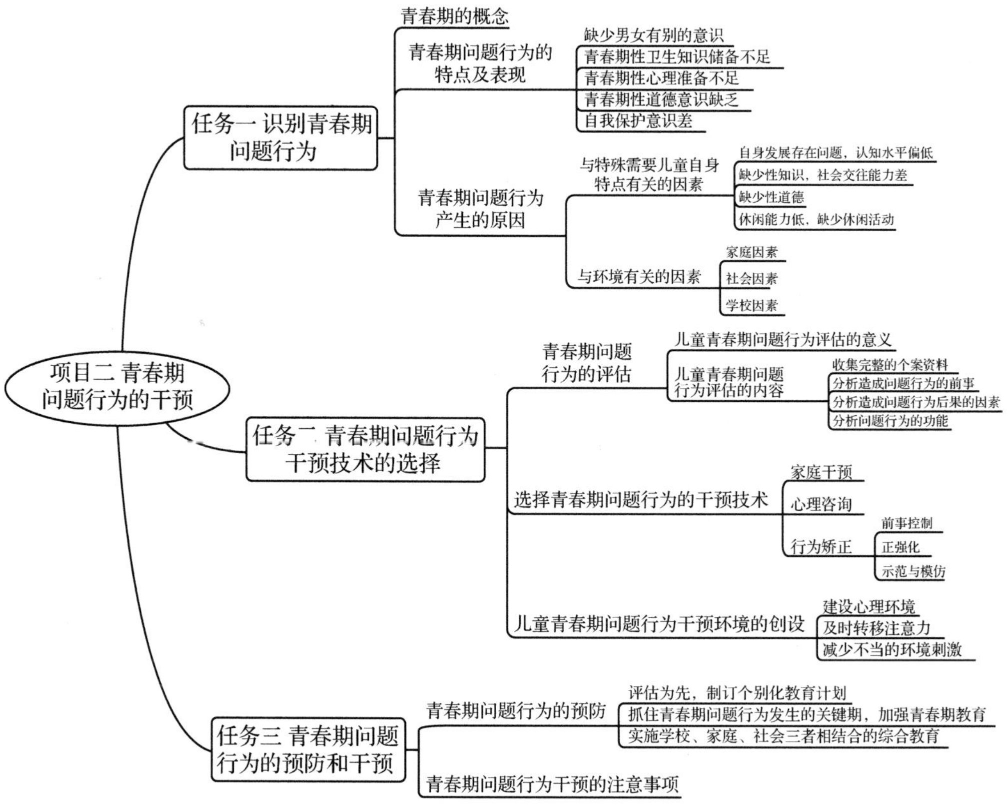

项目二 青春期问题行为的干预
任务一 识别青春期问题行为
青春期的概念
青春期问题行为的特点及表现
缺少男女有别的意识
青春期性卫生知识储备不足
青春期性心理准备不足
青春期性道德意识缺乏
自我保护意识差
青春期问题行为产生的原因
与特殊需要儿童自身特点有关的因素
自身发展存在问题，认知水平偏低
缺少性知识，社会交往能力差
缺少性道德
休闲能力低，缺少休闲活动
与环境有关的因素
家庭因素
社会因素
学校因素
任务二 青春期问题行为干预技术的选择
青春期问题行为的评估
儿童青春期问题行为评估的意义
儿童青春期问题行为评估的内容
收集完整的个案资料
分析造成问题行为的前事
分析造成问题行为后果的因素
分析问题行为的功能
选择青春期问题行为的干预技术
家庭干预
心理咨询
行为矫正
前事控制
正强化
示范与模仿
儿童青春期问题行为干预环境的创设
建设心理环境
及时转移注意力
减少不当的环境刺激
任务三 青春期问题行为的预防和干预
青春期问题行为的预防
评估为先，制订个别化教育计划
抓住青春期问题行为发生的关键期，加强青春期教育
实施学校、家庭、社会三者相结合的综合教育
青春期问题行为干预的注意事项

学习目标

知识目标	1. 熟知青春期问题行为的特点及表现； 2. 掌握青春期问题行为干预的注意事项； 3. 理解如何干预特殊需要儿童的青春期问题行为。
能力目标	1. 能分析特殊需要儿童青春期问题行为产生的原因； 2. 能创设出预防青春期问题行为的环境； 3. 能使用行为干预技术干预特殊需要儿童的青春期问题行为； 4. 能就特殊需要儿童的青春期问题行为进行功能分析。
素养目标	具有分析特殊需要儿童青春期问题行为的意识及态度。

▶任务一 识别青春期问题行为

青春期问题行为

任务情境

案例：脸上长痘痘的妙妙

妙妙和立立住在同一个单元，他们是门对门的邻居，都是 13 岁的孩子。立立只比妙妙大 3 个月。妙妙妈妈和立立妈妈是好朋友，所以妙妙和立立一直像亲兄妹一样无话不说，可最近两个人竟然变得形同陌路了，让大人们觉得十分奇怪。

妙妙和立立都发生了变化。妙妙和许多女孩子一样爱照镜子。最近每天上学前，妙妙都要在镜子前照好久，因为她懊恼地发现脸上的痘痘越来越多了。她比以前胖了，甚至比班上的其他女生都胖。妙妙动辄就发脾气，于是她每天几乎难受地想哭。每天早上上学前，妙妙都悄悄地打开门，确认对面立立家没有人出来，再背着书包飞奔下去，生怕遇到和她同在一个学校的立立。不仅如此，她每天都不敢看其他男同学，担心别人嫌弃她丑，不愿和她玩。她变得“孤独”了，甚至装病不去上学。

两家人以为两个孩子闹了什么矛盾，就把两人叫到一块儿，问立立是不是欺负妙妙了，结果两人都非常生气，埋怨自己的爸妈，然后都把自己关进了屋里。这下两家人更敏感了，还以为两人早恋了。而结果却让家长们觉得好笑：立立认为自己长得太高，在班里特别不协调，开始不和女生说话了；妙妙则发现自己越来越丑了，不敢再见人了。

任务：请结合案例说说青春期儿童问题行为的表现，以及如何处理妙妙的问题行为。

任务描述

一、青春期的概念

青春期(puberty)是指个体由儿童阶段发展到成人阶段的过渡时期，是以性成熟为主的一系列生理、心理的突变阶段。在青春期，不仅身高、体重等身体形态出现了“第二次生长发育高峰”，而且神经、心脑血管和呼吸等系统的生理功能也日趋完善。性器

官和性机能迅速成熟，男生遗精，女生迎来月经初潮。男生喉结突出，音调变低沉，肌肉变发达，长出胡须等；女生乳房隆起，音调变高尖，骨盆变宽，脂肪增多等。青春期一般为 10～20 岁，分前后两个时期。10～14、15 岁为发育迅猛的青春前期，14、15～20 岁为发育逐渐缓慢的青春后期。青春期的起始年龄、发育速度和成熟程度，均有很大的个体差异，也有明显的群体差异。不仅种族之间有所不同，而且男女之间也有所不同。一般来讲，女生比男生早两年进入青春期，结束也早两年。

二、青春期问题行为的特点及表现

中国特色社会主义思想注重人的全面发展，这与青春期教育的目标高度契合。青春期教育不应仅仅局限于知识的传授，更要关注青少年全面发展。青春期行为是儿童进入青春期这一特定的成长发育期表现在生理、心理、学习、生活四个方面的有意识的行为。这是一个中性的概念，只有当这些行为不被周围人和社会规则接受时，才构成青春期问题行为。特殊需要儿童青春期问题行为的特点主要表现在以下方面。

（一）缺少男女有别的意识

部分特殊需要儿童在生活中不能很好地辨别男生、女生，不知道自己是男生还是女生，也不知道怎么区分男生和女生。

（二）青春期性卫生知识储备不足

部分特殊需要儿童缺少性卫生知识，例如，不懂得生殖器卫生知识等。

（三）青春期性心理准备不足

这表现为青春期女生对月经的心理准备不足，男生对遗精的心理准备不足。有些青春期的特殊需要儿童会表现出情绪易激动、心情烦躁、爱发脾气的特点，尤其是女生在月经期间更容易情绪激动，引发问题行为。

（四）青春期性道德意识缺乏

有些特殊需要儿童在青春期缺少正确的恋爱观，不了解社会所提倡的性道德观念，不明白两性关系中的社会责任和法律义务。

（五）自我保护意识差

有研究指出，特殊需要儿童在青春期容易成为性骚扰或性侵的对象。

青春期问题行为会对特殊需要儿童本身、周围同学、家长和教师等人，带来一系列负面影响。对于特殊需要儿童本身而言，青春期的问题行为有可能会对自己的身体造成伤害，影响其社会交往甚至使其成为性骚扰或性侵的对象；特殊需要儿童的青春期问题行为也会给周围同学造成不良影响，甚至会导致其他同学模仿这些问题行为，进而引发问题行为。孩子进入青春期后，出现一系列的问题行为同样会给家长带来麻

烦。青春期的特殊需要儿童一般都在特殊教育学校或者康复机构接受教育及康复训练。他们出现问题行为时，也会使教师感到很苦恼。

三、青春期问题行为产生的原因

特殊需要儿童出现青春期问题行为，有多方面的原因，具体如下。

（一）与特殊需要儿童自身特点有关的因素

特殊需要儿童之所以会出现青春期问题行为，部分是因为儿童自身的某些特点。

1. 自身发展存在问题，认知水平偏低

特殊需要儿童由于自身发展问题及认知发展水平的限制，在性心理发展方面落后于普通儿童。但在生理发展方面，特殊需要儿童与普通儿童之间的差距很小。因此，特殊需要儿童会和普通儿童一样随着年龄的增长而进入青春期。

青春期的特殊需要儿童一般不知道自己的身体为什么会发生变化，逐渐产生对自己身体变化的好奇心。如果性冲动或者性需求过于强烈，他们又缺乏按照社会常规进行自我控制和满足的能力，有时就会不顾场合表现出一些不适当的行为。

2. 缺少性知识，社会交往能力差

对于普通儿童来说，社会上约定俗成的与性道德、交往礼仪有关的行为规范，尤其是公共场合的社交行为规范，是可以通过生活经验逐渐内化而形成的。比如，在生活中，我们不能在公开场合裸露身体尤其是隐私部位，在和异性的交往中要保持适当的社交距离等。但是对于特殊需要儿童来说，他们很难在生活中，通过自己的经验学习这些社会规范和伦理道德。在青春期，他们在生理方面已经趋于成熟，但仍缺少性知识及社会交往能力。他们不知道在与人交往中应如何尊重他人、保护个人隐私，如何与他人保持礼貌的身体距离，如何维持大家都接受的社交空间等。他们更不清楚用什么样的行为来表达他们在感情和性方面的需求才是正当的、合理的、合法的、可以被周围人接受的。在与人交往时，他们也缺乏此方面的自我保护意识、知识和能力，因此容易被他人引诱而做出伤害自己的事情。

3. 缺少性道德

由于特殊需要儿童的智力水平参差不齐，所以并不是所有儿童都能真正理解性道德。对于那些有能力接受并理解性道德的儿童，应对其进行性道德教育，让他们认识社会所提倡的性道德观念。

4. 休闲能力低，缺少休闲活动

特殊需要儿童由于各方面的原因，参与社会生活的机会较少，进而影响了他们正常的社会生活。特殊需要儿童和普通儿童相比，更加需要别人的理解、尊重与宽容，

更加渴望融入集体、参与运动、和谐交往、体验快乐。他们和普通人一样，也需要休闲活动来打发自己的空余时间，但是，特殊需要儿童的休闲能力和休闲活动的参与程度都是比较低的。例如，视障学生的休闲活动多为听收音机等静态活动。

（二）与环境有关的因素

在青春期，特殊需要儿童出现问题行为一方面和个人的认知、能力水平以及生理特点有关系，另一方面也和家庭因素、社会因素、学校因素等有关系。

1. 家庭因素

在家长观念方面，一些家长“谈性色变”，认为性知识是孩子随着成长自然而然就能学会的知识，不需要刻意地去教，所以在行动上对性教育持保守态度。家长也可能会认为特殊需要儿童对于青春期教育的需求较低，不需要进行青春期教育。家长为孩子提供了隔离、限制和受保护的成长环境，表现为特殊需要儿童的日常生活、学习活动等都是由家长一手包办的。除了学校和家庭，特殊需要儿童很少到其他场合参加活动。这样一来，特殊需要儿童就很少有机会通过观察、模仿甚至是实践锻炼等方式来获得与异性交往的行为规范和伦理道德方面的知识。他们和他人的交往，也基本上由家长代劳。这在一定程度上剥夺了儿童参与正常社交活动和社会生活的机会。此外，一些家长出于对特殊需要儿童的能力问题的考虑，很少尊重孩子的个人隐私。再者，在家庭生活中，一些父母不恰当的行为，给了特殊需要儿童错误的示范。特殊需要儿童很难通过自然的交往了解人与人之间的社交行为规范和伦理道德。综上所述，特殊需要儿童缺乏家庭性教育。

2. 社会因素

特殊需要儿童有可能在日常生活中看到过异性交往时的亲密行为，如从电视剧、电影、书刊中看到过成人类似的行为。随着自媒体的发展，特殊需要儿童接触网络信息的机会越来越多，但是由于缺少辨别能力，再加上周围环境的错误示范，他们易误入歧途。特殊需要儿童难以真正理解什么样的异性交往行为才是适当的。

3. 学校因素

目前特殊教育学校缺少系统的性教育内容。在课程设置中，文化课、技能课与康复课为主导。有的学校在生活适应等课程上会安排一些相关内容，如男生与女生的不同、分清厕所等主题活动，但多流于形式，授课的课时很少，授课的系统性、实践性、针对性不足。特殊需要儿童在学校中的空余时间较多，容易使他们把注意力集中在身体的感觉方面。另外，学校开展性教育的水平差异明显；教师一般具备处理学生轻度问题行为的教育能力，但缺乏综合开展性教育课程的教学专业能力。

| 拓展阅读 |

如何对小学生进行性教育

心理学家认为，针对小学生的性教育，应该包括以下几方面的知识内容。

性生理：生殖系统的结构与功能，妊娠过程，儿童生长发育的规律，性卫生保健，艾滋病的防治。

性心理：儿童心理的一般特征，性意识的发展，性心理特征，性心理的自我调节。

性道德：性道德范畴与性道德观念，性道德规范与养成，性法制与学生自我保护。

总之，培养学生的良好个性，使学生成为对社会负责的人；帮助学生建立良好的人际关系，正确对待异性交往；培养学生健康的情绪和高尚的情感，学会控制情绪；锻炼学生的意志，正确对待挫折与失败。

▶任务二 青春期问题行为干预技术的选择

青春期问题行为矫正

| 任务情境 |

案例："老师，洋洋亲我了"

某特殊教育学校的生活数学课上，刘老师正在黑板上板书，一转头，发现洋洋同学(男生，12岁，智力障碍)正在搂着某女同学的脖子，而女生一脸茫然地看着老师，说："老师，洋洋亲我了。"

任务：请结合案例说说青春期儿童问题行为的表现。如果你是老师，你将如何处理洋洋的这类问题行为？

任务描述

一、青春期问题行为的评估

青春期问题行为的评估主要从了解评估的意义和如何进行评估两个方面入手。

（一）儿童青春期问题行为评估的意义

首先，对儿童青春期问题行为进行评估，不仅是为了减少儿童的青春期问题行为，更是为了通过分析青春期问题行为的结构和功能，进一步引导儿童做出正确的行为。其次，对儿童青春期问题行为进行评估，不只是为了检视造成青春期问题行为的个体因素，更是为了分析问题行为与环境因素之间的关系，借此来预测何种情境或条件下，某种青春期问题行为会或不会发生。最后，对儿童青春期问题行为进行评估，目标是诊断问题行为产生的原因和功能，进而制订出以儿童为本的行为介入计划。

（二）儿童青春期问题行为评估的内容

儿童青春期问题行为评估的内容包括收集完整的个案资料、分析造成问题行为的前事事件、分析造成问题行为的后果因素以及分析问题行为的功能四个方面。

1. 收集完整的个案资料

第一，要全面了解儿童的特征，收集儿童的资料。①基本资料包括儿童的性别、年龄、障碍类别、障碍程度、教育程度等；②生理因素方面的资料包括遗传、健康状况、饮食、睡眠、运动情况、气质、身体发展状况、药物使用和副作用；③认知因素方面的资料包括自我概念及对事件的态度和想法；④能力因素方面的资料包括个体的优弱势、居家生活、休闲、压力、社交等；⑤需求、动机和情绪因素方面的资料包括喜好和兴趣、基本需求程度、强化物的类型和数量需求、情绪状态和稳定程度。

第二，要全面了解个体的生活状态，包括个体主要的生活事件、整体的生活品质、问题行为的历史等方面的信息。

第三，要全面了解儿童所处的环境，包括造成问题行为的环境因素。例如，周围人对儿童的态度，是否给予其学习与选择的机会，是否提供温暖与支持的环境，课程或工作要求是否符合其能力等方面的信息。

2. 分析造成问题行为的前事

第一，立即前事也称为区别性刺激(discriminative stimulus)，指立即发生于问题行为之前的特定事件，包括：①特定的人、事、物、要求、时间、地点或情境。例如，作业或工作要求太难，工作时间太长或有压力；情境无聊；从事某一活动太久；无法获得注意。②处于缺乏的状态，如欠缺社会互动、活动、以适当方式表达自身需求的机会，基本生理需求没有得到满足等。如果立即前事发生在特定时间，则要分析问题

行为是否具有周期性。除了分析导致问题行为的立即前事外，也可以分析不会导致问题行为的立即前事，这样就可以避免出现问题行为。

第二，背景因素，也称为背景条件或背景事件，是指在特定时间能改变立即前事和行为之间关系的因素。值得注意的是，背景因素在个体的环境和日常生活中，不是立即发生在问题行为之前的，而是比较遥远的事件或因素，如在家里有没有被责骂、有没有服药、有无生理问题、睡眠品质怎么样、饮食状况怎么样、物理环境的特征等。

3. 分析造成问题行为后果的因素

首先，环境可能造成不适当的后果。例如，有些儿童的青春期问题行为来自家长或教师不适当的正强化或负强化。其次，问题行为本身具有自动强化的效果。最后，个体观察别人的行为后获得他想要的后果，这是一种替代强化。

4. 分析问题行为的功能

应该考虑获得和逃避两大功能。其中获得分为获得内在需求和外在需求，而逃避分为逃避内在刺激和外在刺激。在不同环境中被试的某一问题行为会有不同的功能。例如，观察一名孤独症儿童甲，其行为功能分析如下。

(1)被试基本情况

甲，男，15 岁。父亲在某软件公司担任高管，家庭环境优越，家庭成员均无精神病史。母亲怀孕时年龄正常，无异常反应。3 岁时发病，于某市某医院接受检查，诊断结果为患有孤独症。该儿童智商为 50，缺乏主动性语言，对于特定人的问题有反应。13 岁之前一直停学在家，由母亲来教养，学习数学、语文、英语等学科知识，接受过几个月的干预训练，并无太大成效后放弃训练。直到 13 岁来到本校，就读于五年级，至今一年半，近期青春期问题行为严重。

(2)问题行为的功能分析

被试甲问题行为发生的情境主要是教师并未向被试发布明确的指令，使被试长时间独处。例如，被试甲进入教室回到座位上后，教师未布置任务，导致被试上课时处于放任的状态。当没有事物可以吸引其注意力时，被试甲就容易以自我刺激的形式来打发时间。被试甲有问题行为时，大多数时间较为安静，不会打扰周围的人。孤独症儿童会有不同表现形式的重复行为，这些行为大多是一种自我刺激。就被试甲触摸、摩擦生殖器而言，这种行为符合孤独症儿童自我刺激的功能，同时也可能发展成为一种重复行为。此外，被试甲的感知觉相对普通儿童较为敏感，所以当被试换新衣服或裤子之后，问题行为发生的频率就会明显增加。

二、选择青春期问题行为的干预技术

如果发现了青春期问题行为，可以采用家庭干预、心理咨询和行为矫正的方法来

介入。制定以心理咨询为主的综合干预措施，强调家庭、学校、医院和社会共同参与。

（一）家庭干预

家庭干预的效果受到家庭成员的心理、文化和精神的影响。家庭成员介入的态度和经验、环境中的刺激、实施过程中的困难等，都会影响家庭干预的支持系统。对儿童来说，家长的作用是非常重要的。教师应积极与家长进行沟通，让家长意识到家庭干预的重要性，要求家长多关心孩子的生活与学习；指导家长学会常用的简单的行为干预方法，每天抽出一定的时间与孩子互动，使其感受到家长对他的关注。家长改变与儿童的沟通交流方式、角色结构和家庭价值观，有助于减少儿童问题行为的发生。

（二）心理咨询

心理咨询有着严谨的理论基础和程序。咨询师应持客观、中立的态度，而不是对儿童进行批评教育。可以采用个别咨询的方式，使儿童认识到自身的行为表现，释放被压抑的情绪，减少儿童青春期的心理问题。

（三）行为矫正

行为疗法认为心理问题是不良的刺激—反应联结在一起的过程。只要通过建立各种不同形式的条件反射就能减少并消除该行为，包括使用前事控制、正强化、示范与模仿等多种技术。

1. 前事控制

有些行为是儿童为了得到生理上的满足而表现出来的。例如，有的特殊需要儿童无所事事的时候，就容易产生一些青春期自我刺激的行为，所以要对这些诱发问题行为的情境进行调整。比如，教师可以给其布置适合其特点的任务；教师与监护人沟通，尽量给被试穿宽松、面料较软的衣服；减少教师对儿童的不良关注；教儿童大声、真诚地和同伴打招呼。此外，对于正处于青春发育期的大肌肉动作发展迟缓的儿童，在每天的大课间，可以适当加大他们的运动量，使他们参加一些有利于大肌肉动作发展的活动等。

2. 正强化

使用正强化方法前，要充分观察儿童的问题行为，对该问题行为下一个操作性定义，并进行功能评估，再确定终点行为(也就是预期行为)，形成具体的干预计划。由于特殊需要儿童的认知能力普遍较低，他们往往需要外在的动机来控制自己的问题行为。例如，当被试甲能够独立穿脱衣服而没有产生自我刺激的行为时，就奖励他喜欢的橘子。

3. 示范与模仿

针对特殊需要儿童在社交中不能保持适当的社交距离问题，先用简单的语言以及

图片给儿童讲解指令的意义，可以让其他同学做出正确的示范或由教师示范，供特殊需要儿童模仿，以增强其社交能力。

三、儿童青春期问题行为干预环境的创设

（一）建设心理环境

在儿童进入青春期之前，家长就要在生活情境中渗透青春期教育。例如教给儿童青春期护理知识，为他们进入青春期做好心理准备。学校教育也要在相关课程中加入青春期教育的内容，使儿童能够储备相关知识，提升认知水平。当青春期来临时，以上措施能够帮助儿童通过自己的认知控制不良情绪和问题行为。

（二）及时转移注意力

正如前面所谈到的，一些特殊需要儿童之所以会出现青春期问题行为，原因之一是生活环境比较单调。例如，在课堂上教师不能为学生提供适合他能力或兴趣的教学内容，导致学生有了较多的空余时间，处于一种很无聊的状态，进而出现自我刺激等行为。因此，预防青春期问题行为，要为学生创设丰富的生活和学习环境，不能让学生处于空虚、无聊的状态。

（三）减少不当的环境刺激

家长和教师要正视儿童的青春期问题行为。在家庭生活和学校生活中，家长和教师应注意自己的言行，不能穿着暴露，也不能说太露骨的语言，以免为特殊需要儿童提供不良的示范。学校应选择合适的心理健康教育教材，选择受过专业培训的心理健康教育教师，对学生进行心理健康教育。

| 拓展阅读 |

预防智力障碍儿童受到性骚扰

据调查，大多性侵害者为受害人的熟人，因而性骚扰事件是有迹可循的，可以有效地预防。对智力障碍儿童而言，预防性骚扰的一般原则如下。

1. 穿着方面讲究适宜，不暴露。
2. 依据规定时间作息，不早出晚归，以免增加受到性骚扰的机会。
3. 要见陌生人或到陌生的地方时须有人陪同。
4. 携带简单的自我防卫器具，例如哨子。

▶任务三 青春期问题行为的预防和干预

预防青春期问题行为

任务情境

案例："周老师，我喜欢你"

生活数学课上，周老师正在辅导小磊(16岁，重度智力障碍，男生)做题。小磊同学抬起头笑眯眯地看着老师，说："周老师，我喜欢你。"周老师感觉自己被侵犯了，非常生气，很严厉地批评了小磊同学，并且在以后上课的时候，再也不靠近小磊同学了。

任务：请问周老师的做法对吗？如果你是周老师，你会怎么做？

任务描述

青春期是儿童身心发展的关键时期，同时也是容易出现心理问题的时期，在这个时期加强对儿童的心理健康教育尤为重要。青春期性教育内容的选择以性生理知识为基础，以性心理指导为重点，还要进行性道德教育，以防止儿童出现青春期问题行为。

一、青春期问题行为的预防

（一）评估为先，制订个别化教育计划

个别化教育是一种教育策略，是指在尊重学生个性特点的基础上，以学生为中心，真切关照每个学生潜能开发及个性发展的教育。这种教育策略不受时间和地点的约束，有很强的针对性和适应性。特殊需要儿童青春期行为具体的表现程度不同于普通学生，并且存在较大的个体差异。这就需要教师在日常教学活动中留心观察学生的表现，根据其青春期的生理及表现及学习、交往、生活自理方面的表现，并结合学生自身的智力水平、性格特点及学习能力，制订出合适的个别化教育计划。

（二）抓住青春期问题行为发生的关键期，加强青春期教育

青春期自我保护教育，首先要培养学生的识别能力，具体表现为在遇到危险处境时要有足够的观察能力和对危险处境的辨别能力；其次要培养学生的判断能力，主要表现在判断是非、真伪、安危、合法与非法等方面；再次要培养学生的自制能力，当

面对食品或财物的诱惑时应该具有鉴别与自制能力；最后要培养学生的自我保护意识及自救能力。

（三）实施学校、家庭、社会三者相结合的综合教育

在学校方面，教师不仅要教给学生科学知识，还要教给他们必要的生活技能。因此，学校要加强教师应承担的责任，要求教师无论在课堂教学中还是在课外活动中，都要承担其教育责任。当课堂教学涉及青春期教育内容时，教师应该做到不避讳、不隐藏，把青春期教育内容当作普通的教学内容对待。在课外活动中，当学生表露出青春期行为意向时，或者询问关于青春期方面的问题时，教师要坦然面对，并给予积极正面的引导。在学校教育中，细心的教师会发现步入青春期的学生会有一些变化，例如，有的学生情绪变化异常，对待异性同学的态度有变化。当面对这样的情形时，教师就应该承担起积极教育和引导的责任，主动地深入学生中去了解学生身心发展的情况，并及时给予帮助。

在家庭方面，家庭是儿童成长的第一课堂，家长承担着对子女进行青春期健康教育的主要责任。如果在青春期，父母在日常生活中给孩子更多的关爱，在情感上给孩子更多的支持和鼓励，那么孩子的学业成绩、生活自理能力及情绪表现等都会表现得更好。首先，家长要转变观念。当孩子进入青春期并出现青春期的生理特征时，家长不能对这种现象遮遮掩掩、闪烁其词，而要树立科学、健康的教育观念，承担起对孩子进行帮助和教育的责任。其次，家长要提升知识水平。丰富的知识不仅能使家长在实施教育时得心应手，还能使家长形成正确的态度，也能使孩子形成健康、正面、积极的生活态度。因此，家长在清楚地认识自己孩子智力水平和生理发展特点的同时，应该学习相关的知识和技能来帮助孩子，强化家庭教育的功能。

在社会方面，良好的社会环境是对特殊需要儿童实施青春期教育的重要背景。特殊需要儿童作为社会的一分子，理应得到全社会的支持和帮助。但是由于自身的缺陷，特殊需要儿童在青春期可能会表现出不同于普通儿童的行为。全社会应该本着尊重、理解、包容差异的原则，以关爱和接纳的态度来对待特殊需要儿童，使他们能正常地与社会融为一体，在祥和、关爱的社会环境中平稳地度过青春期。目前针对特殊需要儿童的青春期教育发展得并不成熟，相关的书籍很少，因此建议有关部门能编写和出版针对特殊需要儿童及家长的青春期教育参考资料，使特殊需要儿童的家长能够系统地掌握相关教育理论和方法，提高青春期教育水平。

二、青春期问题行为干预的注意事项

在干预青春期问题行为时，既要遵循特殊需要儿童青春期生理、心理发育的特点，

还要考虑特殊需要儿童自身的接受能力。具体要注意以下事项。

第一，对青春期问题行为有正确的认识，这是实施青春期问题行为干预计划的前提。要求在处理特殊需要儿童青春期问题行为时，应该秉承科学、严谨的态度，在充分收集资料的基础上，分析青春期问题行为的功能，制订行为干预计划。

第二，分析问题行为的前事和后果，采取预防加教导相结合的模式来矫正特殊需要儿童的问题行为。

第三，进行正面疏导。进行正面疏导是由特殊需要儿童的思维特点决定的。特殊需要儿童的思维一般具有具体、直观、抽象水平低的特点，造成其分析能力不足，对问题的理解不够灵活，所以应正面疏导，不要回避问题。

第四，实施循序渐进、适时适度的教育。这是根据特殊需要儿童学习能力不足及迁移能力较差提出的。对其进行青春期问题行为干预时，要考虑教育内容本身的逻辑体系和其认知水平，考虑应教什么、不应教什么、先教什么、后教什么。同时根据特殊需要儿童主动性不足、意志薄弱、缺乏自制力的特点，对其实施教育要在其最需要的时候适度进行。

第五，反复强化，巩固良好行为。由于特殊需要儿童对良好行为识记慢、保持差，易受不良影响而使问题行为反复出现，因此在教育中要采取反复强化的手段，逐渐消除他们的不良行为，并使良好行为得到巩固。

| 拓展阅读 |

孤独症学生青春期性教育——视觉支持策略

根据孤独症学生的学习特点，一些教学策略和辅助工具的使用会让他们更好地理解青春期性教育的内容，其中用得较多的适合孤独症学生的策略是视觉支持。

个性化的红绿灯系统：把代表不同意义的红绿灯做成视觉图片或卡片让学生随身携带。不同颜色的标志代表学生能做的和不能做的事。例如，红灯代表学生不能做的事，包括尾随或跟踪异性、触碰异性等。黄灯代表需要把握尺度的事，比如跟别人的距离。绿灯代表能做的事，如跟异性打招呼、讲礼貌等。

等级系统：用数字等级帮助学生理解恰当的和不恰当的行为。如 1 代表“跟女孩礼貌地打招呼”，3 代表“色眯眯地紧盯着女生看”，5 代表“尾随女生”或“不经允许触摸女生”。等级越高，行为越不恰当。等级必须高度视觉化并标色。

思考工具和应对提示(thinking tools and coping strategies)：制作一些在具体情境下可以使用的提示卡，如“停止”“等一等”“想想再做”“寻求帮助”“越界了”等。给这些提示卡涂上颜色，或者将其做成视觉图片。教师可以把它们做成携带方便的卡片，观察到不恰当的行为出现的信号后立即使用，以作提醒。

在进行社交技能的教学时还可以用社会故事教学和视频示范等常用的方法。社会故事是从学生的角度编写的小故事，可以让孤独症学生通过故事情节理解特定社会环境中的社交技能、合适的行为以及怎样与同伴有效交流。社会故事教学可帮助学生为青春期引起的变化做准备，或者学习应对变化的合适方法。采用视频示范方法时，可让学生观摩视频中同伴、兄弟姐妹、成人或者自己的正确行为，然后让学生模仿正确行为。这种教学方法对视觉学习者尤为有效，而且孤独症学生一般都很喜欢看视频，这容易使他们集中注意力并增强学习动机。

项目总结

青春期是人一生发展的关键时期。在这个时期，每个人的行为表现都是不相同的。重视青春期问题行为并对其进行预防、分析、干预，对儿童一生的发展来说很重要。很多实践证明，在青春期接受了良好的引导教育的儿童，能很好地适应身心的变化，适应社会生活。特殊需要儿童作为独立存在的个体，其青春期的行为也会表现出不同的特点，但是由于自身的特点，他们相比于普通儿童可能会表现出特殊的适应困难。因此，关注特殊需要儿童青春期行为的特点及表现，并在此基础上分析问题行为产生的原因，然后进行科学的、系统的、正面的功能分析与干预，这对其一生的发展来说尤为重要。

思考实践

1. 简述实施青春期问题行为评估的意义。
2. 简述青春期教育的内容。

项目三　学校恐惧症干预技术的应用

项目导入

党的二十大报告提出“健全学校家庭社会育人机制”，学校是这一育人机制中的关键环节，发挥着主阵地作用。个别学生本来与其他同学一样，每天高高兴兴到学校上学，课间、课后也和同学们一起玩，非常愉快，学习成绩也不错。忽然，某一天，他们开始害怕上学，谁劝都没有用，学习成绩也直线下降。心理学家把这种现象称为“学校恐惧症”。

项目导航

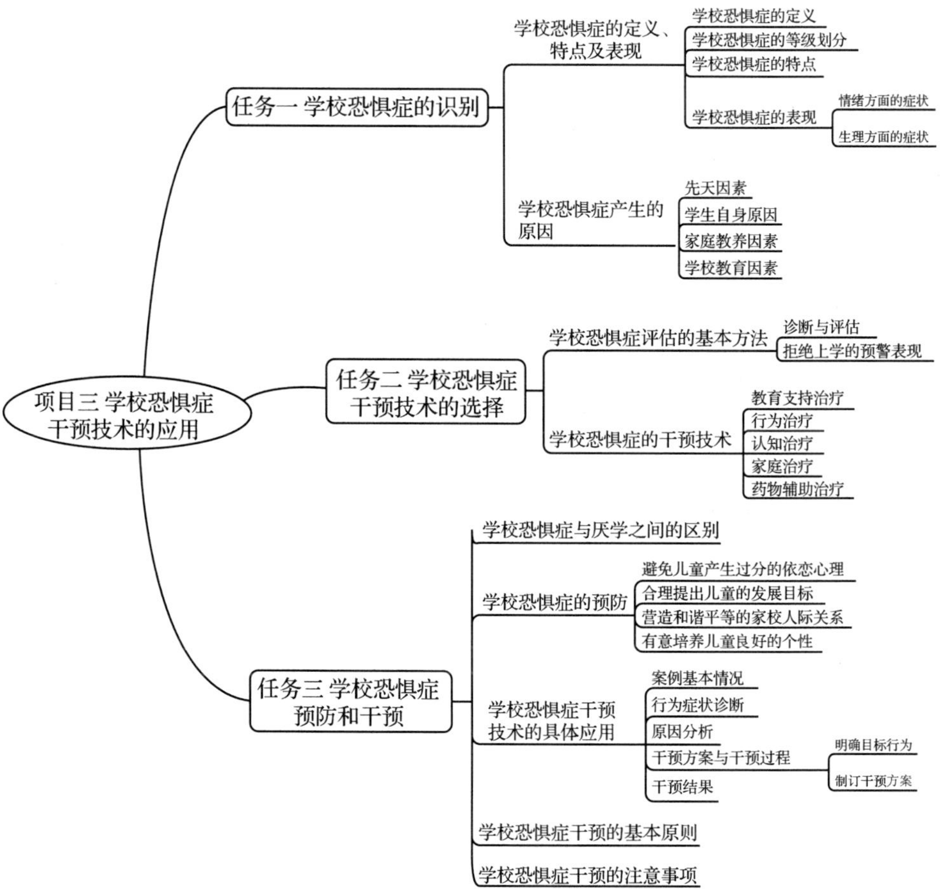
项目三 学校恐惧症干预技术的应用
任务一 学校恐惧症的识别
学校恐惧症的定义、特点及表现
学校恐惧症的定义
学校恐惧症的等级划分
学校恐惧症的特点
学校恐惧症的表现
情绪方面的症状
生理方面的症状
学校恐惧症产生的原因
先天因素
学生自身原因
家庭教养因素
学校教育因素
任务二 学校恐惧症干预技术的选择
学校恐惧症评估的基本方法
诊断与评估
拒绝上学的预警表现
学校恐惧症的干预技术
教育支持治疗
行为治疗
认知治疗
家庭治疗
药物辅助治疗
任务三 学校恐惧症预防和干预
学校恐惧症与厌学之间的区别
学校恐惧症的预防
避免儿童产生过分的依恋心理
合理提出儿童的发展目标
营造和谐平等的家校人际关系
有意培养儿童良好的个性
学校恐惧症干预技术的具体应用
案例基本情况
行为症状诊断
原因分析
干预方案与干预过程
明确目标行为
制订干预方案
干预结果
学校恐惧症干预的基本原则
学校恐惧症干预的注意事项

学习目标

知识目标	1. 熟知学校恐惧症的定义、特点及表现； 2. 掌握学校恐惧症评估的基本方法； 3. 掌握学校恐惧症干预的基本原则。
能力目标	1. 能进行学校恐惧症的原因分析； 2. 能对学校恐惧症的干预层级进行分析，并选择干预技术； 3. 能结合具体案例选择恰当的干预措施和干预方案。
素养目标	1. 在学校恐惧症干预实践中具有仁爱之心； 2. 具有早预防、早发现、早干预的职业意识。

▶任务一 学校恐惧症的识别

识别恐惧症

任务情境

案例：不去上学才肯罢休的莎莎

莎莎，10 岁，在班上是一名学生干部，学习成绩很好。但是，近来莎莎对父母说她不愿意上学。后来，早晨上学前，莎莎总是说肚子疼，还常常恶心、呕吐。每天夜里她总是为一点小事哭闹，直到父母答应她不去上学才罢休；若父母不同意，她就闹到半夜，甚至打骂父母，毁坏东西。父母问她为什么不愿意上学，莎莎说害怕老师体罚同学和自己。

任务：请用学校恐惧症的相关知识分析莎莎的问题行为，并思考如何帮助莎莎减少对上学的恐惧感。

任务描述

目前家长和社会对教育的重视程度越来越高，加之个别儿童的个性中存在任性固执、低乐群性、高焦虑等特点，导致这类儿童难以适应学校环境。在诱发事件的触动下，这类儿童可能会患上学校恐惧症，进而旷课、逃学或休学等。

一、学校恐惧症的定义、特点及表现

（一）学校恐惧症的定义

学校恐惧症（school phobia），又名“拒绝上学”，是儿童对学校这一特定环境感到异常恐惧从而强烈地拒绝上学的一种表现，是恐怖症中的一个特殊类型。患有学校恐惧症的儿童还常常伴有身体症状，表现为头痛、头晕、腹痛、腹泻、哮喘发作、自主神经功能紊乱，如出汗、手抖、尿急等，但没有器质性病变，且一回到家里症状就消失。

（二）学校恐惧症的等级划分

学校恐惧症最典型的症状是儿童害怕和拒绝上学，按其程度由轻到重可分为如下等级：①威胁或哀求父母别让他上学；②早上反复出现各种不适体征和回避上学的行

为；③早上反复“耍赖”，要求父母陪同上学；④偶尔不上学或缺课；⑤多次不上学或缺课；⑥在某一学期某一阶段完全不上学；⑦长期休学在家。

（三）学校恐惧症的特点

学校恐惧症可以在任何学龄阶段发病。通过研究，人们发现学校恐惧症的发病年龄有三个高峰期。3～7岁为第一个高峰期，大都与入托、入学时与父母分离而感到焦虑有关。9～12岁为第二个高峰期，主要与人际关系冲突、学习压力过大、更换学校或班级等因素有关。14岁左右为第三个高峰期，可能与青春期的情绪反应有关，更倾向于违拗性抵触上学，主要原因包括学习困难、在校遭受欺负，家庭问题、友谊危机、师生冲突、情绪障碍等。

日本学者研究表明，学校恐惧症可发生于各种智力水平的儿童，低年龄组中女性多见，高年龄组则男性多见，发病率与患儿家庭经济和社会地位无关。

（四）学校恐惧症的表现

学校恐惧症的临床表现主要是在情绪方面与生理方面。

1. 情绪方面的症状

焦虑。焦虑可表现为分离焦虑和社交焦虑。分离焦虑更多出现于学龄前儿童，因为他们对照料者(如父母、祖父母、外祖父母)过度依恋。社交焦虑(又称作表演焦虑)表现为儿童担心别人对自己的看法和评价，对公开发言、考试以及参加重大节日活动或体育活动表现出预想性的焦虑。

抑郁。抑郁的具体特征为：情绪沮丧，对日常活动缺乏兴趣，喜独处，不与家长交流，对人和物过度敏感，难以同他人友好相处，叛逆，有睡眠问题，抱怨身体不适，感到疲劳，难以集中注意力或做出决定等。

2. 生理方面的症状

患者表现出肌肉紧张、肠胃不适、尿频尿急、呼吸急促、眩晕、睡眠问题等，通常在上学前或前一晚出现头痛、咽痛、头晕、腹痛、恶心、呕吐、腹泻等症状。针对以上症状，医院检查却没有发现病变。

有些学校恐惧症患者以躯体化症状为首发症状，这些躯体化症状的一个显著特点是非上学日一般不出现，上学日则出现，周一最为严重。一天之中以清晨最为明显，下午减轻。

二、学校恐惧症产生的原因

学校恐惧症与其他儿童情绪障碍类似，缺乏特异的病因基础，是多种因素综合作用的结果。

（一）先天因素

现代生物学研究表明，个体不仅遗传父母的智力和外表，还遗传父母的情绪易感性。如果儿童家里曾经有人得过精神病，有过病态人格，或者父母婚前、母亲产前有酒精中毒等现象，儿童一般适应能力较差。当环境突然变化或重大的突如其来的事件发生时，这些儿童可能会产生恐惧心理，使原来并不十分明显的症状暴露出来。

（二）学生自身因素

学校恐惧症多发生于性格内向、胆小、敏感、行为退缩的儿童身上。这类儿童往往人格不健全，对环境过分敏感，常常表现得过分拘谨、喜好他人表扬、拒绝批评、任性固执、不善交际等。这类儿童过分在乎自我形象和自我感受，一旦出现诱发事件(如考试失败、成绩下滑、当众回答问题出现错误等)就容易产生强烈的焦虑与恐惧感。这类儿童往往有不符合实际的自我概念或者歪曲的认知。例如，认为自己长得不漂亮、长得矮、肥胖等(实际情况不是这样的)，并且认为其他同学都发现了这个“秘密”，进而拒绝上学。有的特殊需要儿童认为自身存在一定的障碍，一直担心同伴会取笑自己，产生不正确的认知等，从而害怕上学。

（三）家庭教养因素

家庭环境是影响孩子成长的重要因素。家长不恰当的教养方式可能会造成孩子患上学校恐惧症。娇惯、溺爱的教养方式，可能会使孩子形成对父母的强烈依赖，不愿意离开父母，从而产生分离焦虑。父母对孩子的期望值过高，过分关注孩子的学习成绩，当孩子达不到父母的要求时，就会造成孩子逃避上学。父母关系紧张，经常发生家庭冲突，容易使孩子处于高度警觉状态，对环境缺乏安全感，造成退缩，拒绝上学。

（四）学校教育因素

学校环境是诱发儿童出现学校恐惧症的主要场所。学校中的应激事件主要如下。任课教师十分严厉，对待儿童简单粗暴，甚至体罚或变相体罚他们。师生关系紧张或儿童之间关系紧张，尤其是同伴之间的接纳不够，沟通出现困难，会让自身性格内向、情绪敏感、能力弱小的儿童对上学感到恐惧。儿童学习吃力或学习成绩较差，因此受到教师的批评或同学的嘲笑，对上学产生恐惧心理。

| 拓展阅读 |

自主神经功能紊乱

自主神经包括交感神经和副交感神经。交感神经能使人活跃，而副交感神经能使人安静。两者相互配合，支配整个机体和全身脏器活动。自主神经功能紊乱的主要症状如下。

自主神经功能紊乱的躯体症状主要表现为胸闷、心慌、气急、疲劳、腹痛、胃胀、便秘、头痛、头重、口干等。所以在就诊时，自主神经功能紊乱患者常常担心自己患有其他器质性疾病。

自主神经功能紊乱的早期表现主要为失眠、多梦、容易疲劳、精神不振、记忆减退、注意力不集中、思维反应迟钝等。自主神经功能紊乱患者的睡眠障碍以入睡困难和易醒最为突出。患者受躯体症状和忧虑等负面情绪影响，久久不能入睡。

自主神经功能紊乱患者的忧虑情绪表现为没缘由地担心“大祸”或“不祥”的事情将来临。患者常常有表情痛苦、愁眉苦脸、面孔紧绷、注意力涣散和担惊受怕等表现，严重影响自己和身边人正常的工作与生活。

▶任务二 学校恐惧症干预技术的选择

恐惧症矫正技术

| 任务情境 |

案例：刚入学就恐惧的妮娜

妮娜，女，7岁，出生后一直在父母身边，但父母做生意，每天陪伴妮娜的时间非常少，与妮娜的沟通大都是发布指令及要求。妮娜胆小，对父母的依恋比较强烈。9月开学她勉强去了学校，三天后产生强烈的恐惧感，提到上学就会哭，来到学校大门口就会肚子痛、想上厕所，无法进校门。父母开始还可以包容她，几天后将处理方式变成了打骂。妮娜遭受打骂后，学校恐惧加重，而且出现食欲减退、目光呆滞的症状。

任务：请用学校恐惧症行为干预技术的相关知识分析妮娜问题行为产生的原因，并思考如何选择合适的行为干预技术帮助妮娜降低恐惧水平。

|任务描述|

当父母发现孩子害怕上学，对上学感到恐惧，并伴随着一些生理反应时，应该及时与学校、幼儿园和康复机构的教师联系，对孩子进行矫正。

一、学校恐惧症评估的基本方法

（一）诊断与评估

相关从业人员常将恐惧症的诊断标准与明显的拒绝上学表现相结合作为诊断依据。李雪荣主编的《现代儿童精神医学》给出了四条诊断学校恐惧症的要点。

①去学校产生严重困难，长期缺课；②上学时情绪非常紧张，表现为害怕、发脾气、无器质性病变的躯体不适；③父母知道患儿是因害怕而不去上学；④无明显的反社会行为，诸如犯罪、物质滥用、破坏性或危险性行为。早期诊断与早期干预对于学校恐惧症患者至关重要。我们可以从起病诱因、临床表现、家庭环境、在校情况、精神状态、情绪、社会功能等方面对儿童进行评估。

（二）拒绝上学的预警表现

家长和教师了解孩子拒绝上学的预警表现非常重要，这能保证家长和教师在儿童有预警表现时迅速应对，把学校恐惧症控制在萌芽状态。常见的预警表现如下。

①经常没有理由地逃课或迟到；②缺席重要的事件，如考试、演讲、节目表演、作品竞赛、体育课等；③经常要求去看医生，但是没有明显身体不适的表现；④经常要求给家长打电话，要求家长早点来接其回家；⑤经历重大家庭事件或创伤，睡眠困难，注意力集中困难，动辄大发脾气，情绪低落或易激动，冲动；⑥上学期间，每天早晨很难起床，但是没有明显的疾病症状。

二、学校恐惧症的干预技术

学校恐惧症的干预方法与恐怖症相似。恐怖症的主要干预方法大体可以分为精神动力学疗法及行为疗法两大类。从临床效果来看，在巴甫洛夫、班杜拉等的心理学学习理论基础上发展起来的行为疗法效果更为理想。干预原则是根据不同儿童的情况采取综合的治疗方案，查明恐惧的原因或影响因素，帮助儿童消除社会心理因素，目的是缓解其焦虑、恐惧的情绪，增加学校的吸引力，使其返回学校。更高的目标是改善儿童个性及行为方面的缺陷，培养良好的生活技能和健全的心理。

学校恐惧症的首选治疗方法是心理治疗。心理治疗主要包括教育支持治疗、行为治疗、认知治疗、家庭治疗、药物辅助治疗等。

（一）教育支持治疗

教育支持治疗是指将对儿童的教育和支持治疗融为一体，对患有学校恐惧症的儿童，耐心地询问其所担心的事件和想法，加以疏导或鼓励，传授相关的知识与技能，帮助儿童克服对学校的恐惧心理。最为常用的支持方法是谈话法，即尊重及信任儿童，关心儿童的身心健康，做儿童的知心朋友，与儿童交流学习、生活和与同伴交往的状况，及时解决其遇到的学习困难。同时，教师采用情感激励法、自我发现法、实践操作法等，促使学生对学习产生兴趣，使其感受到学习的进步，增加成功体验，减少对学习的恐惧感。

教育支持治疗只是一种问询方法，所需时间长，需要定期与儿童进行交流，在寻找到儿童感到恐惧的具体原因之后，还需要使用其他治疗方法进行干预。

（二）行为治疗

行为治疗强调改变儿童的行为，加强儿童的社交技巧，减少社交恐惧感。干预学校恐惧症可以采用系统脱敏法、正强化法、心理剧表演、肌肉放松训练等。行为治疗注重强化的作用，所以要经常鼓励儿童勇敢面对他们以前恐惧的情境或事物，教会他们调整情绪和缓解恐惧的方法。

行为治疗可以帮助教师和家长掌握一定的行为干预技巧，熟悉各种方法的基本原理、操作流程及注意事项，但每一种行为治疗方法的应用都需要一定的干预环境，如系统脱敏法需要部分人员的配合，否则会影响行为干预效果。

（三）认知治疗

认知治疗强调患上学校恐惧症是由儿童的不良认知造成的。应用认知疗法干预儿童学校恐惧症的实质在于重新构建儿童的认知结构，调整其思维方式，纠正其对某件事的歪曲理解，通过辩驳他们的思维方式，代之以合理的思维方式，消除其恐惧感，达到使其返校的目的。常用的方法有暗示疗法、贝克的认知疗法。

认知治疗的干预效果较好。它关注儿童认知图式的建构，重视儿童的主动思考及体验，但所需时间长，需要儿童有一定的问题分析、语言表达和情绪控制能力。如暗示疗法中的施加暗示，要求儿童沿着干预者引导的方向去思考、去体验，需要结合某些辅助手段来提高干预效果。心理医生会给儿童服用一些无副作用的“安慰剂”，告诉他们服用后就不会恶心、腹痛等。这需要干预者恪守职业道德，尊重儿童的权益，必须受过专业训练，具备一定的从业资格等。

（四）家庭治疗

家庭治疗主要针对家庭中的不良教养方式或者由父母的期望值过高导致的学校恐惧症。该治疗方法强调家长的积极参与，要求家长改变不合理的教育方式，如要求过

严、打骂，或者是溺爱、包办代替。常用的方法是家长咨询、榜样示范等，目的是通过营造轻松的家庭环境来缓解儿童的焦虑和恐惧情绪，培养他们良好的个性特征。

家庭治疗的优点是环境自然，紧贴儿童的生活实际，实施起来比较方便，见效快。父母对孩子的要求，要与孩子的接受能力和心理发展水平相适应，从实际出发提出孩子发展的目标。因此，行为干预的效果会受到家长素质和家庭环境的影响。

（五）药物辅助治疗

除了心理治疗外，还可根据个案的具体情况适当进行药物辅助治疗，但要由家长带着孩子前往医院，必须在医师的指导下进行。对情绪症状严重的患者可以考虑进行药物治疗，这样既可以减轻躯体的不适症状，又可以为各种心理干预和治疗提供帮助，增强患者治愈疾病的信心。切记，药物治疗不可作为一种单独的方法来实施，要将其与心理治疗紧密结合才能取得最佳效果。

| 拓展阅读 |

学校恐惧症小测验

请对下列题目做出“是”或“否”的回答：

1. 你是否害怕老师？
2. 你是否害怕学校的房子？
3. 你一早起来，想到要去学校上课是否会有头痛、头晕等不适症状？
4. 你是否常常一提到去学校上课就害怕？
5. 你是否经常设法逃课？如有好的理由不去上课的话，你是否肯定不会去？
6. 你是否一进校门就恐慌不安？
7. 你是否常找借口不去上课？
8. 某次考试失败后，你是否会因此害怕考试，每逢测验和考试就担心不及格？
9. 你是否害怕走进教室，特别是在迟到的时候？
10. 你是否一听说某人是老师就感到害怕？
11. 当父母让你上学的时候，你是否感到极度惊恐和害怕，会胃痛、恶心，甚至呕吐？
12. 当你升入一所新学校，你是否害怕去上课？
13. 当病了很长时间以后，你再次回学校去上学，你是否会觉得不习惯而不想去上学？

14. 你是否和同学相处得不好，以致你不愿去上学，避免与他们打交道？

15. 你是否经常做关于考试失败的梦？

16. 你是否经常做被老师训斥的梦？

17. 当电视里演到有关学校的事时，你是否会觉得浑身不舒服而不愿看完？

18. 只要你说身体不适，你的父母是否常常会同意你不去上课？

19. 你是否害怕老师在课堂上点名让你回答问题？

20. 你是否认为老师不喜欢你？

21. 当父母外出工作很长时间时，你是否会觉得很孤独、害怕而不敢出门去上学？

22. 你是否常被老师当众批评学习不认真？

23. 当在街上行走时，你是否看到与学校黑板相似的东西就感到恐慌？

24. 你是否会因为不去上课而感到轻松自在？

25. 你是否一听到别人说关于学校里的事，就会心跳加速、身上冒汗？

26. 每次假期结束、新学期开始时，你是否会一想到上学就烦躁不安？

27. 学校举行的一系列有趣的课外活动你是否都不愿参加？

28. 下课铃一响，你是否希望赶快离开教室，走出校门，一分钟也不愿多待？

29. 不管遇上大事小事，你是否都无法面对而求助于父母？

30. 你是否因为曾在学校受到某一同学的欺辱而不愿去上学？

评分：每题选“是”记 1 分，选“否”记 0 分。各题得分相加为总分。总分为 0～5 分：你有一点不太适应学校生活。6～15 分：你对学校生活有些惧怕。16～30 分：你可能已患有学校恐惧症。

▶任务三 学校恐惧症的预防和干预

预防恐惧症

| 任务情境 |

案例：暂时休学的苗苗

苗苗，10 岁，爱学习，守纪律，成绩优异，是班级学习委员。苗苗的家人以她

为骄傲，对她抱有很高的期望，要求也很严格。父母要求苗苗每门功课的成绩都必须在 98 分以上。有时苗苗考了 97 分，即使在班里名列前茅，父母也不满意。有一次苗苗数学只考了 89 分，被父母狠狠地骂了一顿。在父母的严厉管教下，苗苗的心理压力很大，身心疲惫。从四年级开学以来，苗苗的学习成绩明显下降，对学习产生了厌倦感。期中考试时，苗苗有两门功课没有上 90 分，老师说她退步了。爸爸当着全班同学的面打了她两下，这使她更觉得自己一点用都没有。没过一个月，苗苗就变得很少跟别人讲话，成绩一路下滑。只要在她面前提及上学，她就无故出汗、脸色发白、尿急、腹痛，只好暂时休学一段时间。

任务：请分析苗苗的行为原因，并思考如何帮助苗苗克服学校恐惧。

| 任务描述 |

对于学龄期的儿童来说，学校恐惧症会严重影响他们的学习与生活，会影响儿童的健康成长，影响家庭的幸福。因此，儿童、父母和教师要共同配合，及早预防。家长和教师要呵护儿童，一旦发现儿童有拒绝上学或厌学的苗头，要及时预警，防患于未然。

一、学校恐惧症与厌学之间的区别

中小学生厌学的主要表现是对学习没有兴趣，讨厌学习。厌学的儿童对学习感到非常苦恼，一旦提及学习就心烦意乱，对教师和家长有抵触情绪，学习成绩不良，少数还伴随着品德问题。

学校恐惧症与厌学之间的区别主要是程度不同。厌学的症状较轻一些。儿童厌学表现为在主观上对学校、学习失去兴趣，不爱听讲，破坏课堂秩序，和大人顶撞，侧重于情绪或情感方面；学校恐惧症的症状较重，已经发展成了恐惧症，并且有明显的头痛、呕吐、惊恐等生理反应。

二、学校恐惧症的预防

学校恐惧症是严重影响儿童学习与生活的一种心理问题。儿童、父母和教师应共同配合，及早预防。为了预防儿童出现学校恐惧症，应做到以下几点。

（一）避免儿童产生过分的依恋心理

父母不要溺爱孩子，在孩子还没有上学时，就要注意培养他们的独立能力，让孩

子学会应对自己的日常生活。假如没有解决好这个问题，就容易造成有些儿童过度依恋家长，当上学必须与父母分离时，面对集体生活，容易因不合群而对上学产生恐惧心理。

（二）合理提出儿童的发展目标

由于遗传和环境的不同，儿童的能力水平也不同。父母要根据儿童的实际能力水平提出儿童经过自己的努力能够达到的目标。当儿童达到了父母提出的短期目标时，父母就要给予鼓励，并且提出下一个可能实现的目标。这样儿童就会一步一个脚印，把上学当成一种乐趣。相反，如果目标过高，儿童无论如何努力都无法实现，就会试图逃避上学，对学校产生恐惧心理。

（三）营造和谐平等的家校人际关系

父母要注意营造良好的家庭气氛。家庭成员之间应相互尊重，关系融洽，赏识孩子，给孩子带来一种安全感。教师和保育员要关心、爱护儿童，不采用简单粗暴的教育方式，多采用对话谈心的教育方式，尽量多表扬，在表扬之后提出意见或建议，禁止对儿童实施体罚或变相体罚；对学习有困难的儿童采用个别帮扶方式，使这些儿童和其他同学共同进步，防止学校恐惧症的产生。

（四）有意培养儿童良好的个性

有些儿童性格内向，比较孤独、敏感、消沉。父母和教师应鼓励这些儿童多在众人面前说话、做事。即使儿童说错了话或做错了事，也不要责怪他们，而应和蔼地告诉他们应该怎样做，消除他们的恐惧心理。教师还可以让儿童承担一些班上的工作，锻炼他们的胆量，培养他们积极向上的心态，使他们热爱学校、热爱学习，以防止他们出现学校恐惧症。

三、学校恐惧症干预技术的具体应用

（一）案例基本情况

惠惠，9 岁，女，三年级学生。她的父亲是建筑工人，母亲是餐厅服务员。她有个 7 岁的弟弟。家庭经济条件不好，父母经常吵架。惠惠在上幼儿园和小学一年级时各方面表现均很正常，进入二年级后出现逃学现象，并逐渐变得严重。惠惠不善于与同学交往，课堂上比较安静，不与其他同学一起游戏和活动。二年级时出勤率开始降低，缺课达 41 天，理由是“病了”“没有赶上校车”。缺课前她成绩一般。缺课后，母亲曾试图陪她上学，但走近学校时惠惠就开始抱怨、尖叫、全身颤抖，有时候就索性躺在地上。母亲用了很多办法，可惜都没有起作用。母亲无奈之下只好把她寄放在邻居家里。

（二）行为症状诊断

依据《现代儿童精神医学》中的四条诊断标准，结合惠惠的行为表现，干预团队综合分析，诊断为学校恐惧症。

（三）原因分析

家庭关系不和谐，惠惠没有安全感。在厌学初期，妈妈没有关注到惠惠的学习需求，当惠惠逃学时，也没有及时制止。同时，家校没有沟通合作，导致惠惠的表现发展成学校恐惧症。

（四）干预方案与干预过程

1. 明确目标行为

经过教师和家长沟通，经过一周的基线观察，目标行为拟订为：惠惠能够在母亲的提醒下去上学。

2. 制订干预方案

母亲先后求助于学校顾问、医生、社会工作者。干预团队介入后，决定主要以系统脱敏法来促成惠惠上学，并结合代币制来巩固其上学行为。干预时间为两个月，具体操作过程如下。

(1)第一阶段(第 1～2 周)：家校沟通，安排助学伙伴

主要做法是：经过父母同意，安排一位行为干预者甲与惠惠交往，开始时在邻居家中，后来在惠惠家里。在两人建立了良好的人际关系后，甲告诉惠惠，以后甲将陪她一起去学校上课。

第一次上学前征询惠惠的意见，以她不反对为前提，并安排她在学校接近放学的一段时间去学校。所有安排都获得了教师的配合。那天，甲陪惠惠边走边聊，在学校上最后一节课时到校。两人手拉手走进教室，甲就坐在惠惠的旁边，直到下课放学。教师以自然的态度表示欢迎，并奖励惠惠一些学习用品。放学后，甲让惠惠与弟弟一起回家。5 天后，惠惠能够基本适应。

第 2 周的做法稍有变化，即在下课前 10 分钟，甲与惠惠悄悄打招呼后，先离开了教室。观察惠惠的反应和表现，如果她不能在教室内正常学习，甲就返回教室；如果她表现正常，甲就在外面等着，放学后仍嘱咐惠惠与弟弟一起回家。

(2)第二阶段(第 3～4 周)：教师参与，实施正强化

第 3 周，甲一方面逐渐将陪惠惠到校的时间提前，一方面逐渐减少陪惠惠的时间。同时，甲把儿童画册、糖果之类的惠惠喜爱的物品交给教师。只要惠惠能像其他同学那样在教室里学习，放学时教师就从这些物品中选择一件给她。

第 4 周，当惠惠能在上午 9 点到校时，甲就只陪她走进校门。之后，甲逐渐缩短

陪同惠惠上学的距离。

(3)第三阶段(第 5～6 周)：稳步推进，持续强化

第 5 周，甲要求惠惠在 8 点之前到校，全程陪同其进入校门，并给予惠惠喜欢的巧克力。教师当众鼓励，嘱咐惠惠与弟弟一起回家。

第 6 周，甲逐渐缩短陪同惠惠上学的距离，持续用惠惠喜欢的薯片进行强化。教师给予惠惠语言鼓励，仍嘱咐惠惠与弟弟一起回家。

(4)第四阶段(第 7～8 周)：家长参与，实施跟踪及泛化

第 7 周，母亲逐步介入，取代甲的角色。惠惠能与弟弟一起离家上学，不用甲陪。

第 8 周，巩固惠惠上学行为的做法是：指导母亲使用一张印有两个孩子名字和一周天数的大表格。让母亲宣布，每天早晨自愿主动上学的孩子将得到一颗星。每天晚饭后，孩子把从母亲那里获得的星贴到表格中自己的位置上，同时还能从母亲那里得到 3 颗特别好吃的糖果。哪天不上学就没有星，也没有糖；如果需要别人陪着上学，就只能得到一颗糖，但不能得星。周末查看表格，得 5 颗星就可去郊游。

（五）干预结果

经过两个月的干预，惠惠的学校恐惧症有了明显好转。她能在 7 点起床，抓紧时间准备上学，有时还催促弟弟也要抓紧。教师发现惠惠变得懂礼貌，肯助人，如打扫教室，还积极地参加每周二下午学校的集体活动，成绩也从丙等进入乙等甚至甲等。6 个月和 9 个月后做了两次随访，情况稳定。父母虽然面临很大的经济压力，但仍然关心爱护孩子。

四、学校恐惧症干预的基本原则

由于个性特点、早期经验、家庭和社会背景诸多方面因素的影响，有些儿童在经历了一段时间的学校生活后，可能会对学校感到恐惧，容易丧失学习能力。对学校恐惧症的干预应当坚持以下几个原则。

①教师和学生要建立良好的师生关系，家长和孩子要建立和谐的亲子关系。②早发现，早诊治。在厌学初期，很多学生会向家长发出各种求助信号，如果家长能意识到问题的存在，及时进行心理疏导，则厌学问题一般能得到缓解，而不至于发展成严重的学校恐惧症。③一旦孩子产生了厌学情绪，家长或教师则要及时、准确地分析原因。④家校共同实施干预。家长要主动与学校的教师沟通，采取措施使孩子的情绪放松下来，采取相应的方法帮助孩子逐步克服恐惧心理。⑤必要时就医，并进行心理咨询。

五、学校恐惧症干预的注意事项

教师、家长或干预者在对儿童的学校恐惧症进行干预时，要注意以下几点。

①不要对不上学的儿童做任何负性的评价，以便与儿童建立良好的治疗关系。②针对儿童的心理治疗，多使用玩具，多以游戏的形式进行，需要父母参与，改变原来不良的家庭认知模式。③由于一些儿童的自我意识比较强，应多采用改变认知的方法，是否需要父母参与则要征求儿童的意愿。④要尽力让儿童感受到他们可以从咨询与治疗中获得帮助，以便实现治疗目标。⑤要帮助儿童应对有压力的家庭环境或学校环境，而不是幻想相关环境会很快发生根本改变。

|拓展阅读|

家庭的教养方式

家庭的教养方式分为三类，即权威型、放纵型、民主型。

权威型教养方式。采用这种方式的父母在子女的教育中表现得过于强势。在这种环境下长大的儿童容易形成消极、被动、依赖、服从、懦弱、不诚实的人格特征。

放纵型教养方式。采用这种方式的父母溺爱儿童，让儿童随心所欲，对儿童的教育有时达到失控的状态。在这种环境中成长的儿童多表现得任性、幼稚、自私、独立性差、唯我独尊、蛮横无理等。

民主型教养方式。父母与儿童处在一种平等和谐的家庭氛围中。父母尊重儿童，给儿童一定的自主权和积极正确的指导。父母的这种教育方式能够使儿童形成一些积极的人格品质，如活泼、快乐、直爽、自立、彬彬有礼、善于交往、富于合作、思想活跃等。研究也发现，在这种民主的教养方式下，儿童问题行为的发生率显著偏低。

项目总结

近年来，学校恐惧症逐渐引起人们的重视。学校在儿童的成长过程中担负着重要角色，但同时也隐含一些伤害性因素。进入学龄期后，与学校和学习有关的事件成为诱发儿童患上学校恐惧症的主要因素。如果发现有学生对上学感到恐惧，害怕上学，并且伴有生理反应，父母和教师就要及时干预，不可掉以轻心。目前应对学校恐惧症

的治疗方法主要是心理治疗，以行为治疗与认知治疗为主。它们的共同之处是促使当事人通过特定程序重新确立对恐惧对象的认知，目的是对情绪进行干预，减轻焦虑与恐惧感，进而改变行为，使当事人重新返回学校，促进其健康成长。

思考实践 ……►

1. 什么是学校恐惧症？
2. 如何预防学校恐惧症？

项目四　社交退缩行为干预技术的应用

项目导入

随着社会的发展，儿童的问题行为日渐增多。因此，儿童问题行为日益成为心理学、教育学等领域工作者关注和研究的热点，社交退缩行为就是其中的一种。有研究表明，有社交退缩行为的儿童，如果得不到及时干预，那么在后期一系列身心发展指标上的表现都堪忧。因此，了解社交退缩行为的定义、特点及表现，掌握社交退缩行为干预技术的应用意义重大。

项目导航

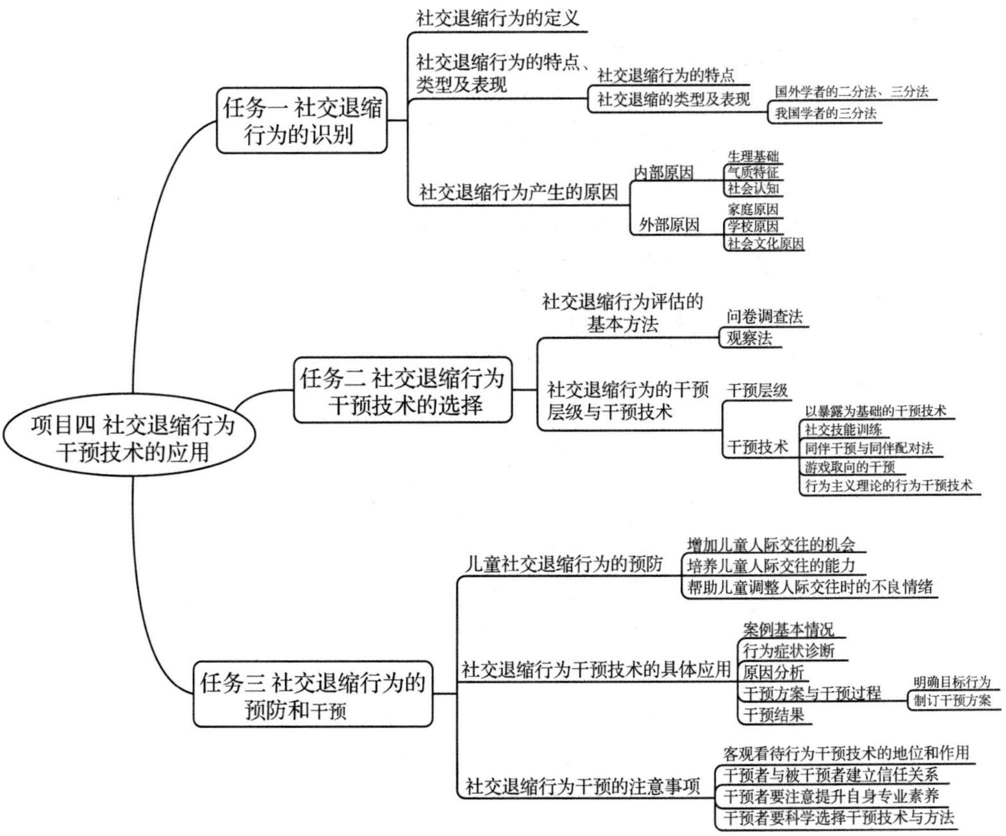

项目四 社交退缩行为干预技术的应用
任务一 社交退缩行为的识别
社交退缩行为的定义
社交退缩行为的特点、类型及表现
社交退缩行为的特点
社交退缩的类型及表现
国外学者的二分法、三分法
我国学者的三分法
社交退缩行为产生的原因
内部原因
生理基础
气质特征
社会认知
外部原因
家庭原因
学校原因
社会文化原因
任务二 社交退缩行为干预技术的选择
社交退缩行为评估的基本方法
问卷调查法
观察法
社交退缩行为的干预层级与干预技术
干预层级
干预技术
以暴露为基础的干预技术
社交技能训练
同伴干预与同伴配对法
游戏取向的干预
行为主义理论的行为干预技术
任务三 社交退缩行为的预防和干预
儿童社交退缩行为的预防
增加儿童人际交往的机会
培养儿童人际交往的能力
帮助儿童调整人际交往时的不良情绪
社交退缩行为干预技术的具体应用
案例基本情况
行为症状诊断
原因分析
干预方案与干预过程
明确目标行为
制订干预方案
干预结果
社交退缩行为干预的注意事项
客观看待行为干预技术的地位和作用
干预者与被干预者建立信任关系
干预者要注意提升自身专业素养
干预者要科学选择干预技术与方法

学习目标

知识目标	1. 熟知社交退缩行为的定义、特点及表现； 2. 掌握社交退缩行为评估的基本方法； 3. 掌握社交退缩行为干预的基本原则。
能力目标	1. 能进行社交退缩行为的原因分析； 2. 能对社交退缩行为的干预层级进行分析，并应用干预技术； 3. 能结合具体案例选择恰当的干预措施和干预方案。
素养目标	1. 树立学为人师的职业理想； 2. 具有科学应用社交退缩行为干预技术的意识。

▶任务一 社交退缩行为的识别

社交退缩行为

任务情境

案例：家里来客人时总会躲起来的佩佩

佩佩，9岁，学习成绩比较好，身体健康，对人有礼貌，显得听话又懂事。但是她在家里来客人的时候总是赶紧躲起来，只有等客人走了之后才肯出来。在人多的场合，她总是爱一个人静静地坐在一边，从不肯主动与别人说话或从不参与别人的谈话。别人问话，她的脸就会涨得通红，立刻显得局促不安，不仅不回答，甚至有时还会出现咬指甲或吮吸手指的行为。

任务：请用社交退缩行为的相关知识分析佩佩的问题行为，并分析如何解决佩佩的社交退缩问题。

任务描述

多数研究显示，有社交退缩行为的儿童在社会适应上存在许多问题，这威胁着他们的身心健康及生活质量。有社交退缩行为的儿童在成年后更容易遭遇情感方面的挫折，在工作、交友、恋爱、婚姻、家庭等方面，与同龄人相比更易出现诸多问题。因此，干预儿童的社交退缩问题行为，对儿童一生的发展意义重大。社交退缩行为的定义、特点、表现及干预是干预者应该关注的重点。

一、社交退缩行为的定义

社交退缩(social withdrawal)也称社会退缩，是指在陌生或熟悉的社会情境下，或者在同伴环境中，儿童持续表现出来的跨时间、跨情境的各种独处行为，表现为害羞、敏感、焦虑、退缩、自我评价较低以及社交抑制等。这种行为模式具有鲜明的独处性和一定的弥漫性。

二、社交退缩行为的特点、类型及表现

（一）社交退缩行为的特点

结合国内外不同学者的定义，我们把社交退缩行为的特点归纳如下。

第一，从外在表现来看，社交退缩儿童的社交频率相对较低，大多时间都在独处，不主动参与群体性活动，不合群，而且该类儿童的独处属个体自愿和主动的行为，而非别人排斥或忽视等外部因素造成的。第二，从内在表现来看，社交退缩儿童社交的内在动机不足或受到抑制，即回避动机较强，对社交行为的趋近动机缺失。第三，自身特质具有一定的稳定性，是社交退缩儿童一个鲜明的特点。该类儿童的心理特质表现较为持久，其行为表现具有跨时间和跨情境的一致性特点。第四，随着年龄的增长，社交退缩儿童的退缩程度会因性别不同而有所差异。第五，典型的临床特点为胆小、孤独、退缩等。第六，社交能力很差，面对别人的行为表现得不安、紧张、回避、退缩等，从不主动与人交往。第七，适应新环境困难较大，在新的环境中退缩程度可能会加重，如果返回以前的环境，症状则会消失。

（二）社交退缩行为的类型及表现

社交退缩早期研究者认为，社交退缩是一种单一形式的行为表现，也就是说它是单维结构的。随着研究的不断深入，研究者发现同样的退缩行为在不同情境中的意义是不同的，由此，社交退缩有一种较为复杂的多维度结构成为大多数研究者的共识。社交退缩的类型有二分法和三分法。其中三分法是当前我国学界认可的一种分法。

1. 国外学者的二分法、三分法

(1)社交退缩的二分法

社交退缩的二分法最早是由西方学者鲁宾(Rubin)提出的。他从同伴交往的角度把社交退缩分为两种类型：被动—孤独型(solitary-passive)和积极—孤独型(solitary-active)。被动—孤独型指儿童由于害羞、焦虑或过度敏感而在群体之外独自活动。这种类型的儿童气质上表现为害羞，并陷于接近—回避冲突的矛盾之中。他们希望和其他儿童一起玩，即具有一般的社会交往动机，但他们在气质上是抑制型的，即他们具有高回避动机。因此，这种社交退缩可能导致消极的自我知觉，使个体产生内隐的问题行为。积极—孤独型指儿童由于被群体拒绝或没有成功加入群体而孤立于群体之外，这种社交退缩与攻击以及同伴拒绝相关。

(2)社交退缩的三分法

社交退缩的三分法由德国的心理学家阿森多帕夫(Asendorpav)提出。他从动机角度把社交退缩分为三种：被动—孤独型、沉默寡言型和积极—孤独型。

被动—孤独型儿童喜欢独处，不喜欢与人交往。他们在有同伴在场的情况下也喜欢独自安静地行动(如自己玩积木、画画、看书等)。从动机角度来看，这类儿童趋于交往和避免交往的动机都低。在一些不良环境(如家庭关系紧张、遭到同伴拒绝等)的影响下，低回避动机可能会发展为高回避动机，最终使儿童远离社交情境，影响个体的社会化进程。

沉默寡言型儿童表现出跨情境的旁观行为和无所事事的行为。从动机角度来看，他们交往的动机低，避免交往的动机高。阿森多帕夫认为，该行为反映了接近—回避动机的冲突，表现出矛盾、拘谨等情绪问题。随着年龄的增长，沉默寡言的行为逐渐与安静孤独的行为融为一体，表现出旁观、无所事事和安静孤独的混合行为。

积极—孤独型儿童游离于同伴群体之外，表现为频繁地、夸张地独自游戏，包括喧闹、重复和多动以及夸张的戏剧性表演活动。此类儿童在交往中趋近动机高而回避动机低，常常被同伴拒绝而不得不独自游戏或独自活动。这种行为表明积极—孤独型儿童行为冲动不成熟、社交能力较差以及信息加工能力较低。

2. 我国学者的三分法

郑淑杰、陈会昌等综合阿森多帕夫的交往动机理论和鲁宾谈到的同伴关系，以4岁儿童为被试，使用观察法考察儿童的游戏行为，区分出三种社交退缩类型：弱社交退缩、矛盾型退缩和被拒绝型退缩。叶平枝把社交退缩分为沉默寡言、主动退缩和被动退缩三种类型。叶平枝认为幼儿阶段社交退缩的基本行为有以下几个特点。第一，幼儿互动交往的频率低；第二，社交退缩行为是一种内隐的问题行为；第三，社交退缩具有多维结构，它反映了儿童的心理、气质等特征，且伴随着儿童年龄的增长和社会背景的变化而变化。

三、社交退缩行为产生的原因

儿童出现社交退缩行为的原因包括两方面：内部原因和外部原因。

（一）内部原因

1. 生理基础

有研究发现，有社交退缩行为的儿童的生理结构有别于常人。社交退缩行为与个体本身大脑额叶、心率及迷走神经等关系密切。

2. 气质特征

气质是个体先天就有的，是个体未来发展的重要影响因素，是影响个体社交的原因之一。20世纪80年代，美国心理学家凯根(Kagan)把气质类型分为“抑制性”和“非抑制性”两种，开辟了气质研究的新取向。

3. 社会认知

社会认知是指个体对他人的表情、性格、行为以及人际关系的认识。社交退缩儿童的社会认知能力及模式有别于其他儿童。

（二）外部原因

1. 家庭原因

家庭是儿童成长的摇篮。如果父母的教养方式不当，则可能导致儿童出现社交退缩行为。

2. 学校原因

除家庭以外，儿童接触最多的就是学校环境。学校主要存在两种人际关系，即师生关系和同伴关系。许多研究表明这两种关系都会对儿童的社交退缩产生影响。

3. 社会文化原因

社会是儿童生活、成长以及发展的大环境，社会文化也是社交退缩的影响因素之一。社会文化具有地域性、民族性或群体性等特征。因此，不同的社会文化背景下，人们对待事物的态度和方式不同。从社会文化的角度研究儿童社交退缩行为时，应该考虑儿童所处的文化背景，并持辩证的观点和谨慎的态度。

| 拓展阅读 |

孤独症谱系儿童的社交障碍

孤独症患者不能与他人建立正常的人际关系，年幼时即表现出与别人无对视，表情贫乏，不期待父母和他人的拥抱、爱抚，甚至对父母和别人的拥抱、爱抚予以拒绝。分不清亲疏关系，对待亲人与对待其他人都是同样的态度。不能与父母建立正常的依恋关系，与同龄儿童也难以建立正常的伙伴关系。例如，在幼儿园多独处，不喜欢与同伴一起玩耍；看见一些儿童在一起兴致勃勃地做游戏时，没有观看的兴趣或参与的愿望。

▶任务二 社交退缩行为干预技术的选择

矫正社交退缩行为

任务情境

案例：上课从不举手的航航

航航，7岁，有肢体残疾，上小学一年级，能听懂老师的指令，能正确完成课后作业或参与一些手工活动，但在课堂上从不主动举手回答问题。每当老师提出问题的时候，航航总会一直盯着老师看，但是当老师叫航航站起来回答问题的时候，他却什么话也不说，而且脸涨得通红，看上去非常紧张的样子，在老师不断鼓励下也不开口说话。老师们普遍反映航航比较回避集体活动。家访得知，航航性格比较内向，不主动与人说话，一个人打发业余时间，伴有矛盾、胆小、拘谨和焦虑等特质。

任务：请应用社交技能训练相关的行为干预技术来帮助航航减少社交退缩行为。

任务描述

一、社交退缩行为评估的基本方法

从国内外研究来看，研究者对社交退缩行为进行评估的方法主要包括问卷调查法和观察法两种，具体如下。

（一）问卷调查法

采用问卷进行调查是研究儿童社交退缩行为较为常用的方法之一。儿童的年龄比较小，一般不能准确回答问卷中的问题，所以为了保证所收集数据的有效性及真实性，一般不直接让儿童答卷，而是由儿童的直接监护人如家长或教师完成相关问卷，对儿童的行为进行评估。根据评定者的身份，问卷调查法可以分为教师评定法、同伴评定法或同伴提名法、家长评定法和自我评定法。

教师评定法的常用量表是学前儿童游戏行为量表(PPBS)，其操作定义和行为指标与观察法相同，根据儿童游戏的场合(室内和室外)略有修改。有研究者请教师完成加利福尼亚儿童Q分类问卷，采用其中的“害羞－抑制”维度来衡量儿童社交退缩的情

况。多数研究者使用鲁宾等人编制的儿童游戏行为观察量表，要求教师必须根据儿童的实际表现进行评价。也有学者会采用自编的评估量表。

同伴评定是指由同伴评定他人的社交退缩情况的。同伴提名是指由同伴对班里的社交退缩型儿童进行推举，是用于测量儿童中后期社交退缩行为的一种较好的方法。例如，让同伴依据经常独自一人、害羞、安静、屈服以及不愿意与他人玩耍等条件，提名本班的同学。同伴评定主要采用修订的社会行为同伴评定量表“班级戏剧量表”中的“敏感－孤立”维度或者这一维度下 7 道题目中 4 道反映儿童社交退缩行为的题目，其信度和效度是学者所公认的。

家长评定法多用于考查儿童的气质特点，如社交抑制方面的研究常用此法。研究者常用的是适用于 16～36 个月儿童的行为评价问卷。该问卷要求父母对 108 个题目进行作答，采用 6 点计分法。家长根据儿童在过去半个月内的表现对儿童的行为逐一评分。问卷包括活动水平、愤怒、害怕、快乐和兴趣 5 个方面，其中的害怕维度用于鉴别儿童的退缩行为。阿肯巴克儿童行为量表是美国心理学家阿肯巴克(Achenbach)等人于 1976 年编制的父母用量表。这套量表目前是国际上比较常用的儿童行为评定量表之一，可供教师、儿童精神科医生、家长和其他相关教育工作者全面了解儿童的问题行为。

自我评定法是通过儿童自己对行为进行评价，筛查出儿童具体问题行为倾向的一种方法。我国学者叶平枝于 2006 年编制的幼儿社会行为教师问卷是评估社交退缩行为很好的工具。

（二）观察法

在心理学研究领域，观察法使用较早也较广泛。观察法的优点是可以对正在发生的行为以及现象直接进行现场观察和记录，尤其对那些由于客观原因而无法用其他方法获得数据的研究来说更为方便。比如，有的低龄儿童不会用语言或文字准确表达需求，而观察法正好可以有效解决这个问题。

多数研究者将鲁宾等人编制的儿童游戏行为观察量表作为编码手册，把儿童游戏的认知分类嵌套在社交参与分类之中，并记录儿童不进行任何游戏的无所事事和观望行为，同时把儿童的社交行为分为社交参与活动(包括无所事事、观望行为、独自游戏、平行游戏、谈话及群体游戏)和认知游戏(包括功能游戏、探索游戏、建构游戏、装扮游戏和规则游戏)两类。有的学者选取其他一些行为指标，如等待—徘徊行为等来考查儿童的社交退缩问题。

运用观察法研究儿童的社交退缩行为时，一定要注意在儿童自由活动的时候进行观察。其中，实验室观察法属主流方法。在实验室情境中，我们一般还会将摄影设备、录音设备等作为辅助观察工具。在处理数据的时候，按照手册对儿童的游戏行为和非

游戏行为进行区分。例如，手册的第一个划分维度为游戏行为。按照手册中的定义，儿童的非游戏行为包括无法编码、离开房间、转移、无所事事、旁观、同伴谈话、焦虑行为、徘徊行为、攻击行为和追跑打闹；儿童的游戏行为根据其社会水平可以分为三个层次：单独行为、平行行为和群体行为。手册的第二个划分维度为认知游戏。按照手册中的定义，儿童的认知行为可以划分为建构行为、探索行为、功能行为、假装行为和规则行为。将儿童的非认知行为与认知行为嵌套在儿童的游戏行为中，一共得到 16 个嵌套行为，加上 10 个非游戏行为，故手册需要对儿童的 26 个行为进行编码。其中焦虑行为、徘徊行为、攻击行为和追跑打闹是双重编码的行为，其他的行为在编码时都是独立且互相排斥的。编码可采用时间或事件取样的方式。虽然有社交退缩问题行为的儿童在行为上大都表现为独自游戏，不与别人交往，但是具体到每个行为来看，我们还是能够区分出每个行为背后不同的交往动机的。因此，研究者依据社交退缩儿童交往动机的不同区分出了三种社交退缩行为所分别对应的游戏行为：个体在自由游戏的过程中表现为无所事事和旁观，属于焦虑退缩；个体行为主要为单独的探索游戏和建构游戏，属于安静退缩；个体行为主要为单独的功能游戏和假装游戏，属于活跃退缩。

二、社交退缩行为的干预层级与干预技术

（一）干预层级

特殊需要儿童具有人的两重性特征。首先，我们应该把特殊需要儿童看作有思想、有感情、有各级需要的正常人。其次，他们又在生理、心理等方面存在特殊需要。他们需要有完整的生理、心理条件和社会适应能力才能真正融入社会，过高质量、有尊严的生活。每个特殊需要儿童的干预需求、干预重点、干预程度等是不同的。因此，对于特殊需要儿童的干预不能一概而论，应该在对他们进行精准评估的基础上，进行科学合理的、全面的分层级干预或管理，这是一种以人为本、基于需要的干预方案或理论，只有这样才能有效改善他们的临床症状。

前面提到的马斯洛需要层次理论，已被广泛应用于心理、教育、医疗、企事业管理等诸多领域。此理论说明了人在不同阶段、不同时期，都有一种需要占主导地位，而其他需要处于从属地位。这一点对特殊需要儿童行为干预与管理工作具有启发意义。儿童社交退缩行为形成的原因有儿童自身生理方面的原因，也有外部的家庭、学校、社会文化等原因。因此，对儿童的干预是需要分层级、分阶段进行的，这样才能确保干预的全面性、科学性和合理性。

（二）干预技术

个体障碍程度不同，所选择的干预方法也不同。对于程度较严重的社交退缩行为

障碍儿童，西方心理学专家认为药物疗法和认知行为疗法相结合的效果相对较为理想。但如果长期或大量服用药物容易使患者产生药物依赖，还会强化患者消极接受药物治疗的观念。因此，我国在针对社交退缩行为障碍儿童的治疗中，大多会选择干预技术。

1. 以暴露为基础的干预技术

以暴露为基础的干预技术(exposure-based treatments)，其理论基础是行为主义理论和社会学习理论。依据这两个理论，儿童在人际交往中感到烦恼以及受伤害的原因主要有两个方面：一是个体的焦虑情绪；二是个体自身具有的社交技能缺陷。两个因素单一影响或同时影响儿童心理与行为。以暴露为基础的干预技术，其目的在于缓解个体的焦虑水平以及个体内心的矛盾或冲突。该技术让个体暴露于那些能够引起个体焦虑的刺激情境和刺激事件中，直至个体的恐惧或焦虑反应消失为止。

(1)以暴露为基础的干预技术的方法

以暴露为基础的干预技术具体包括外压疗法(implosion therapy)、满灌疗法(flooding therapy)、反应阻止法(response prevention)和系统脱敏法(systematic desensitization)等。

外压疗法让儿童一开始就暴露在恐惧等级列表中最让其恐惧的刺激情境中，不允许儿童否认、回避或逃离。在与恐惧刺激情境的接触中，儿童最终会发现，该刺激并不会真正导致他们所预期的负性结果。例如，某儿童和10个同学一起乘坐电梯后，发现也没有什么可紧张的。

满灌疗法与外压疗法相似，使儿童想象暴露或真正暴露于其恐怖的情境之中，然后迅速干预儿童的错误认识，达到消除不良行为的目的。例如，某儿童和同学打招呼后，发现也没有什么可怕的。

反应阻止法不仅把儿童暴露在他们所害怕的那些刺激或事件面前，还禁止他们表现出那些他们过去用于缓解焦虑的强迫性行为。例如，让儿童立即停止通过敲击桌面减轻自己的紧张情绪。

系统脱敏法在模块二项目五中已有系统阐述，此处不赘述。

(2)以暴露为基础的干预技术的优缺点

以上几种疗法使儿童能够迅速得到干预，干预时间较短，解决问题比较干脆。但这几种方法实施难度较大，对干预者的基本素养要求较高，对儿童身心冲击较大，应用时要充分考虑刺激情境或刺激事件对儿童的负面影响。

2. 社交技能训练

社交技能训练(social skills training)，也叫社会技能训练，是一种以学习为基础的发展有效的人际交流能力的训练方法。其理论基础是行为治疗的理论，即人或动物的

行为都是通过刺激—反应建立的。基本假设是社交退缩源于儿童社会技能的缺失。它是儿童社交退缩行为干预领域得到较为充分研究、运用较早且较为广泛的方法，对于改变特殊需要儿童的社交退缩行为有明显的效果。

(1)社交技能训练的操作过程

社交技能训练主要有训练(training)、榜样示范(modeling)和问题解决练习(problem-solving training)等方法。训练就是编制干预计划，计划的焦点是对社交退缩儿童进行具体的社交基本指导，并对社交能力进行训练。榜样示范是指研究者通过树立同伴榜样，培养社交退缩儿童的积极行为，提高他们与同伴积极互动的能力。问题解决练习的重点在于训练儿童处理日常社交冲突的能力。

依据干预计划，具体操作过程包括：一是进行社交技能训练，给儿童提供一些常见的社交场景及社交知识，内容通常包括所用社交术语的含义与儿童日常生活的关系，并给儿童提供这些社交场景的常见反应模式，然后让儿童反复练习这些训练内容。二是进行模仿训练，给社交退缩儿童提供一个经过设计的、有针对性的、合理的例子让儿童模仿，可以通过阅读书面材料、观看电影及听录音等多种方式进行；也可以安排角色扮演训练，让儿童通过观察对照组感受到彼此间的差异，从而引发儿童对自己的社交行为进行质疑和反思，促使他们向他人学习。三是训练提升社交退缩儿童解决问题的能力，目的是让儿童面对不良同伴关系时知道如何应对。干预者应对儿童的行为给予反馈和社会强化，使其把习得的技能泛化到各种生活情境中，这也是所有社交技能训练计划都必不可少的组成部分。

(2)社交技能训练的优缺点

社交技能训练既可以用于干预单个儿童，也可以用于干预多个儿童。它能使儿童从同伴那里获得许多积极的反馈。提倡这种治疗方法的干预者，强调它能使儿童在干预过程中免受其他人的干扰和负面反馈的影响。但是，儿童掌握社交技能的程度会受到社会(外部)强化和自我(内部)强化的影响，实施起来耗费时间较长。

3. 同伴干预与同伴配对法

同伴关系取向的干预也是社交退缩行为干预常用的方法之一。鲁宾认为影响儿童社交退缩行为发展的一个重要因素是同伴关系。研究者发现，社交退缩儿童本身与同伴的交往很少，因而同伴群体也会常有排斥他们的态度。研究者希望社交退缩儿童、同伴以及与该类儿童关系较为亲近的成年人能够一起参与到社交技能训练活动中，并且在活动过程中要求同伴一定要积极与社交退缩儿童进行互动交流，为社交退缩儿童提供社会交往的示范。

(1)同伴干预与同伴配对法的操作过程

同伴干预与同伴配对法通过让社交退缩儿童与同伴配对或结伴参与社交技能培养的过程，使他们获得同伴交往的经验，改善消极的自我知觉，提高社会交往能力。在同伴干预中，同伴是行为改变的总管。经过训练，同伴要起到示范和强化社交行为的作用。在同伴配对方法中，干预人员要有计划地把社交退缩儿童与那些社交技能水平高、受欢迎的儿童进行匹配。不管是同伴干预还是同伴配对法，都要保证社交退缩儿童有机会和社交能力强的同伴一起参与活动。

在具体的操作过程中，依据儿童年龄及能力的差异，可以把同伴配对分为三种情况。一是与年幼的儿童配对，即给社交退缩儿童搭配一个年龄更小、社会技能水平更低的同伴，让他们一起活动，目的在于让社交退缩儿童在社会活动中获得主动性，获得成功的体验，增强自信心。二是与同等能力的儿童配对，这通常需要教师指导他们合作完成某些任务。在教师或同伴的帮助下，儿童逐渐学会互相帮助。三是与社交技能水平高的儿童配对，为退缩儿童提供模仿的榜样。社交技能水平高的儿童可以教给社交退缩儿童良好的沟通策略，有利于改善社交退缩儿童的社交状况。

(2)同伴干预与同伴配对法的优缺点

儿童有自己独特的群体和亚文化氛围，有自己的社交圈子。同伴干预与同伴配对法要比以成人为基础的干预技术效果好。社交能力强的同伴能够灵活运用同伴群体中的社交规则，提高社会退缩儿童的社会交往能力和同伴检查水平，能够取得有效的干预效果。同伴是儿童生活情境中的社会化监督者和管理者，他们参与干预计划，有助于儿童将通过训练获得的社交行为迁移到其他情境中。但需要注意的是，在训练过程中要为社交退缩儿童提供一个安全的社交环境，减少他们的防御心理，为他们提供情绪情感支持和行为指导，并对他们进行社交应对策略方面的训练。

4. 游戏取向的干预

游戏在个体一生的发展过程中扮演着重要的角色，对儿童的成长与发展意义重大。儿童在游戏中可以感知、认识以及理解世界，在游戏中通过角色扮演等方式形成自我概念和他人概念，并由此发展交往关系和能力。角色扮演等互动类游戏的社会性更强，可以提高儿童理解他人观点和情感的能力。许多研究证明，实施儿童集体游戏的干预训练，对改善社交退缩儿童行为障碍而言是可行的，干预效果也很明显。

5. 行为主义理论的行为干预技术

基于行为主义理论的行为干预技术主要强调对儿童外显行为的干预，干预周期较短且见效较快。其干预的主要方法包括厌恶疗法、强化、惩罚以及自我管理等。这些干预技术在前面模块中已有详解，这里不再赘述。

| 拓展阅读 |

角色游戏的意义

在角色游戏中，孩子们可以自由地发挥其想象力和创造力，因而他们对角色游戏的兴趣较为浓厚。角色游戏的主题、角色、情节也十分多样与新颖，能为他们形成良好的社会交往能力打下基础。

在角色游戏中，孩子们通过对现实生活的模仿，再现社会中的人际交往并进行着社会交往技能的练习，不知不觉中提升了人际交往能力。在角色游戏中，孩子们的行为要与所扮演的角色行为相吻合，要把自己放在角色的位置上。孩子们需要从角色的角度看待问题，必须学会共同拟订和改变游戏活动的主题。为了使角色游戏成功地继续下去，他们之间先要协商由谁担任什么角色，以及使用什么象征性物品及动作。游戏中常常要改变计划，这就需要他们共同合作，学会从他人的角度看问题，更好地解决人与人之间的交往问题。

同时，在游戏中孩子们还可学习如何坚持自己正当的权利、要求，怎样控制自己的言行，以符合游戏规则。因此，角色游戏水平的高低能反映社会交往能力水平的高低。

▶任务三 社交退缩行为的预防和干预

预防社交退缩行为

| 任务情境 |

案例：从不主动参与活动的薇薇

薇薇，女，5 岁，在幼儿园中班就读，3 岁上的幼儿园。薇薇是早产儿，体质弱，运动能力一般。薇薇从不主动与同伴交往，常受别的孩子欺负。在游戏中薇薇处于旁观和孤立的状态。在集体活动中，薇薇也从不主动参与。当老师关注她时，她眼神躲闪，回答问题时声音较小，害怕陌生的环境，并常常游离于集体之外。

任务：请分析薇薇的社交退缩行为类型。如何干预薇薇的社交退缩行为？

| 任务描述 |

现实生活中，由于个性差异，特殊需要儿童需要更多的时间进行训练，才能参与到集体活动中。有的儿童适应新环境相对困难，必须借助特殊的方法才能适应。针对引起儿童社交退缩的各种影响因素，家长、教师和干预者要善于配合，做好早期预防与干预。

一、儿童社交退缩行为的预防

（一）增加儿童人际交往的机会

儿童出现社交退缩，与儿童跟外界接触的机会少，缺少与同龄人的沟通和交流有关。人际交往中的尊重、分享、合作、关心是预防和干预儿童社交退缩行为的良方。家长或教师要多带儿童开阔眼界，使其广泛参与社交活动，增加人际交往的机会。家长要减少对儿童的过度保护，在确保安全的环境下，让儿童与同伴、邻里和社区接触。教师要营造良好的班级管理环境，让儿童参加一些团队活动，像体操和美工，这样的经验会帮助儿童建立在团队中的自信心；组织儿童进行才艺展示，培养儿童的自信心，让儿童乐意与人交往，消除社交恐惧。

（二）培养儿童人际交往的能力

在学校、康复机构或幼儿园里，干预者可以设计一些游戏和交往活动，训练儿童识别情绪，发展语言交际技巧，掌握正确的交流方式。家长可以为儿童建立一个社会交往系统，如让同龄孩子到家里玩。家长可以先参与其中，减少孩子的不自在感，再对自己的孩子加以引导，创造机会让孩子参与活动。当孩子和其他小朋友共同活动时，家长慢慢从孩子身边离开，并随时关注孩子们活动的状况。之后，家长可以逐渐增加邀请人数。当孩子在自己家中和小朋友一起玩耍感到比较自在时，孩子就会把在家中和小朋友相处的自在感迁移到其他的社交场合。当孩子面对新伙伴时，家长应教会他们相处的技能和方法，让孩子学会自我介绍、分享玩具和礼貌待人，可以先角色扮演，再到真实的社交环境中实践。慢慢地，孩子的社交能力就会逐步得到发展。

（三）帮助儿童调整人际交往时的不良情绪

教师在课堂上可以通过一些特殊的教学手段，降低儿童说话时的焦虑水平，上课多提问，消除儿童的陌生感。针对在语言发展方面相对迟缓的部分儿童，教师可以先进行发音、图片识别和动作沟通强化训练，这样有利于他们在团体中与同伴交流。教师教儿童在痛苦、愤怒、恐惧、紧张时，学会深呼吸；教儿童采用拉钩的方法使自己平静下来；教儿童先将坏情绪单独释放，避免疲劳及注意力不集中；引导儿童意识到自己非理性的思维模式，比如消极心态、过度自责、过度期待、追求完美等；帮助儿

童消除不良的交往态度及习惯，帮助家长管理好自己的情绪，从而减少儿童不良情绪的发生。

二、社交退缩行为干预技术的具体应用

（一）案例基本情况

堃堃，女，4岁半，上幼儿园中班，轻度脑瘫，智力正常，在幼儿园表现如下。

顺从，尽管对活动不感兴趣，但还是能够按照教师提出的要求去做，很少表现出自己不愿意去做。上课注意力不集中，对于不太喜欢的事情，集中注意力更是困难。喜欢独处，喜欢自己画画、看图画书、折纸等。安静的时候会有一些小动作，如摆弄自己的手指、画笔，扯自己的衣角或看着其他的东西发呆等。不主动与小朋友交往，很少主动开口说话，不举手回答问题，说话声音非常小。

据堃堃妈妈说，堃堃不知道怎么结交小朋友，导致平时很少有小朋友来找她玩。即使有小朋友来家里，她也不知道怎么接待，只顾自己看喜欢的动画片、画画或搭积木等。堃堃见到熟人很少打招呼，即使打招呼也是躲在大人的身后，感到焦虑、紧张且声音很小。爸爸经常带她参加幼儿园组织的群体活动，但她的积极性不高。

（二）行为症状诊断

使用阿肯巴克儿童行为量表对堃堃进行测评。依据家长报告，堃堃在社交退缩维度上的得分为8.0，表明堃堃在社交方面表现异常。使用托马斯和切斯的3～7岁儿童气质问卷，测量结果为：堃堃属于慢慢活跃型，在趋避性维度和情绪本质维度上低于常模两个标准差。根据阿森多帕夫的社会退缩行为的分类标准，结合家长、教师的访谈资料，判断堃堃属于社交退缩中的被动—孤独型。

（三）原因分析

堃堃父母均有稳定的工作，但母亲平时工作忙，所以堃堃主要由父亲和祖父母教养。经测试，父亲的气质属于抑郁质，母亲属于多血质和黏液质混合类型。父母在教养过程中对堃堃限制较多，过于严厉。

堃堃的社交退缩表现是先天气质类型特征和父母教养交互作用的结果。父亲本身的气质类型是安静、退缩，这给孩子提供了示范。从教养方式来讲，父亲对孩子限制较多，这进一步加剧了孩子的退缩行为。另外，家长也不知道用何种方法鼓励堃堃参与同伴群体活动或与其他儿童进行交往。

（四）干预方案与干预过程

1. 明确目标行为

根据观察、访谈以及对家长的问卷调查，发现堃堃的社交退缩行为主要有两个方

面：喜欢独处，回避新环境；情绪反应性低，不主动表达自己的意愿。干预者确定的目标是增强堃堃与其他儿童接触的意愿以及与他人沟通的能力。

2. **制订干预方案**

通过干预小组的共同研讨，决定采用认知生态学干预技术和行为干预技术相结合的干预方法，主要从个体、家庭以及幼儿园三个层面进行干预，主要通过角色扮演、问题解决训练技术培养堃堃解决问题的能力以及与他人沟通的能力。干预小组确定了最终的干预方案，计划干预时间为 8 周，分四个阶段进行。

(1)第一阶段(第 1～2 周)

本阶段的主要任务是对家长和幼儿园教师进行培训，每周培训两次。

家长的培训内容有两个方面：一是儿童社交退缩的行为表现以及影响因素，让家长能够正确识别孩子的正常与非正常行为；二是行为干预方法训练，并把教育过程中的注意事项以作业清单的形式列出(表 3-4-1)，要求家长能够熟练掌握。

表 3-4-1 社交退缩儿童家庭教育建议

1. 对孩子表现的积极社交行为要及时反馈。 (1)强化要及时，并告知孩子原因。如当孩子在家长的引领之下和别的小朋友打招呼时，家长要立刻强化：“堃堃很棒，和小朋友打招呼啦！” (2)多在别人面前表扬堃堃的良好行为。 2. 尽量不要斥责孩子，不要给孩子贴消极的标签。如家长不要在他人面前说“这孩子太老实，不愿意说话”“这孩子特别安静，喜欢自己玩”等给孩子定性的话语。 3. 和孩子一起制订自我管理计划，张贴在合适的地方，并监督孩子执行。 4. 家长给孩子树立良好的榜样。 (1)在孩子面前，要以身作则，不能退缩。 (2)多和孩子一起参加亲子互动活动，要热情活泼，积极参加。 5. 和孩子一起商量家中的一些事情，给孩子提供表达自己思想和愿望的机会。 6. 邀请活泼开朗的儿童做自己孩子的同伴。 7. 多引领孩子参加儿童的团体活动。 8. 经常就孩子的问题和教师进行沟通，互通有无，确保教育者之间的教育行为一致。

教师培训的对象主要是带班教师和保育员，内容有两个方面：一是儿童社交退缩的形成与儿童发展有关的知识，可以与家长培训一起进行；二是行为干预的基本原理与方法技术，与家长培训有区别。家长培训的重点内容是家庭教养中的行为干预的基本做法以及注意事项，而教师培训的重点内容是专门的干预技术训练。除了代币制、榜样示范、自我管理等行为干预技术外，重点对教师进行同伴配对、问题解决训练等方法技术的培训，同时以作业清单的形式列出教师在干预过程中的注意事项(表 3-4-2)，要求教师熟练掌握。

表 3-4-2　社交退缩儿童教师教育建议

1. 给堃堃提供自我表现的机会(如唱歌、跳舞、背诗歌的机会)。 2. 对堃堃表现的积极社交行为要及时反馈。 (1)强化要及时，并告知原因。 (2)一定要在全班小朋友面前对堃堃表现的良好行为进行强化，提高堃堃在其他小朋友中的地位。 3. 让活泼开朗、善于助人的幼儿与堃堃同桌，让他们在游戏中合作。 4. 下列做法要尽量避免： (1)在其他小朋友面前斥责堃堃。 (2)给堃堃贴消极的标签，如在堃堃面前说“堃堃是个安静的孩子，喜欢自己玩”。 (3)和堃堃说话的语气冷漠。 (4)在堃堃对问题答案没有把握的情况下提问，这样会打击其自信心。

(2)第二阶段(第 3～5 周)

本阶段的主要任务是对儿童家长进行相关干预技术的培训，监督并指导教师使用干预方案中的干预技术对堃堃进行干预。

经过第一阶段的培训和练习，家长掌握了一定的教养方法和干预技巧。此阶段主要培训、指导家长使用说故事法、角色扮演法等对堃堃的社交技能进行训练，帮助家长灵活运用相关干预技巧。例如，为了培养孩子积极主动参与活动的能力，根据干预方案，家长和堃堃做游戏时，可以和其商议游戏的主题，由堃堃自己决定在游戏中扮演何种角色，及时对堃堃积极的行为表现进行强化。同时，家长要坚持在日常活动中利用一切机会对堃堃进行干预。例如，某天堃堃主动表达自己的愿望时，家长要立刻表扬：“堃堃把自己的想法主动告诉爸爸了，表现非常棒!”

在此阶段，干预者还要和教师一起使用干预方案中的方法，在幼儿园对堃堃的社交退缩行为进行干预，并进行问题解决能力和社会交往能力方面的训练，每周两次，共计 6 次。除此之外，专业人员应指导教师通过常规教学活动和一日生活活动对堃堃的社交退缩行为进行干预。例如，根据安排，幼儿园六一儿童节要以班级为单位进行庆祝活动，组织全班小朋友们表演节目。教师要根据堃堃的个性特征，让其参加小组的舞蹈表演，培养堃堃的自信心等。

(3)第三阶段(第 6～8 周)

本阶段的主要任务是指导并监督家长和教师采取多种方法对堃堃进行干预。

第二阶段干预结束之后，对堃堃的社交退缩进行再次测评，结果显示堃堃在社会交往方面有了明显改进。例如，上幼儿园时主动和老师打招呼，讲话的声音也大了，能够与熟悉的阿姨握手等，说明前面所使用的干预技术有效。第三阶段中，干预者和

家长、教师应继续按照既定方案对堃堃进行干预。在整个干预过程中，干预者应定时对家长和教师进行指导，并与他们一起解决他们所遇到的问题。

（五）干预结果

通过 8 周的努力，堃堃的社交退缩行为有了明显变化。根据家长的评估，堃堃和其他孩子一起玩耍的愿望增强了，经常要求父母带自己找喜欢的小朋友一起玩，能够在父母的要求下和他人打招呼，有时还能够主动问好。尤其让父母感到欣慰的是，堃堃在六一儿童节班级组织的联欢会上唱了一首歌。根据教师的评估，堃堃仍然安静，但是上课举手回答问题的次数明显增加，和其他小朋友的交流也增多了。接下来，干预的重点是根据堃堃本身的气质特点，引导其大胆表现自己，积极参加同伴互动。

三、社交退缩行为干预的注意事项

（一）客观看待行为干预技术的地位和作用

社交退缩行为产生的原因较为复杂。行为干预技术的应用虽然很广泛，但它不是万能的，比如由生理因素引发的社交退缩行为或严重的社交退缩行为可能就需要药物以及其他的手段辅助治疗。

（二）干预者与被干预者建立信任关系

进行干预之前，干预者一定要多和被干预者接触、谈心、相处、玩耍等，先设法取得被干预者的信任。当被干预者遇到问题时，干预者应能够及时进行示范和解答，对被干预者的各种情况要注意保密，并且能够参与干预全过程。

（三）干预者要注意提升自身专业素养

干预者要恪守职业道德，贯彻以人为本的干预理念，善于使用综合干预的方法。干预者要管理好自己的情绪，努力钻研业务知识，注意提升自身专业素养，提高业务能力。干预者要学会与家长合作，以求取得更佳的行为干预效果。

（四）干预者要科学选择干预技术与方法

多学科参与，科学设计干预过程，促使干预顺利进行。干预者要善于选择效果最好而对儿童伤害最小的干预技术。干预环境要因人而异，要确定适宜的行为干预时间和地点。干预过程中，针对不同的儿童选择不同的干预技术，干预儿童的错误认知，多给儿童创造成功的机会，增加其自信心。

拓展阅读

社交退缩与社交缄默

社交缄默是指在与同伴互动过程中独自观望和无所事事的行为。学前阶段中，具有社交缄默行为的儿童通常是一个焦虑的观望者，仔细观察同伴的行为但不参与其中。有研究者认为社交缄默的学前儿童正经历着接近—回避冲突。换言之，他们虽然渴望参与集体生活，但却发现参与这种生活会引发焦虑情绪，因此就产生了回避与同伴互动的强烈需求。阿森多帕夫以及科普兰等人认为，社交缄默与社交孤独一样都是社交退缩的一种亚类型，其主要特征是不能成功地解决接近—回避冲突以及焦虑情绪问题。科普兰等人研究发现缄默行为与外在焦虑表现之间存在显著的相关关系。那些缄默行为发生频率高的儿童通常缺乏调节消极情绪的能力。这些儿童通常处于社会的边缘地带，他们想参加同伴互动，但因为缺乏对消极情绪的调控能力而选择了缄默。从社交缄默这一术语的定义以及其与情绪的相互关系来看，这一概念与社交退缩在内涵与外延方面具有相同之处。哈恩等人认为，社交缄默是社交退缩的一种表现形式。但具体分析上述研究者对这两个概念的界定，不难发现，社交退缩与社交缄默还存在细微的差别。社交退缩泛指在陌生与熟悉环境下表现出的独处行为，强调的是一种行为状态或行为表现形式，而社交缄默更多强调儿童独处时的内心矛盾或焦虑状态。

项目总结

社交退缩行为妨碍儿童的正常社会化。在儿童发展心理学领域，制订针对儿童社交退缩行为的干预计划已经被逐步提到儿童心理康复的日程上来。对于社交退缩儿童一定要注意早发现、早干预，干预之前要进行精准评估，要科学分析儿童社交退缩的原因，采用多种干预方法，联合学校、家庭和社区等多方面的资源，有针对性地选择干预措施，从而有效改变儿童的不良行为，最终使他们健康成长。

思考实践

1. 积极—孤独型儿童的行为特征是什么？
2. 简述社交技能训练干预技术。

附 录

附录 1： 认识条件作用说任务工单

项目任务	条件作用说在特殊需要儿童行为干预中的应用	时间		干预者	
儿童姓名		年龄		干预时间	
任务目标		应用条件作用说干预儿童的不良行为			
干预流程		过程记录			问题及不足
干预案例	儿童				
	环境				
	物品				
	干预者				
干预实施	干预方案				
	干预步骤				
	干预实效				
	整理记录				
干预评价	安全性				
	规范性				
	有效性				
	人文关怀				
总结反思					

注：师生可从“京师乐学”数字资源平台下载所有任务的任务工单，以开展教学。

附录 2： 巴甫洛夫的经典条件作用学习任务实施考核单

考核内容		考核点	分值	评分要求	扣分	得分	备注
案例引入（15 分）	儿童	行为典型，有行为评估	10	未评估扣 2 分，不完整扣 1 分			
	环境	矫正用物准备齐全，环境适宜	5	少一个扣 1 分，扣完 2 分为止			
自主探究（50 分）	人员分工	人员任务分工合理	10	不规范扣 2～4 分			
	合作交流	人人参与，讨论分析	20	未参与扣 5 分，扣完为止			
	形成成果	形成“美美”矫正方案，具有可操作性	20	未评估扣 5 分，不完整扣 5 分			
巩固深化（25 分）	集中展示	口述：巴甫洛夫的经典条件作用在“美美”案例中的应用	10	未口述扣 5 分，不完整扣 3 分			
	方案完善	实施步骤清晰，方案科学、实用	15	不完整扣 5 分			
小结反思（10 分）	过程评价	参与度高，操作规范，动作熟练	5	活动过程参与度不高扣 1～3 分			
	整理记录	整理用物，资料完整	5	无整理扣 5 分，整理不到位扣 2～3 分			
总 分			100				

注：考核时间为 10 分钟。

师生可从“京师乐学”数字资源平台下载所有任务的任务实施考核单，以开展教学。

参考文献

[1]朱智贤．儿童心理发展的基本理论[M]. 北京：北京师范大学出版社，1982.
[2]陈荣华．行为改变技术[M]. 台北：五南图书出版股份有限公司，1988.
[3]朱智贤．心理学大词典[M]. 北京：北京师范大学出版社，1989.
[4]吕静．儿童行为矫正手册[M]. 杭州：浙江教育出版社，1992.
[5]陈会昌，庞丽娟，申继亮，周建达．中国学前教育百科全书・心理发展卷[M]. 沈阳：沈阳出版社，1995.
[6]杨晓玲．儿童精神障碍及行为问题的矫正[M]. 北京：华夏出版社，1995.
[7]克拉克．救助父母：处理儿童日常行为问题实用指南[M]. 北京：北京师范大学出版社，1997.
[8]麦进昭．行为矫正基础[M]. 北京：人民教育出版社，2001.
[9]刘全礼．改变和塑造孩子的行为[M]. 北京：中国妇女出版社，2001.
[10]林正文．儿童行为的塑造与矫正[M]. 北京：北京师范大学出版社，1998.
[11]焦青，袁茵．特殊儿童行为改变[M]. 长春：东北师范大学出版社，2002.
[12]彭聃龄．普通心理学[M]. 北京：北京师范大学出版社，2019.
[13]钮文英．身心障碍者行为问题处理：正向行为支持取向[M]. 新北：心理出版社，2001.
[14]Thomas J. Zirpoli. 学生行为管理——教师应用指南[M]. 北京：中国轻工业出版社，2004.
[15]Miltenberger，R. G. 行为矫正——原理与方法 [M]. 北京：中国轻工业出版社，2004.
[16]伍新春，胡佩诚．行为矫正[M]. 北京：高等教育出版社，2005.
[17]许华红．行为改变技术[M]. 天津：天津教育出版社，2007.
[18]刘昊．孤独症儿童的行为教学[M]. 北京：华夏出版社，2010.
[19]严由伟．心理咨询与治疗流派体系[M]. 北京：人民卫生出版社，2011.
[20]雷雳．中小学生心理行为问题干预[M]. 北京：首都师范大学出版社，2007.
[21]毛颖梅．特殊儿童游戏治疗[M]. 北京：学苑出版社，2010.
[22]程黎．特殊儿童早期干预[M]. 北京：北京师范大学出版社，2012.
[23]李祚山，陈小异．行为改变技术[M]. 北京：北京师范大学出版社，2013.
[24]林崇德，辛涛，邹泓．学校心理学[M]. 北京：人民教育出版社，2000.

[25]董会芹．学前儿童问题行为与干预[M]．北京：清华大学出版社，2013.
[26]昝飞，张琴．特殊儿童的问题行为干预——实例与解析[M]．北京：中国轻工业出版社，2014.
[27]王辉．行为改变技术[M]．南京：南京师范大学出版社，2014.
[28]马伟娜．行为改变技术[M]．上海：华东师范大学出版社，2015.
[29]刘吉祥，彭程，何仙玉．幼儿园环境创设[M]．长沙：湖南大学出版社，2013.
[30]李芳，李丹．特殊儿童应用行为分析[M]．北京：北京大学出版社，2018.
[31]金星明，静进．发育与行为儿科学[M]．北京：人民卫生出版社，2020.
[32]莫莉·卞．菲菲生气了——非常、非常的生气[M]．石家庄：河北教育出版社，2019.
[33]田中哲郎．幼儿园危险预测能力指导手册[M]．上海：华东师范大学出版社，2019.
[34]肖凌燕．儿童行为问题产生的原因及家庭干预[J]．中国特殊教育，2004(1).
[35]沈佳丽．学前儿童问题行为的分析与矫正[J]．教育界(基础教育)，2018(2).
[36]马仁海．特殊教育中常见的危机行为矫正初探[J]．襄樊职业技术学院学报，2010，9(5).
[37]陈桦．广州市特殊教育学校开展性教育课程现状调查[J]．教育导刊，2019(4).
[38]马飞．残疾人休闲体育教育的哲学思考[J]．绥化学院学报，2013，33(4).
[39]静进．儿童青少年厌学和拒绝上学的诊断与治疗[J]．中国实用儿科杂志，2007(3).
[40]李曼．社交退缩最新研究述评[J]．牡丹江教育学院学报，2012(5).
[41]左恩玲，张向葵．儿童社会退缩的成因与教育对策[J]．现代中小学教育，2016，32(5).
[42]王行．友谊质量与小学生社交退缩行为的相关研究[J]．吉林省教育学院学报，2009，25(3).
[43]魏丽丽．学龄儿童社会退缩性行为与子女教育心理控制源的关系[J]．襄阳职业技术学院学报，2015，14(4).
[44]刘艳．儿童青少年社交退缩的干预[J]．教育研究与实验，2012(1).
[45]占红，白淑霞，王金堂．儿童孤独症谱系障碍发病机制的研究进展[J]．中国中西医结合儿科学，2021，13(2).
[46]肖非．关于个别化教育计划几个问题的思考[J]．中国特殊教育，2005(2).
[47]吴晓丹．青少年学校恐惧症个案干预研究[D]．大连：辽宁师范大学，2009.
[48]杨靓．幼儿社交退缩行为游戏干预的个案研究[D]．济南：山东师范大学，2013.

[49]昝丛丛．运用音乐游戏干预社交退缩幼儿的个案研究[D]．济南：山东师范大学，2019.

[50]王馨舸．人际交往小组介入孤儿社交退缩问题的研究[D]．长春：吉林大学，2018.

[51]韩素素．城乡家庭功能差异及对幼儿社交退缩的影响[D]．济南：山东师范大学，2018.

[52]谷芳秋．学龄儿童社会退缩性行为与子女教育心理控制源的相关性研究[D]．锦州：辽宁医学院，2014.

[53]侯越．家庭环境与幼儿社交退缩的关系研究[D]．济南：山东师范大学，2019.

[54]张美美．幼儿社交退缩行为的个案研究[D]．贵阳：贵州师范大学，2016.

[55]秦朗．儿童期虐待对中学生社交退缩的影响：领悟社会支持的中介作用[D]．武汉：中南民族大学，2019.

[56]王桑．父亲教养方式在儿童早期行为抑制性对社交退缩行为影响上的调节作用[D]．南京：东南大学，2018.

[57]黄静．学龄前儿童社会退缩行为与家庭教养方式、亲子依恋及同伴接纳的关系[D]．沈阳：沈阳师范大学，2013.

[58]崔芳芳．培智学校智力落后学生青春期行为特点研究[D]．大连：辽宁师范大学，2012.

[59]朱溆湘．儿童的社交退缩、情绪识别能力与父母共情能力的关系及社交退缩的干预[D]．长沙：湖南师范大学，2015.

[60]李果．视力障碍儿童生态化休闲教育模式的个案研究[D]．重庆：重庆师范大学，2010.

[61]汪丽娟．听力障碍高中生休闲生活现状及教育对策研究[D]．重庆：西南大学，2012.

[62]高晓娟．培智生行为问题矫正的个案研究[D]．淮北：淮北师范大学，2019.